新博物館園論

小林秀司
星野卓二
徳澤啓一　編

同成社

まえがき

　近年、学校教育において「主体的・対話的で深い学び」の実現を目指して学習のあり方が変化しつつあります。その中で、資料調査などの学習活動を充実させる観点から、学校が博物館等との連携を積極的に図っていく動きが始まっています。特に子どもの理系離れが進む日本の現状にあって、自然史博物館、科学博物館、動植物園といった自然科学系館園の役割は大きくなっており、「実物」と向き合うことによって子どもたちの好奇心や探究心を喚起することが期待されます。

　このような自然科学系館園で活躍できる人材（＝学芸員）となるためには、自然史（natural history）を中心とした自然科学の研究に軸足を置きながら、収集、保管、活用などの博物館業務に当たることができる能力を身につけることがまず不可欠です。それだけでなく、地域における博物館の役割、地域文化資源の活用、さらには現代社会における科学技術の役割、人間社会と自然環境の共存といった今日的な課題にも高い関心と見識をもっている必要があります。

　本書は、このような問題意識のもと、学芸員の資格取得を目指す理系学生向けに作成された教科書です。本書は、自然科学分野のみならず、民俗学や考古学といった人文科学を含む広範な分野を扱っていますが、執筆陣はすべて岡山理科大学の専任教員または非常勤講師です。

　本書が、博物館や学校教育、そして博物館学芸員養成課程において広く活用され、学校教育や地域振興などローカルな課題にも目を向け、向き合う姿勢を涵養する一助になればと願っています。

岡山理科大学 学長

柳　澤　康　信

目　次

まえがき

第Ⅰ部　自然科学と博物館
　1　動物と博物館 ……………………………………………………2
　2　昆虫と博物館 …………………………………………………27
　3　植物と博物館 …………………………………………………37
　4　岩石・鉱物と博物館 …………………………………………51
　5　化石と博物館 …………………………………………………64
　6　動物園 …………………………………………………………75
　7　水族館 …………………………………………………………96
　8　科学技術と博物館 ……………………………………………113
　コラム①博物館で星空を見る …………………………………129

第Ⅱ部　人文科学と博物館
　1　歴史と博物館 …………………………………………………134
　2　考古と博物館 …………………………………………………150
　3　人類と博物館 …………………………………………………168
　4　民族と民俗の博物館 …………………………………………176
　コラム②地理を学んで博物館で働く …………………………190

第Ⅲ部　地域の博物館資源
　1　天然記念物と自然遺産 ………………………………………198
　2　史跡の整備とその活用 ………………………………………210
　3　遺跡の保護とその活用 ………………………………………220
　4　無形文化遺産とその継承 ……………………………………237
　5　伝統的建造物群保存地区制度とその特徴 …………………248

第Ⅳ部　現代社会と博物館

　1　学校教育と博物館 …………………………………………258
　2　観光振興と博物館 …………………………………………270
　コラム③環境教育・エコツーリズムとフィールドミュージアム ………287
　3　地方行政と博物館 …………………………………………297

あとがき　319

◎本書の執筆者一覧

第Ⅰ部
　1　小林秀司
　2　喜田和孝・中村圭司
　3　星野卓二
　4　能美洋介
　5　實吉玄貴
　6　平井仁智・清水慶子
　7　亀崎直樹
　8　加藤賢一
　コラム①　福田尚也

第Ⅱ部
　1　髙木久史
　2　德澤啓一
　3　富岡直人
　4　辻　貴志
　コラム②　宮本真二

第Ⅲ部
　1　波田善夫
　2　平野裕子
　3　山形眞理子
　4　志野敏夫
　5　江面嗣人

第Ⅳ部
　1　岡本弥彦
　2　鷲見哲男
　コラム③　小原比呂志
　3　乗岡　実

第Ⅰ部
自然科学と博物館

1　動物と博物館

　動物系の博物館展示は、多くの自然史系博物館において主要なポジションを占める代表的なものの一つである。筆者は、国内の動物系博物館（旧財団法人日本モンキーセンター世界サル類博物館）に研究員兼資料担当者として5年半勤務し、その過程で、海外の多くの自然史博物館を訪問・滞在して、所蔵される動物系資料を利用しながら研究を行ってきた。また、大学に籍を得てからは学芸員養成課程の担当者として9年余にわたって勤務してきた。本章ではそうした経験をベースに、おもに、将来、現場で働くことを目指している人たちを念頭に置きながら、動物系博物館について見ていこう。

1. 動物系博物館の歴史

　動物を主体とした資料収集と展示の始まりについては諸説あるが、16世紀に活躍した博物学者、コンラート・ゲスナー（Konrad Gessner）が行ったさまざまな動物資料の収集と記載が嚆矢ではないかといわれている。さらに17世紀頃からは、国際貿易の進展に伴って博物学が盛んになり、資料の収集範囲も大きく拡大した。現在のサンクトペテルブルク動物学博物館には、当時のロシア皇帝が買い上げたアルベルトゥス・セバ（Albertus Seba）の収集品であるアナコンダ *Eunectes* sp.（図1）と巨大オオカミの標本がいまだに展示されている。したがって、動物系資料の収集と展示は、もともとハーバリウム、すなわち薬草の育成栽培からスタートし、やがては庭園用植物へと拡大していった植物系資料の収集と展示とは流れがやや異なっている。

　19世紀に入ると、ヨーロッパ諸国では自然史博物館の設立が盛んになったが、これには、海外植民地の産物を効果的に輸入販売するために包括的な調査研究を行う必要性が高まったという背景がある。たとえば、シーボルトコレク

ションで有名なオランダのライデンにある王立自然史博物館（現ナチュラリス生物多様性センター）は、1820 年に他の国々に先駆けて創立されたが、その設立目的は、ナポレオン戦争によって荒廃・悪化した国家財政の立て直しのためといわれ、日本やジャワの有用産物について徹底した調査研究を行ったことが知られている。なかでも、当時、国際取引の最も重要な交易品の一つであった「茶」は、

図 1　サンクトペテルブルク動物学博物館の入り口に展示されているアナコンダ *Eunectes* sp.　この標本はアルベルトゥス・セバ（Albertus Seba）が時のロシア皇帝ピョートル一世に売却したものと言われる。J. Oliveira 博士撮影。

シーボルトの努力によって、世界で初めて原産国から生きたまま持ち出され、ジャワのバイデンゾルフの植物園でプランテーションに成功している（佐々木 1996）。ほとんどの国の博物館においては、それまでは動物を収集し調査・研究する部門と植物系の部門とはそれぞれ独立していたのであるが、植民地の産物を統括して扱う必要から統合され、自然産物を収集し、調査研究する組織として自然史博物館が誕生したのである。明治以降、日本において設立された自然史系の博物館は、この流れを受けているので、動物学、植物学のみならず民族学や地質鉱物学など多くの自然科学分野を総合した博物館となっている。

2．動物系博物館の現在

　現在、日本には、7000 を越える博物館や博物館相当施設があるといわれている。そのうち、動物を対象とした活動を主体にしている施設は、自然史博物館や昆虫館などがあるが、その数は多くない。杉長（2015）の行った全国博物アンケート調査によれば少なくとも 489 の博物館が、何らかの自然史資料を所蔵していると答えているが、植物系や地質・鉱物系などを除外すると、動物系と呼んでよい博物館の総数はせいぜい 100 館程度（動物園や水族館といった

動物に関連する館園を含めても300ないし400くらい）といったところだろう。

　動物は、他の生物群に比べて、多様性がはるかに高く種数の多い分類群である。しかも、いまだに新種の発見が相次いでおり、かつては自然史博物館の最も重要な役割であった分類と記載、すなわち、自然を構成している種を明らかにする研究が今なお盛んである。ことに、近年進歩が著しい分子遺伝学を応用した分類の興隆によって、今までは困難であった隠蔽種、すなわち形態や生態からは区別できない種が続々と発見されるにおよび、むしろ、動物系博物館や、自然史博物館の動物セクションの社会的な重要性はますます高くなっている。しかし、動物系博物館を取り巻く状況は、必ずしも芳しいものとはいえない。これは、次節で改めて述べるが、日本の博物館が置かれている組織面や施設面での立ち後れに起因している部分が大きい。日本の博物館は、一般的に、単なる展示施設や教育施設の一種と思われている側面があり、こうした学問分野の実相が急激に変化していることに、博物館を所管する法律が十分には対応していない実情が厳然として存在する。前掲の杉長（2015）の調査によれば、事務職員と学芸員の区分さえ行われていない館園がいまだに多数存在するのである。この明らかな制度面の遅れを考えれば、現場をあずかる動物系博物館は、むしろかなり頑張っているといってよいだろう。

3. 動物系博物館の役割

　動物系博物館に限らず、博物館の役割の本質は、つまるところ以下の三点に尽きる。
　1）オリジナルな収集活動に基づく資料の半永久的な収集と保存・管理。
　2）収集したそれら資料に基づくオリジナルな調査・研究。
　3）それら調査・研究の成果に基づくオリジナルな展示の作成と公開。

　つまり、ここでポイントになるのはオリジナルな活動という点であり、各館園はその設立目的や状況、来歴に従って、その館園独自のオリジナル活動を継続的に展開できるよう最大限留意せねばならない。単に来館者の増員だけを目的としたオリジナル性のない常設展示の設営は、中長期的に見て組織の弱体化と存立基盤の不安定化を招くので極力避けたほうがよい。日本においては、

「博物館は「展示館」ないし「普及教育施設」として始まったために、博物館は一般に利用する側に主体のある教育「施設」ないし公共のレジャー（余暇活用）「施設」と思われがち」（柴 2010）であるが、そもそも論として、普及教育や公共レジャーは博物館設立目的の一部に過ぎない。近年、文化財の観光向け利用がなかなか進捗しない状況を憂いて「学芸員はガンだ」と言い放った政治家がいたが、博物館は、所蔵する資料・文化財等を半永久的に維持管理し後世に伝える社会的使命があり、文化財を毀損劣化させないように運営を行うのは当然の責務である。いくら時代的な政策の変化が要求しているからといって、資料・文化財が損なわれるような運用を行うことはもってのほかといえよう。ただし、館園側も、この種の要求をはねのけて、単に毀損・劣化の防止に全力をつくすというだけではなく、資料・文化財を半永久的に維持管理するうえでどのような要素が必要不可欠であり、それを踏まえて一般利用を向上させるにはどのような方法が可能で、そのためにどのくらいの経費が必要なのかについて具体的なプランを作り、社会に積極的に提言していく必要はあるだろう。

4. 動物系博物館における資料・標本

博物館は、読んで字のごとく「さまざまなモノを収集・研究・公開」する機関であることが本義であるが、動物系の資料を博物館で収集し、運用管理しようとする場合、他の分野にはないさまざまな制約や問題に直面することになる。まず、もともと「動物」体は、基本的に生ものなのであり、ほとんどの部分が有機物で構成されているので、分解や変性などの化学作用を受けやすく長期保存に向いていない。その上、一口に動物といっても、大はクジラのようなトン単位の重量のものから、小は原虫類のようなミクロン単位のサイズのものまで、分類群による重さや大きさの違いがありすぎ、対象物の規模によって資料作製や維持管理、展示に必要な手順や設備が根本的に異なる。現実問題として、資料を整え標本を作製するためには、まず、一定のスペース（＝場所、空間）が必要になるが、空間さえ確保できていればよいというモノではなく、作製しようとする資料・標本の種別に応じて、あらかじめ適切な場所を確保しておくことが資料作製の第一歩となる。本章ではスペースの関係で博物館資料の

作製や保存について詳述することは難しいので、以下に概略のみ記す。

（1）不動化

　意外と見過ごされがちなのが標本化の対象となる動物を不動化する技術である。捕獲した動物を資料化するに際しては、ほとんどの場合、それに先立って麻酔やリラキシングなどの不動化処理が必要不可欠である。陸生の無脊椎動物や冷血動物は、多くの場合、低温処理（≒冷凍）することにより意外なほど簡単に不動化処理できる場合が多いが、冷凍すると組織の細胞自体は壊れてしまうので、標本の対象種や種別によっては注意が必要である。また、水棲無脊椎動物のほとんどは、棲息していた水に7％程度の塩化マグネシウムを加えてやるとあっさり麻酔できることが多い。ところが、哺乳類のような温血動物の不動化処理を誤ると、資料の損耗を防ぎなるべくよい状態に保つという標本作製の趣旨から外れてしまうだけでなく、倫理的にも、また、動物愛護法上も問題が生じる。したがって、生きた哺乳類を標本化しようとする場合には、獣医師の応援を頼んで深麻酔下での安楽死を図ることが望ましい。

（2）殺菌・消毒

　特に、哺乳類や鳥類のような、体の代謝機構がヒトに近い動物を標本化する場合には人獣共通感染症に対する配慮も重要で、不動化に伴う一連の作業を行う前に、殺菌・消毒を励行するべきである。哺乳類や鳥類の新鮮な交通事故遺体は、ダニをはじめとした感染症媒介動物の巣窟であり（図2）、まだ暖かさの残る遺体に誤って素手で触れると、触れた部分を伝ってそれらが一斉にゾロゾロと這い上がってくる。殺菌・消毒剤としてはさまざまな種類のものがあるが、筆者の場合、クレンテのような塩素系の消毒剤を多用している。一部の細菌やウイルスはアルコールに対して強い抵抗性を示す。

（3）標本の種別作製法

　動物系標本の種類は実に多岐にわたっており、その作製方法や保存方法はさまざまであるが、紙面の都合で、代表的なものの要点だけ以下に整理しておく。

a. 普通標本

普通標本とは、自然界から持ち出してきたそのままの状態で標本化されるものをいう。したがって、一般には、水晶の結晶などの鉱物や岩石の標本がこれに該当するが、軟体動物の貝殻などを除き動物系資料に関してはほとんど該当するものがない。

b. 乾燥標本

乾燥標本とは、自然界から持ち出してきた資料を、洗浄や整形を行ったうえで乾燥処理し標本化するもので、昆虫標本は多くの場合がこれに該当する。ただし、標本に多量の脂肪分が含まれている場合には、時間の経過とともにそれが溶出して表面に染み出し、外観を損ねるだけでなく、保存性が低下して標本を劣化させる原因となる。

もう一点、特筆せねば

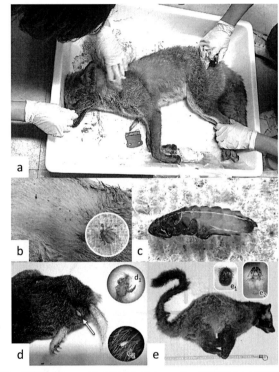

図2　動物遺体と各種外部寄生・付着生物　a：ホンドギツネ *Vulpes vulpes* の遺体からマダニ類を採集している様子。一般に、動物体が大型であるほど付着マダニ類の数が多く、中〜大型の獣からは多数が採集できる。ただし、ヌートリアだけは始終水浴しているためか寄生率が低い。b：体表面に這い出してきた多数のマダニ類（無数の黒い小点）。円内は取り出したキチマダニ *Haemaphysalis flava* ♂成虫。c：被毛中から取り出された大型のノミ。ナガノミの一種 Ceratophylloidea sp. と思われる。d：ミズラモグラ *Oreosaptor mizura* の臀部に取り付いていたヤドリカニムシ科の一種 Chernatidae sp.（矢印）とその拡大（d_1）およびトゲダニ科 Laelapidae の一種と思われるダニ（d_2）。ヤドリカニムシは被毛を鋏脚でしっかり挟んでいる。e：ハクビシン *Paguma larvata* の交通事故遺体とそこから採取されたヤマアラシチマダニ *Haemaphysalis hystricus*（e_1）およびケモノハジラミ科の一種 Tricodectidae sp.（e_2）。動物体に付着している各種の小動物は、必ずしも寄生性のものばかりでなく、体表の有機物を摂食すると思われるもの（d_2、e_2）や（d_1）のように単に移動の足として利用しているもの（便乗共生）もいるが、いずれも被付着動物の移動分散や共進化の解析のために重要な存在である。

ならないのは腹足綱軟体動物門の乾燥標本作製である。いわゆる巻貝類は、殻の内部に軟体部が強固に付着しているものがほとんどであるが、近年は、研究の進展によって、軟体部にこそ種の特徴的な形質が見られる場合も多いことがわかってきた。したがって、軟体部も同時に標本化する技術が必要である（軟体部は液浸標本として保存する）。詳しくはFukuda et al. (2008)を参照されたい。

c. 骨格標本

骨格を持つ動物体の骨格部分だけを取り出して標本化したもので、一般的には脊椎動物などのリン酸カルシウムを主体とした内骨格を持つ動物が対象となる。脊椎動物の場合、骨格から軟部組織を完全に取り除いて骨だけにする作業を整骨と呼び、整骨した骨どうしのつながり方がわかるように、きれいに関節させて組み上げたものを交連骨格標本と呼ぶ。整骨を行うにあたっては、それに先立ち剥皮、主要な内蔵の除去はもちろんのこと、ある程度、筋や腱、結合組織を除去しておくことが、標本作製の時間を短縮するコツである。

①除肉　筋や腱、結合組織など軟部組織を除去することを除肉というが、その方法は、おもなものとして以下のパターンがある。

①-1 煮沸法　動物体を煮沸した後、残った筋や腱をピンセットなどで丁寧に取り除く方法で、長所としては何よりも簡便なことがあげられる。短所としては、作業にかなりの努力量が要求される点と、煮沸の温度や時間に関してある程度の経験と勘を要することであり、これを誤ると骨に固着している結合組織はかえって外しにくくなったり骨がもろくなってしまったりする。

①-2 昆虫法　カツオブシムシ属（*Dermestes* spp.）の幼虫（以下カツオブシムシ）など、動物性タンパク質を摂食する昆虫を大量に飼育し、それらに筋や腱、結合組織を食べさせる方法である。衣装ケースなどの大型のケースを飼育用に用意し、指骨などの細かい骨が脱落した場合に備えて目の細かい金網などに動物体をのせて、昆虫に軟部組織を摂食させることで除肉を行う。この方法の長所は、まず、多大な作業量を要求される除肉を他人（昆虫）が代行してくれることであり、次に、骨の関節状態がそのまま維持されることである。特別な施設や設備も必要なく、ランニングコストも低廉である。特に、使用する昆虫種の成育に至適な温度と湿度を維持すると、軟部組織がほぼ完全に除去され

るだけでなく、他の方法では標本化を諦めざるを得なかった種子骨や遊離骨などの二次性の化骨化部分も同時に標本化でき（図3）、芸術的な交連骨格が自動的にできあがっていく（図4）。ただし、カツオブシムシは生き物なので、飼育が苦手な人には向かないといってよい。小型の動物体にはミールワームを使う方法もある。その他、方法として恒温融解法や自然腐敗法などがある。

②軟骨性骨格を持つ動物の骨格標本 軟骨組織の主成分はプロテオグリカンなどの糖タンパクであるが、大量の水分を含んでおり、乾燥させると色が変わるだけでなく、大きく変形する場合が多い。したがって、軟骨魚類に見られるような軟骨性骨格の動物の骨格標本を作製する場合、糖タンパクの腐敗を防止する処理と、水分を蒸散しにくい液性成分に置き換える処理の双方が必要となる。

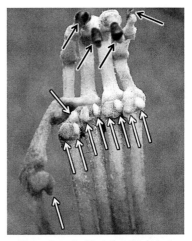

図3　カツオブシムシに除肉させた小型霊長類の左足底部　種子骨（白矢印）や爪（黒矢印）が位置や方向性を保ったままきれいに残っている。カツオブシムシを駆使すると、種子骨そのものの大きさや形状だけでなく、体のどの部位にどのような向きでどのくらいの数、存在しているかがわかる。このような微小遊離骨の標本化は、他の骨格標本作製法ではほぼ不可能といえる。爪も、元の位置をキープしているので、どの爪がどの指に生えていたのか迷う必要がない。

③脱脂　骨格標本を作製するうえで、除肉処理と並んで重要なのが脱脂であり（図5）、骨格標本を作製する技術的熟練度は、この脱脂過程がきちんと行われているかどうかによって判断されるといってもよいくらいである。脱脂を怠ると、しばらくしてから骨表面に油がしみ出してきて外観を損ねるだけでなく、油が酸化して骨組織を痛めたり、カビや虫が発生する原因ともなる（図5c、f）。脱脂は、温水に長時間浸けることにより緩やかに行うこともできるが、有機溶媒を用いると比較的短時間で簡単に行うことができる（図5d、e）。骨髄などに含まれる脂質を構成する物質は、極性のある分子と無極性分子が混じりあっているので、アルコールなどにベンゼンなどの無極性溶媒を加えて混合溶媒とすると、骨の中心部まで直ちに浸透し、脂質を非常にスムースに溶

解、除去できる。脱脂に最適なエタノールとベンゼンの混合比はおよそ2:1である。ただしベンゼンをはじめとした有機溶媒は、揮発性が高く毒性もあるので吸い込まないように注意が必要であり、脱脂槽は密閉性の高い金属容器が適している（図5a、b）。

④漂白ならびに強化処理

除肉の過程で、骨にどうしても汚れが残ってしまうことがあり、このような場合には漂白を行うのが一般的である。ここで注意しなければならないのは、骨の構造と成分である。大まかにいうと骨

図4 カツオブシムシによる除肉中のリスザル *Saimiri sciureus* の全身骨格（上）とオオガラゴ *Otolemur crassicaudatus* の頭蓋底面（下左）および整骨の終了したヨザル *Aotus trivirgatus* の全身骨格　理想的な除肉ができると骨格が交連したまま全身骨格標本となるので、そのまま漂白後、自然乾燥させるだけでほぼ完全な骨格標本となる。この方法を用いれば、手や足の指骨や中手骨、中足骨の配置を取り違えることはない。

の主成分はリン酸カルシウムを主体とした無機成分であり、この無機成分の沈着密度によって一義的な骨の強さと堅さが決まるが、さらに膠原細繊維や接合質などの有機成分も骨の維持に重要な役割を果たしている。漂白剤として一般に多用されている物質としては次亜塩素酸ナトリウム水溶液が多いが、骨に含まれる有機物成分にダメージを与え、骨組織がもろくなるので使用は望ましくない。骨の漂白に適しているのは過酸化水素水で、20％の原液を5〜10％程度の濃度まで薄めて使うと、処理時間が短縮できる。

強化処理とは、骨が自然劣化して剥離や崩壊を起こすのを防ぐための処理を行うことで、ほとんどの小中型哺乳類の場合は、不要なことが多いが、骨密度が低く海綿質部分が多い骨は、この処理を行ったほうがよい。強化処理は、一

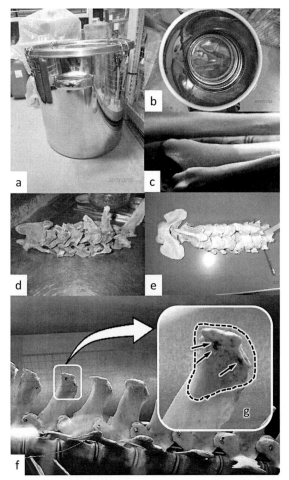

図5 脱脂の過程 a：脱脂槽として用いられているステンレス丸形密閉容器。b：脱脂中のベンガルトラ *Panthera tigris tigris* の下顎と第一頸椎。容器縁のパッキングに注意。有機溶媒はほとんどの種類のパッキングに浸潤し劣化させるので、溶媒の揮発を防ぐためにはフッ素樹脂製のパッキングを用いる必要がある。c：脱脂に失敗したヌートリア *Myocastor coypus* の四肢骨。個体によっては、繰り返し有機溶媒中に浸しても脱脂できない場合がある。そのような時には、恒温槽で温水浴のプロセスを再度行うと解決できることが多い。d：脱脂前のベンガルトラの第二〜第七頸椎、第一胸椎。e：脱脂、漂白後の第一〜第七頸椎、第一胸椎。個体によっては、写真に示されているように脂肪分に血球成分などが多量に溶け込んでいることがあり、漂白しても薬剤が骨内部まで浸透しないが、脱脂を十分に行うと漂白液がきれいに浸透する。f：脱脂が不十分なラクダ類の脊椎骨神経棘に析出した脂肪分（白線内）。g：析出した脂肪を摂食する小型甲虫類（黒矢印）。甲虫はおそらくシバンムシ類ではないかと推定される。こうしたケースでは、同時に骨組織も齧られてダメージを受けることが多い。

般には合成樹脂を浸潤させる方法をとることが多い。よく行われるのはアクリル系樹脂を溶媒で希釈し、それを骨に塗布または浸潤させて強化する方法である。ポリ酢酸ビニルのエマルジョンを水で薄めて塗布することがよく行われているが、数年で変色、劣化して補強材として役に立たなくなることが多く、空気中の水分と反応して酢酸を生じカルシウム分の分解を招くおそれがあり、あまり勧められない。

d. 液浸標本

　液浸標本は、動物体の部分、もしくは全体を保存液中に浸した標本で、細胞や組織まで含めての標本化を意図している。動物系の博物館資料の保存に多用されるのはアルコールとホルマリンであり、前者は70％程度、後者は10％程度の濃度の水溶液がよく用いられる。動物系資料の多くは、保存液に入れる前に固定する必要がある。固定とは、動物体を構成するタンパク質を変性させ自己融解や細菌による腐敗を防止することで、ホルマリン液の場合、液中に含まれるホルムアルデヒドの強い還元作用によりタンパク質が安定化し、組織の構造が壊れにくくなる。アルコール液の場合には、アルコールの析出・凝集作用によってタンパク質を変性させる。ほとんどの動物系資料に対応可能であるが、有櫛動物だけは例外で、アルコールでもホルマリンでも直ちに溶解してしまう。ただし、ホルマリン液の主成分であるホルムアルデヒドは空気中の酸素と徐々に反応して蟻酸となりやすく（カニッツァーロ反応）、骨の主成分であるリン酸カルシウムが溶出し、時間が経つとグニャグニャの標本になってしまう（脱灰という）ことがある。アルコールを保存液にする場合は、保存容器の蓋からアルコール分が気化していくので、頻繁に状態をチェックし、保存液の追加や交換を行う必要がある。

　液浸標本では保存容器の材質もたいへん重要である。標本ビンとして市販されているガラス製の容器は、透明度が高く展示用としても優れているが、経年劣化を起こしやすい品質のものがあり、10～20年くらい経つと蓋の部分が突然ヒビ割れてくる（図6）。この状態に気づかずにいると、ヒビの部分から水分がどんどん蒸発していき、せっかくの液浸標本が乾燥標本と化してしまうことがある。また、意外と盲点なのがパッキング

図6　経年劣化によって生じたガラス製液浸標本ビンのヒビ割れ　ガラス容器は透明度が低下しにくく展示用として特に優れているが、厚みのある蓋と本体のすり合わせ部分に特に劣化が生じやすい。ガラスの厚みの違いが熱膨張率の微妙な差異を生じ、亀裂が発生すると思われる。この状況を放置すると亀裂から内容液が蒸発してしまう。

の材質である。紙製のものは表面にどんな加工がしてあっても、長い年月の間に劣化し、本体と蓋の間に隙間ができて、保存液が蒸散してしまう。筆者は、この30年くらい、シリコン製のパッキングを使い続けているが、劣化などの現象は確認できておらず、問題が起きたことはない。

e. 剝製標本

脊椎動物を主とした動物の外皮を保存処理した標本である。生時の姿を再現することを目的に作製する本剝製と、毛皮の内部に綿などの詰め物をしただけの半剝製（仮剝製ともいう。図7）、毛皮を板状に乾燥させたり、台紙に貼り付けただけのフラットスキン（図8）などがある。本剝製の場合、作製には特殊な技術が必要であり、腕のよい剝製師の手による剝製標本は、生きていると見まがうほどの躍動感と緊張感がある。自分の手で剝製を作製する場合は、以下のことに注意するとよい。

1）剝皮は、極力、手早く行うが、その際、皮筋や皮下脂肪組織などを残さないようにする。

2）剝皮した皮膚は、冷蔵庫など、なるべくすみやかに冷暗所に保管し、防腐処理は、剝製の芯となる胴体部が完成した後に行うほうがよい。

3）剝皮した皮膚の防腐処理は、収

図7　シベリア南部産小型哺乳類の半剝製　上からミズハタネズミ属の一種 *Arvicora* sp.、アルタイモグラ *Asioscalops altaica*、ミズトガリネズミ *Neomys foediens*。一番上のミズハタネズミと下のミズトガリネズミは同一墜落管で捕獲されたため、筆者が発見したときにはミズハタネズミはミズトガリネズミによって大きく食害されており、それでも何とか修復しながら半剝製を作製した。

図8　岡山県産小型哺乳類のフラットスキン　アカネズミ *Apodemus speciosus*（左および中央）とスミスネズミ *Eothenomys smithii*（右）。アカネズミのフラットスキンには小袋に入れた頭骨が添付されてある。

図9　樹脂包埋標本の例　a：ネプチューンオオカブトムシ *Dynastes neptunus*（上）とヘラクレスオオカブトムシ *Dynastes hercures*（下）。b：ハリヨ *Gasterosteus microcephalus*。ハリヨの標本は専門の職人の手によるもので、作製後30年以上を経過しているにもかかわらず標本の生時の色がかなり残っている。c：小学校での展示用ヌートリアの糞 Feces of Nutria（*Myocastor coypus*）。動物の糞のように、壊れやすいだけでなく衛生的な問題がある資料も樹脂コーティングすると安心して展示に供することができる。

縮・変形が起きることを考えて、固くなる前に、剥製の芯にかぶせる作業を終了するよう心がける。

4）剥製の芯を作製する際は、筋と骨格のアウトラインを型紙などに写し取っておくと、比較的良好なプロポーションを持つ芯が作製できる。

5）眼球は、市販のアクリル玉でも代用可能であるが、虹彩の鮮やかな色彩を再現したい場合は、剥製用ガラス眼球を購入するのが最善である。

半剥製とフラットスキンでは、防腐処理剤はホウ酸や明礬などを用いるが、食用の塩でも代用できる。作製後は、密閉できる容器に乾燥剤とともに入れ、乾燥させる。ここで大切なのは尾の処理である。尾に芯を入れないと、標本が乾燥した場合にきわめて折れやすくなり、折れた尾は紛失しやすい。尾に入れる芯は、今まで使用した素材のなかで、単子葉植物の乾燥した茎が最も使い勝手がよかった。

いずれのスタイルの剥製標本においても保存に重要なのは湿度の管理である。哺乳類や鳥類の体表を覆っている毛や羽毛は、長期間、乾燥にさらされると劣化してもろくなり、折れたり脱落しやすくなる。そうかといって多湿な環境もカビの発生や色落ちの原因にな

る。また、強い光（紫外線）に長時間さらすことや、高温などを回避することも当然である。これらのことを踏まえて、規模が大きな博物館では地下に剥製の保存庫を設けているところも多い。

f. 包埋標本

標本を透明樹脂などの媒質に埋め込んで封入してしまう標本の作製方法（図9）で、昆虫などの壊れやすい動物をハンズオン型の一般展示に供する際よく用いられる。実際に手にとって細部まで観察できるうえ、耐久性も格段に向

図10　経年劣化を起こしたカナブン *Rhomborrhina japonica* の樹脂包埋標本
たくさんのヒビや亀裂が生じている。このような瑕疵は、包埋標本が出来上がるまでのプロセスだけでなく、使用した樹脂の質や種類にも大きく依存しており、場合によっては、同じ会社の同一品番の製品を使用しても製造ロットの不備によって瑕疵が生じることがある。

上するが、使用する樹脂の種類によっては、経年劣化や変色を起こす場合がある（図10）。また、樹脂が硬化する過程で過度の収縮が起きることがあり、これにより標本と樹脂の間に、「ひけ」と呼ばれる独特の隙間ができ標本の観察ができなくなる（図11）。「ひけ」を防ぐためには、標本をしっかり固定し樹脂成分を標本にしっかり浸潤させて水分と置き換えておくことが重要である。樹脂に硬化剤を混ぜる時や型取り容器に注型する際、どうしてもかなりの気泡が混じってしまうことがあり（図12上）、気泡の除去（脱泡という）のため以下の方法がとられることが多い。

　1）減圧する：デシケーターなどの容器に入れて真空ポンプで空気を抜いていく方法。

　2）遠心分離器にかける：効果的で簡便であるが、標本を遠心分離器内に入れなければならないので、チャンバー内にバケットごと入れることのできる大型の遠心機が必要である（ただし、このような機器は高価）。

　3）振盪器で細かい振動を与える：樹脂の粘調度が低い場合、最も簡便であるが、樹脂の粘調度が高い場合は効果がうすい。

　そのほか、樹脂の硬化には室温や湿度が影響することがあり、樹脂の種類に

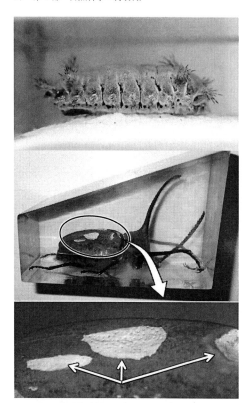

図11 樹脂包埋標本に生じた「ひけ」 封入時の固定が不十分だったため、標本内部が腐敗してガスが生じ、体幹部全体にわたってクチクラと樹脂の間に隙間（「ひけ」）が生じている。上はイラガ *Monema flavescens* の幼虫。中央はノコギリタテヅノカブト *Golofa porteri*。鞘翅や前胸背の窪みを中心に「ひけ」が生じて（円内）気泡となってしまっている（下：矢印）。

よっては硬化剤との混ぜ方によってうまくいかない場合があるので注意が必要である。また、樹脂の注型や練和の際に製作環境や使用器具の清潔を保っておかないと夾雑物が多数混じり込んでしまう（図12下）。

g. 樹脂浸潤標本（プラスティネーション）

この標本の特徴は、常温常圧下で標本の生体組織を柔らかいまま半永久的に保存できるだけでなく、いざという時には切断して内部構造まで調査できることである。この標本の制作原理は、脱水時の溶媒をアルコールからアセトンかジクロロメタンに変更するくらいで、包埋標本とほぼ同様であるが、浸潤させるシリコン系の樹脂が硬化後も柔軟性を保っている点が大きく異なる。うまく作製すると、柔らかで重みがあって、まるで生体組織を今取り出してきたような質感をつくりだすことができる。

h. プレパラート、塗抹標本

動物体の組織や血球などの細胞レベルのサイズのものから、微小な節足動物、扁形動物類などをスライドグラスの上で固定・染色した標本のことで、おもに顕微鏡類で観察するために作成される。博物館標本としてのプレパラートや塗抹標本は、保存性を考慮してバルサムや樹脂で封入されることが多い。

i. 冷凍標本

動物体全体、もしくは部分を冷凍にしたもの。冷凍する際の処理や保存時の温度によっては、かなりの長期間、動物体の組織レベルでの保存が可能であるが、研究や展示に用いる場合は改めて標本を作製し直す必要がある。時間が経つと冷凍庫内で標本の表面から水分が昇華し、いわゆる冷凍焼けを起こす。近年の分子遺伝学の興隆によって、DNAサンプルとしての冷凍標本の重要性が高まっている。

j. DNA 標本

動物の体の一部、特に DNA が抽出しやすい組織を専用の液体中に保存することがよく行われるようになった。これは前に述べたように、分類学的な研究に博物館標本から抽出した DNA が用いられることが多くなったことによる。DNA を取り出す際に標本の一部を破壊せねばな

図 12 包埋標本の作業工程中に入り込んだ気泡 上はハリヨの包埋標本作製中、注型する際、標本を支えている針を抜くときに入ってしまった気泡(矢印)。瑕疵があるものの標本そのものの出来ばえは見事としか言いようがなく、包埋標本の手本のような作品。下はモミジガイ *Astropecten polyacanthus*(ヒトデの仲間)と思われる廉価版の封入標本。樹脂の中に無数の夾雑物や気泡が入り込んでいて、博物館資料としては不適格である。

らないことがあるので、標本作成時に廃棄する部分を別途、専用の保存液中に保存して、DNA 解析に役立てられるようにしておくことが望ましい。常温下で長期保存が可能な尿素溶液が開発されている。

(4) 古い標本ラベルの取り扱い

資料の維持管理を行ううえで意外と見過ごされがちなのが、標本ラベルの取り扱いである。結論を先に書くと、いかなる事情があろうと、標本ラベルを捨ててはいけない。標本についているさまざまなラベルは、その標本が歩んでき

た道のりを示す重要な生き証人であるからである。標本によっては、たくさんの標本ラベルがついていたり、間違いのある標本ラベルがついている場合もあるかもしれないが、そのような場合にも、整理してラベルの数を減らしたり、間違いのある部分を廃棄したりしてはいけない。行ってよいのはさらに情報を付け加えることのみなのである。標本に付随するさまざまな情報とは、ラベルの記載内容だけが表すものだけではない。ラベルの紙質や使用された文字の字体、インクの質など、標本の由来を特定するためのさまざまな情報が含まれているのである。分類体系が変更されて種名が変更になった場合、標本整理のために新しいラベルをつける必要が生じるが、その場合、標本管理者が行ってよいのは、新しいラベルを作り、そこに適切な生物名を記入し、新しいラベルに記入年月日と記入者名を記すことである。液浸標本の整理で保存ビンそのものを交換せねばならない場合、標本ビンに直接ラベルが貼り付けてある時には、面倒ではあるが、ラベルを丁寧にはがして元の標本とともに保管する必要がある。

（5）動物系資料保存の原理——標本・資料を劣化させる要素——

　資料の収集と維持管理は、あらゆる博物館が博物館であるための第一歩なのであるが、先にも述べたように、動物系の資料は、種類やサイズのバリエーションがあまりにも多すぎ、それぞれに細かな専門知識が要求されるので、少数の学芸員だけで運営するにはかなりの困難が伴う。しかし、資料を維持管理する際、注意するべき原理原則ともいうべき要素を理解しておけば、運用に際して重視すべきポイントや優先順位が明確化され、少ない人数でも対処できる場合がある。基本的には以下の点があげられるだろう。

　a. 温度

　動物標本を構成する最大の成分はタンパク質や脂質、糖であり、したがって、熱変化に安定している物質は非常に少ない。動物系の標本・資料は、原則として地下室のような冷涼で温度変化の少ない場所で作製・保存されるべきである。

　b. 湿度

　動物標本を構成する成分であるタンパク質や脂質、糖は、加水分解されやす

い反面、水分含量が一定のレベルを下回ると、収縮、固化を起こして変形したり、もろくなってしまう場合も多い。したがって、動物系の標本・資料は、原則として一定の湿度のもと（目安となる湿度は55-60％程度といわれる）で作製・保存されるべきである。

c. 光

動物標本を構成する成分であるタンパク質や脂質、糖は、光エネルギーによって分子結合が切断されるなどして化学変化を起こすことがある。したがって、動物系の標本・資料は、原則として、日光をさけて暗所で保存されるべきである。特に、紫外線などの波長の短い光は資料の劣化を起こしやすい。

d. 酸素

動物標本を構成する成分であるタンパク質や脂質、糖は、空気中の酸素によって酸化され、変性を起こしたりすることがある。したがって、動物系の標本・資料は、原則として酸素のない環境で保存されるのが理想ではある。

e. 生物

動物標本を構成する成分であるタンパク質や脂質、糖を餌として、さまざまな生物が繁殖する。なかでも標本の維持管理に大きな影響を与えるのはカビと昆虫である。カビの標本に対する浸食力はかなり強力で、乾燥標本などをボロボロにしてしまうことすらある。また、ホルマリン液浸標本ですらカビが生じる場合があることがわかっている（図13）。一般原則として、カビは標本室の湿度が60％未満だと発生しにくい。一方、昆虫は、動物系資料にとって不倶戴天の敵といってもよい。おもな種類としてはヒメマルカツオブシムシ類やシバンムシ類、チャタテムシ類などがあげられる。これら昆虫類の除

図13　パラホルムアルデヒドで固定したヌートリア *Myocastor coypus* の液浸標本に発生したカビ　溶液中にカビが生じることはないが、液面から標本の一部が出ているとそこを足場にしてカビが発生することがある。保存容器内にはかなりのホルマリンが気化、充満しているのを確認したが、それでもカビの種類によっては発芽、生長が可能なようである。

去は、標本室ごと燻蒸するのも手だが、手間がかかるうえ費用も馬鹿にならない。一般によく行われているのは、やや大型の家庭用冷凍庫を用意し、ローテーションを組んで片端から資料を収蔵ケースごと冷凍していくことである（冷凍殺虫）。シバンムシ類に対しては、収蔵庫用の誘因トラップが市販されている。

以上を概観すると、動物系博物館資料の維持管理と運営を行う担当学芸員に要求されているのは、まず、動物界全体を見渡せるような幅広い見識であり、次に、多様で複雑な資料を構成する化学成分について見通せる学識であり、さらには、こうした見識・学識を駆使して資料の作成と保存、運用を行う実践力である。

5. 動物系博物館における情報化

動物系博物館は、膨大な資料を少ない人員で管理しなければならないにもかかわらず、今なお、毎年膨大な数の新種の動物が記載されているので、所蔵資料の情報化はほとんど必須事項といってよい。ところが、情報化によって資料や付帯情報の効率的な運用を推進していると、最も肝心なことを失念しがちである。それは、所蔵資料の半永久的保存管理という側面である。所蔵資料に付帯する情報は、普通、ハードディスクなどの磁気媒体やDVDなどの光媒体によって保存され、パソコンなどのコンピュータによって管理、運営されるが、これらのデバイスは誕生してから数十年の歴史しかなく、これらが本当に半永久的な管理運用に耐えうるものなのか不明である。一方、歴史ある自然史博物館に数百年の時を経て保存されている情報は、基本的には紙媒体に炭素系顔料インクで記録されている。最も理想的とされるのは和紙に墨で書いた情報とされており、これだとシミなどの昆虫による食害などがなければ千年単位で劣化が防げるとされている。現代では紙媒体、それも和紙を使った情報の管理など望むらくもないが、情報をパソコンに入力しただけで安心せずに、それをレーザープリンタで印刷し（レーザープリンタのトナーは基本的には炭素粉末なので経年劣化しない）、耐火金庫などの比較的安全な場所に原本として保管する

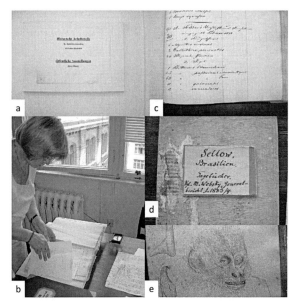

図14 フンボルト博物館（旧フンボルト大学動物学博物館）の歴史研究センター　a：入り口の看板。b：文書の管理と研究を行っているハケタール博士（Dr. Sabine Hackethal）と19世紀の標本受け入れ原簿。c：19世紀の標本受け入れ原簿のうち、南米産霊長類について記載してあるページ。d：19世紀の博物学者、フリードリッヒ・セーロウ（Friedrich Sellow）の手による南米霊長類の記録レポートの表紙。e：同レポートに添付されていたフサオマキザル Cebus apella の頭部の絵。

べきである。

　次に重要なのは、二次資料関連の情報化である。そもそも資料の価値は、二次資料の充実にかかっているといってもよい。標本に付帯する情報（二次資料）は揃っていればいるほど資料の価値を高める。このことを十分に理解している有力な海外の自然史博物館では、所蔵資料に関する一連の付帯資料、たとえば研究者のフィールドノートやメモ書きなどを一括して耐火金庫に保管している。なかには、フンボルト博物館（旧フンボルト大学動物学博物館）のように古文書の専門セクションを設けて職員を配置し、管理運営にあたらせている施設すらある（図14）。日本においても、収蔵資料にまつわる付帯情報資料を電子化して利便性を高める一方で、原本は劣化、散逸しないよう格段の注意を払うべきであろう。

6. 動物系博物館における危機管理

　博物館の役割として、その第一にあげられるのがオリジナル資料の収集とそ

図15　岡山理科大学理学部動物学科液浸標本庫の地震対策　a：対策前の標本棚。落下防止バーがあるにはあるが（矢印）、実質的な役割を果たしていない。b：地震対策が完了した収蔵の状態。落下防止バーを2本に増加させ、倒れやすい小型の標本ビンは小型コンテナに入れてから収蔵してある。c：地震対策後の標本棚。複数の棚どうしを結紮バンドで結びつけて（矢印）全体としてコの字型の立方体になるように固定し、棚そのものが倒伏するリスクを低減している。また、手前の棚の片面は金網で覆って（黒矢印）被覆面からの標本ビンの落下を防いである。奥の棚はまだ地震対策が完了していない。d：耐震性を考慮した小型標本ビンの収蔵状態。

れらの半永久的な保存管理である以上、収蔵資料に対する危機管理は、博物館の最も重要な業務の一つである。オリジナル資料は、逸失したら二度と元に戻らないからである。情報関係の危機管理は前節で述べたので、この節では標本類、すなわち一次資料の危機管理について簡単に述べておく。収蔵してある一次資料に対する危機としてまず考えうるのは洪水や地震、台風など各種の自然災害や火災などであろう。そのうち、筆者は、現場レベルで一定の効果が見込める地震対策（図15）として次のようなことを実施している。

1）標本ビンなどはなるべくガラス製のものを避け、落ちても割れないようなスチロール樹脂などのものに切り替える。

2）標本棚どうしを結紮バンドなどで連結・立体ブロック化し、棚が倒れないようにする（図15c）。

3）標本棚の各段に標本の転落を防止するバーを取り付ける（図15b）。

4）標本棚の各段に、標本を漫然と並べていくのでなく、小型のコンテナなどに小分けして入れ、そのコンテナを棚板上に並べていく（図15d）。

5）雨漏りなどが起きたときのために、大型の防水シートを用意しておく。

　これらを実施しておくだけでも、大規模な地震などが起きた際にも、コレクションのかなりの部分を救うことができるだろう。

7. 動物系博物館の組織

（1）組織構成

　博物館の役割とはどのようなものなのか第3節で見てきた。それは以下のようなものであった。
　1）オリジナルな収集活動に基づく資料の半永久的な収集と保存・管理。
　2）収集したそれら資料に基づくオリジナルな調査・研究。
　3）それら調査・研究の成果に基づくオリジナルな展示の作成と公開。

　したがって、博物館の組織構成もその役割に沿った配置にすることが最も効率的な運営をもたらすはずである。たとえば、海外の有力な自然史博物館では、所蔵資料の半永久的な収集と保存・管理を主要な仕事としているミュージアムテクニシャン、所蔵資料に基づくオリジナルな調査・研究を行うリサーチャー、調査・研究成果を公開するエデュケーター、さらにそれらを統括するキュレーターという構成になっているところが多い。翻って、国内の多くの博物館に見られるのは、あらゆる職務を少数の学芸員が行うという現状である。しかし、ない物ねだりをしても仕方がないので、我が国で動物系博物館を運営する際に望ましい人員配置は、まず資料の収集と維持管理にあたる技術職員を確保することである。

（2）運営のための四要素

　博物館運営にとって最も大切なのは、マネージメントの四要素、すなわち「場所」、「人」、「もの」、「資金」の関係性を適切に理解しておくことである。博物館は資料を収集し、それを維持管理して研究し、展示をしなければならないが、そのためには必ず一定規模の空間が必要になる。空間が確保できれば人が活動できる余地が生まれ、人が活動することで資料が充実していく。そして資料を研究し展示・公開することで資金が回転するようになっていく。動物系博物館の場合、「場所」については、単なる空間の確保にとどまらず、どのような施設や設備を割り当てるのかもたいへん重要な要素である。せっかくオリジナルな資料の収集に成功しても、それを保存するためのまともな収蔵庫がな

ければ、資料はあっという間に劣化してしまう。第4節に詳述したが、動物系資料を構成する主要成分はタンパク質などの有機物なので、もともと長期保存に向いていないのである。逆に、しっかりした収蔵庫さえ確保されていれば、維持・管理に充当せねばならない手間暇や資金が大幅に節約でき、その分のエネルギーや時間を他の業務にまわすことができる。結局、しっかりした収蔵庫にそれなりの資料を蓄積することこそが、博物館の運営を長期にわたって安定させる第一歩であるといえるだろう。

（3）来館者を迎える前に

　運営面における重要な要素の最後にアメニティ関連の設備の清潔感をあげておきたい。実は、このことはブラジルのリオデジャネイロ国立博物館の元館長であるオリベイラ博士から教わったことなのだが、トイレや洗面所が汚れていたり、どこか不潔感があったりすると、来館者だけでなくその施設を使う職員にも心理的によい影響を与えないというのである。つまり、アメニティ関係の設備の清潔感を保つことは、実は、来館者を受け入れる博物館側の最低限の前提条件なのである。ただし、ポイントになるのはあくまでも清潔「感」であって、施設そのものが豪華である必要はない。この視点に立つと、アメニティ関連の施設は、日常、清掃しやすく劣化しにくい構造や材質を用いた設計になっていることがたいへん重要なポイントであることがわかる。

8. 動物系博物館の教育的・社会的役割

　前節でも述べたが、博物館のとるべきスタンスとして、いかに社会的に有意義な施設であるかを一般市民に理解してもらうことは、安定的な運営に必要不可欠な時代となった。そして、市民から理解され、支持されるためには、楽しみながら学べる環境を作り出すことが大切である。さいわい、成熟社会に突入して久しいといわれる我が国では、市民の見方、感じ方も多様化し、大金をかけて大規模な凝った展示を作ることが、必ずしも来館者の増加に結びつくわけではなくなっている。その一方で、運営の工夫次第では、旧式の施設であっても地域の人気施設となりうることを愛知県の竹島水族館が証明してくれてい

る。

　動物系博物館のエデュテインメント性（楽しみながら学べる）を考えるうえで肝要なのは、一般市民に対して、展示標本や展示テーマの魅力をいかに伝えるかという観点である。たとえば「世界の大恐竜たち」と銘打って、大金をかけて展示をリニューアルしたとしよう。こうした展示方法は、確かに一時的には多くの来館者が望めるかもしれないが、入手と維持管理に膨大な予算がかかるだけでなく、オリジナル性がないために展示更新もままならず、時間の経過とともに寂れていくことが多い。それよりは、地域の動物相の解説を充実させ「地元の動物のことならうちに来ればたいていのことはわかるよ」、「うちの博物館はダンゴムシに関しては他の博物館に負けないよ」といった特定の動物種に焦点を当ててもよい。また、地域の小中学校と連携して地域の自然理解のための独自教育プログラムを策定したり、それを応用した一般向けの公開講座を充実させるのでもよい。その施設が強みとする何らかのオリジナル性をベースに、来館者目線で展示や活動を作り上げていくことが、博物館の継続的な運営に資するものとなる。いかに来館者目線で展示をデザインし、作り上げていくかに関しては、マックリーン（2003）が詳しいのでぜひ一読されたい。

　博物館は、我々ホモ・サピエンスという生物が、自分たちを取り巻くあらゆるものをより深くより広く理解しようとして連綿と積み上げてきた歴史の殿堂であり、過去から現在へと連綿と続く巨大な時間の回廊であって、我々自身が歩んできた道のりそのものである。前述のように、博物館が置かれている現在の情勢は年々厳しくなっているが、来館者の目線で考えると、まだまだ実現可能なことは多いはずである。所蔵資料のおもしろさや魅力を来館者に伝える工夫の仕方は数限りなく存在する。また、楽しめる雰囲気を作り出すという意味でアメニティ関連の整備もそれに該当するだろう。
　オリジナルな収蔵資料を充実させ、それを後世に伝える手助けをすることは、博物館人としての使命であり、醍醐味でもあるが、その実現は、来館してくれる人々を中心とした市民社会の理解と支持にかかっているということを肝に銘じておくべきであろう。

参考文献

大林延夫　1985「カツオブシムシ科」黒澤良彦・久松定成・佐々治寛之編『原色日本甲虫図鑑（Ⅲ）』保育社。

佐々木秀彦　1996「シーボルトの日本研究―集める・調べる・見せる―」ドイツ-日本研究所編『シーボルト親子の見た日本　生誕200年記念』江戸東京博物館。

柴　正博　2007「自然史博物館の使命」『タクサ』（日本動物分類学雑誌）2007年2月号。

杉長敬治　2015『博物館総合調査の基本データ集』平成25〜27年度　日本学術振興会（JSPS）科学研究費助成事業報告書　基盤研究（B）課題番号25282079。

橋本太郎　1977『坂本式動物剝製法』図鑑の北隆館。

K.マックリーン（井島真知・芦谷美奈子訳）2003『博物館をみせる　人々のための展示プランニング』玉川大学出版部。

Fukuda, Hiroshi, Takuma Haga, and Yuki Tatara 2008 Niku-nuki : a useful method for anatomical and DNA studies on shell-bearing. Zoosymposia 1.

（小林秀司）

2 昆虫と博物館

(1) 昆虫館史

「昆虫館」とひとまとめに呼ばれるが、実態としては標本を中心とした自然史系の昆虫館と、生きた昆虫を中心とした動物園系の昆虫館に大別できる。

標本を中心とした昆虫館は、総合博物館や自然史博物館の一部門ととらえられていることが多いであろう。また、「昆虫館学芸員」は数えるほどであるが、「昆虫担当学芸員」と広げると、まだ十分な数には程遠いものの、一定の人数が存在している。

個人の大きなコレクションの収容先として設立された園館も多い。「昆虫館」として独立した最古の施設は、私立である名和昆虫博物館（1919年）である。昭和初期には昆虫に関する書籍が流行し、こういった書籍の著者が所蔵する個人コレクションを中心とした博物館が各地に開設される「昆虫ブーム」が起きたと記されている（矢島 2004）。

自然史系博物館の歴史はヨーロッパに始まり、日本ではそれに1世紀半は遅れて誕生したとされている。しかし、昆虫相がほぼ解明しつくされたヨーロッパとは異なり、日本の昆虫相は3割程度しか解明されていないと考えられている（森本 1997 など）。日本は古くから豊かな自然と共存してきた歴史を持っている。生物多様性の解明と保全という国際的な課題に対して、日本の昆虫研究者が果たすべき役割はきわめて大きい（山根 2000 など）。

標本を中心とした自然史博物館に対して、生きた昆虫を展示する「昆虫館」は、日本では古くは宝塚昆虫館（宝塚ファミリーランド内、1939年）にその始まりを見ることができる（矢島 2004）が、現在のようにメジャーになったのは、「多摩動物公園昆虫園」における「放蝶温室」の成功に端を発しているであろう。これは、「昆虫の中に人が入っていく」スタイルであり、動物園でいうところの「サファリパーク」の考えを取り入れたもので、実は世界で初の試み

図1 昆虫の生体展示　左：昆虫館で繁殖させた蝶（オオゴマダラ）の幼虫、右：カブトムシ・クワガタムシの成虫。

◀図2　水生昆虫（ミズカマキリ）の展示

であった。現在でも多くの外国の研修生が、ここで学んでいる。

（2）昆虫館の現在

　上述のように、昆虫館は2つに大別できるが、現在は「多様化」の時代を迎えていると考えてよい。そのもとになるのは、設立母体や地域などの「ニーズ」が多様であることがあげられる。しかし、多くのニーズに応える必要があるため、生きた昆虫を中心とした昆虫館であっても、地域の昆虫相調査や標本の管理なども最低限できなければいけない。また、標本中心の博物館であっても、生き物を用いることにより、より幅の広い展示ができる。そのボーダーは急速に薄まりつつあるというのもまた現実である。

　運営主体も、また多様化してきている。逼迫する地方財政に合わせて、指定管理者、財団、公社、民間への業務委託等が、どこでも何かしらの形で検討されるようになってきている。当初はずさんな指定管理により多くの昆虫館が閉鎖の憂き目にあったが、NPO法人やボランティアが運営の主体となり復活した施設なども出てきてはいる。博物館施設全体についても財政縮減の方向に急

速に向いており、10年前のイメージで職に就いた場合、あまりの状況の変化に呆然とすることだろう。

(3) 昆虫館の役割

現在の昆虫館に求められるのは「多様なニーズに応える」幅広い専門能力と、「さまざまな分野と連携し」「地域の活動」をサポートできるマネージメント能力だといえる。「幅広い」と「専門」は二律背反するが、幅広い要求の窓口になれるだけの、科学的な思考といった基本的な能力と、他の専門分野を持つ学芸員と共同関係を結ぶことができる、独自の「専門分野」を持つことで解消できる、と考えれば取り組みやすい。他の学芸員から必要とされる専門性と、他に頼れる関係を維持する能力と言い換えることもできる。

また、博物館共通ではあるが、地方で働く学芸員にはその地域の魅力を発見、あるいはそのサポートを行い、その価値を発信するだけではなく、将来的な産業としての活用を提案することまで求められている。昆虫では未解明の分野がまだまだ残されており、新種や新知見などが今後とも数多く発見されることが予想される。また、地域の希少種の調査や保全に関わる必要性も、急速に増してきている。博物館に法的な設置義務はないので、「博物館（昆虫館）があってよかった」と思われるよう、市民と研究者の橋渡しなどで、具体的な成果を積み上げていく必要がある。

(4) 資料・標本

生き物と標本は、同じ場所で管理することがきわめて難しい。特にきわめて重要な博物館資料を扱う施設に、生き物を導入するには多くの制約が伴うだろう。基本的に博物館では、資料の燻蒸が前提となっている場合が多いため、生き物を持ち込むということ自体が不可能な場合もある。他方、生き物を中心とした施設で重要な標本を管理するのも、全館燻蒸が不可能であり、湿度管理などの問題もあり、適切であるとは考えにくい。

これらを解消するには、施設的に隔離する方法と、資料の重要性に応じて適切な施設に譲渡する方法が考えられる。後者は受取先に迷惑がかかることを考慮する必要があるし、前者は設計当初から隔離できるようにしていないと、簡

図3　昆虫館で繁殖させたオオゴマダラ

図4　乾燥標本の展示　標本の作製・展示はともに昆虫館の重要な役割となる。

単な改修では対応しきれない場合も多い。幸い文化財などと比べれば、昆虫標本の管理はそれほど厳密ではない。模式標本などを除けば、基本的な標本の管理技術で対応できるケースも多いはずである。

　生きた昆虫という資料を考える場合、寿命が短いことと、維持するコストが高いことを先に考えておく必要がある。そのあたりにいる小さなゲンゴロウを展示するにしても、繁殖させて常時展示させるとなると、必要となる技術も労力も桁違いに跳ね上がる。野外補充に頼って飼い殺しで済ませるのか、繁殖が必要なのかが大きな分かれ道になる。最近は希少種のみ繁殖させ、他は購入や採集で済ませるというのが一般的になってきているようだ。もっとも、冬が長い地域では、寿命と補充できない期間を考えると、繁殖以外の道がないという場合もある。

　標本の作製や管理に関しては良著（馬場・平嶋 2000、丸山 2014 など）が出ているので、それらを参考にされたい。少しだけ現代的な要求をあげるとするならば、分類に DNA の比較検討がほぼ必須になってきているため、のちに DNA を抽出できるようにしておいた方がよい。酢酸エチルなどで殺虫せずそのまま 100％にできるだけ近いアルコールに漬ける、2重液浸で保管など、手間のかかる管理が必要になる。また何でも DNA で検討できるほど簡単ではないので、それが必要かどうかを自分で判断する、あるいはその虫の専門家による判断を聞く必要があるだろう。昆虫はともかく多様なので、分類群ごとに適

切な処理を学んでおき、最新のニーズに合わせた標本作成や管理が必要になると考えておくとよい。

(5) 情報化

情報の管理は、標本ならラベルの管理から始まり、可能な限りデータベース化をし、市民からのアクセスに対応できるものにしたいところである。だが、現状では単独での構築や管理が難しい施設も多い。まず同定ができる種がごく一部という状態で、どのようにデータ化するかは、どこでも悩ましい問題である。また、すべてをデータベース化すると、研究者同士の標本のやり取りが難しくなるという意見もあり、必ずしも万能とは呼べない。近年「地球規模生物多様性情報機構（GBIF）」の日本ノード（JBIF）や、国立科学博物館が進めるサイエンスミュージアムネット（S-Net）など、共通化された情報集積・公開システムが準備されはじめているので、整理のついた分類群からそういったシステムへ公開していくことは有効な手段である。

ただ、寄贈品や発表に用いた標本などは、所在を明確にし、閲覧が可能な状態で保管すべきであり、優先して目録等に管理するべきである。

生き物のデータ化は、昆虫の場合その寿命の短さもあいまって、あまり現実的ではない。ただ、飼育実績などを残しておく必要はある。これは、単に実績作りにとどまらず、全国の昆虫館との連携により、昆虫の飼育技術を向上させることにつながる。また、希少種の生息域外保全や、天然記念物等の管理を環境省などから委託される場合があり、これらは必要な資料提出を求められるので、最低限応える必要がある。

いずれにせよ、どういったものをどうデータ化していくか、といった取捨選択こそが学芸員の判断すべきことだといえる。

(6) 危機管理

昆虫などの自然史系資料は、上述のように文化財等と比べると取り扱いが厳密になされる法的根拠もなく、どうしても対応は後回しにされやすい。しかし、完模式標本（ホロタイプ；種を記載する際に基準として指定された一個体）などは、唯一無二のものである。耐火・耐震などの措置が十分な施設で保管す

べきであり、対策が不十分な施設は、適切な博物館への移譲をすべきである。

　陸前高田市立博物館における津波被害の例などでは、岩手県立博物館の学芸員が呼び掛け、資料の救出、修復作業などを全国の博物館が分担して協力した（藤井 2011）。被災昆虫データベース（昆虫学データベース作成グループ、on web）も作成されているので、参照されたい。たとえ模式標本でなかったとしても、個々の標本は地域の自然史を語る重要なものである。その価値は地域にとどまらず、全国、ひいては全世界の研究者にも重要であるため、これだけ大きな運動になったと考えられる。これら地域で収蔵している標本も、失われることの損失額は、簡単にはじき出せるものではない。

　では管理はどうするべきか？　災害の多い日本では、さまざまな事態に対応した措置が必要である。近年広く取り入れられているのは、簡単な耐震措置である。頻発するような規模の地震でも、標本箱が落下するなどの事故は起きやすい。したがって、標本棚にひもを張り、簡単にずり落ちないようにするなどの例が見られる。標本の出し入れにも手間がかかる作業ではあるが、脱落した時の被害を考えると、必須の対策といえる。液浸標本なども耐震を考えた管理法を検討する必要があるだろう。防火対策などは消防法などの法的な施設管理にとどまっている場合が多いと思われる。しかし、収蔵庫だけは火災から免れるような、より徹底した防火対策が必要であることはいうまでもない。その他災害についても、起きる前提で常日頃の管理を心がけたい。

　また、広く使われていた燻蒸薬剤（エキボン）が使用禁止になるなど、本格的な全館燻蒸といった虫害対策は難しくなっており、総合害虫管理（IPM）という考えが主流になりつつある。発生する虫を常に監視し、その虫に応じたピンポイントな対策を行うというもので、その性格上、総合博物館においても、昆虫担当学芸員が担うことになることが多い。

　館園の閉鎖は、最も避けなければならない「危機」であろう。設立母体にもよるが、館園の必要性を理解してくれる協力者をどれだけ広げていけるかは、生命線ともいえる。しかし、現代においては、特定の支援者やバックアップ組織に依存するだけで施設の存続を維持できるほど、社会は寛容ではない。なおかつ、昆虫だけを扱っている場合、どうしても価値を軽く見られがちであることを常に意識しておくべきである。また、上述のようにずさんな指定管理制度

などの導入によって、すでに多くの館園が失われている。本来収益を議論されるべき施設ではないが、金銭に換算して存在意義を訴えないと、議論のテーブルにも乗らないことを念頭に置いておく必要がある。

(7) 館園組織

　博物館法は頻繁に見直されている。博物館は登録博物館、博物館相当施設、博物館類似施設の3つに分類される。「登録」と「相当」は都道府県に届け出るもので、設立母体が地方自治体の場合は、設立条例に博物館法に合致する必要要項が盛り込まれていることが条件となる。「類似」は何の登録もされていないが、役割上そうとらえられるというだけのもので、何の義務も発生せず、法的根拠もないものである。しかし、生き物を主体とする昆虫館は、動物園の一種ととらえられ、博物館としての登録はなされていないことが多い。以前は「登録」であっても、館長・学芸員は「置くことができる」であり、義務ではなかったが、現行の博物館法では「置く」と改められており、設置の義務が生じた。ただ、地方の小さな施設ではいずれも「兼務」になっており、館長は肩書きだけ、学芸員も「兼務」で通常の行政職員と同様の業務を担っていることが多い。これはひとえに行政の無理解によるものだが、地方自治体の財政状況と将来を考えると、今後そういった傾向は、より強まっていくと考えたほうがよいであろう。

　博物館の組織としては、「どれだけ多くの団体・機関等と連携がとれるか」がきわめて重要である。特に昆虫の場合は、膨大な種数とその解明率の低さから、あらゆる組織の協力が必要になる。大学や「友の会」組織といった基本的なものにとどまらず、アセスメント会社やコンサルタント会社、民間自然ガイドといった企業、さらには博物館側からも市民活動の設立をサポートするなど、ありとあらゆるオプションを検討するべきである。標本商や、いわゆる「虫屋」などとも上手に付き合う必要がある。より広げて、まったくの異分野、地域商店や企業、地質や歴史等といった分野の専門家と手をつなぐことも今求められる活動である。また、施設管理を業務委託する場合も多く、ボランティアに委託するのも一般的だ。施設内部でも連携が鍵となる。こういった内外の連携の中心になるのが学芸員といえる。

昆虫館で勤務するために取得を義務づけられる資格というものはないが、昆虫館に関わる組織で必要となり、昆虫館での勤務に役立つ資格はさまざまなものがある。生物分類技能検定は、アセスメント系では必須であり（2級が望ましい）、自然ガイドになるためにも自治体が資格制度を設けている場合が多い。また、昆虫だけなら必要ではないが、爬虫類以上（カメなどを持ち込まれるケースが多い）の「愛護動物」を1頭でも展示、あるいは10頭以上飼育する場合は、動物愛護法に基づき、第一種動物取扱業の登録が必要となり、事業所ごとに動物取り扱い責任者を置かなければならない。その際、家庭動物管理士の資格が認定要件の一つとして設定されることがある。昆虫に携わるのに犬種を覚えるのは理不尽さを感じるかもしれないが、必要となる場合は少なくない。

（8）教育的・社会的役割

　学校教育のなかでは、必ず通る単元として、小学3年生の「昆虫のからだのしくみ」がある。これは学校教育に貢献できる大きなチャンスであり、あらかじめ教材を準備して、場合によっては出前授業を行い、対応している昆虫館もある。特に蝶を通年飼育している昆虫館は重宝がられるはずである。また、「総合的な学習」のなかでも「生物多様性」や「地域」を選択できるため、対応を要望されることが多いだろう。遠足の目的地である「（学習的）アミューズメント施設」としての役割を要求されることも多いだろう。

　これらに対して、あらかじめ学校利用のプログラムを、学校機関と連携して作成し、学校側が選択できるような資料を配布している昆虫館も多い。何事も受け身ではいけないのは学校対応だけではない。団体利用のプログラムを積極的に用意し、公開、配布する必要がある。また、社会教育各種事業にも積極的に売り込んでいき、貢献することが大事である。

　障がい者にやさしい施設作りは、高齢者や乳児など万民に門戸を広げる、基本中の基本である。しかし、施設の設備の不具合から始まり、点字の不充実、手話のできる職員や筆談器具、車いすで回れる環境の不整備など、完璧である施設を探すほうが難しい。しかし、当人たちが求めているのは「受け入れる気持ち」であるので、簡単な筆談ボードや、「におい」「触感」などで楽しめる展示を用意して、「歓迎する心」を示すのは重要なことである。いくつかの昆虫

館ではこういった五感展示を実現させている。外国人への対応も基本的に同じであり、たどたどしい外国語よりボディーランゲージで歓迎の意思を示すほうがはるかに有効である。

　また、乳幼児対応は、近年ほぼ必須の対応になってきている。乳幼児を持つ保護者の「子どもに体験させたい」という欲求は非常に高く、施設の利用者の少なくない割合を占めている。特に昆虫への興味は小学校低学年までが最も高く、主たる客層ともいえる。予算をかけずに手作りで簡易授乳室やおむつ替えベッド、おもらしを気にしないフリースペースなどさまざまなものが作れる。実際に子育て中の方々の意見を十分聞いて、採寸や材質、使い勝手などに工夫するとよい。

　昆虫館の社会的役割として近年重要さを増しているのは、「生物多様性」対応である。本来業務である「地域ファウナ調査」はもちろん、外来種問題、希少種保全、そしてこれらの普及に関して最も重要な最前線に立つのが「普及者」としての学芸員である。現在、全国昆虫施設連絡協議会は、環境省から希少種（昆虫）の「生息域外保全」を委託されている。また、生息地の保全を含めた活動を精力的に行っている昆虫館も多い。業務として昆虫を確実に飼育するというのは、個人が飼育するのとはまったく異質の難しさがあり、高い飼育能力と使命感を要求される。しかし、近年、希少種の保全や外来種への対応に対する関心は高く、施設の社会貢献として認知されるという見返りも大きい。ここでも実施団体、行政、調査研究機関、環境省などさまざまな団体との連携・調整が求められるが、逆に市民参加を募りやすい分野であり、協力者を増やす機会でもあるので、積極的に取り組んだほうがよいだろう。ただし、生態学や生物多様性条約、国際自然保護連盟（IUCN）のステートメント等について、常にチェックを怠らず最新の知識と正しい理解を持つことが必要であろう。

　国際分野で注意しなければならないのは、「遺伝資源の利用から生じた利益の公正で衡平な配分（ABS）」で、事前同意（PIC）法や相互合意条件（MAT）法といった、「遺伝資源」（昆虫標本も含まれる）のやり取りに関する法律が、生物多様性条約のもと、締約国に制定が義務づけられていることだ。まだすべての国で整備されたわけではないが、整備された国とは、外国由来の「遺伝資源」の登録、使用（論文に使用する場合も含まれる）に際しての利益について

の報告（原則論文の執筆も原産国との共著が要求される）など、相当な手続きが必要である（森岡 2016）。もちろん生きた昆虫の扱いに関しても、これに準ずる。これは国際問題であるが、国内でも現地から無断で採集してきて展示するというのは現地感情を損ね、採集禁止条例などに結びつきやすい。全国昆虫施設連絡協議会はこういったトラブルを防ぎ、加盟園館同士で卵や餌になる植物の種などを交換し、現地への負担をできる限り避けるために組織された会である。館園によっては、現地研究者や役所に連絡をとり、採集品のリストを提出している場合もある。原産地への配慮というのは、どのような場合でも大事である。

　また、これまでも多くの学芸員を含む研究者が、日本の国際協力機構（JICA）や、インドネシア科学院（LIPI）など現地機関による補助を受け、東南アジアなどで昆虫調査や博物館での管理を指導してきている（ロシコン・山根 2005 など）。機会があれば協力を検討してほしい。

参考文献

昆虫学データベース作成グループ　岩手県陸前高田市立博物館所蔵修復被災昆虫類標本データベース（RDS）On web。
馬場金太郎・平嶋義弘　2000『新版昆虫採集学』九州大学出版会。
藤井千春　2011「被災した陸前高田市立博物館所蔵昆虫資料の修復について」『博物館研究』46-9。
丸山宗利　2014「小型甲虫の台紙貼り標本とラベルの基本的な作り方と注意点」『九州大学総合研究博物館研究報告』12。
森岡　一　2016「名古屋議定書時代を迎えてアクセスと利益配分問題を理解する」『SAYABANE N.S.』22。
森本　桂　1997「昆虫の種多様性と分類学」『哺乳類科学』37-1。
矢島　稔　2004『虫に出会えてよかった』フレーベル館。
山根正気　2000「インベントリーと分類学者」『昆虫と自然』35-2。
ロシコン　ウバイデラ・山根正気　2005「インドネシアにおける昆虫学の現状」『昆虫と自然』40-1。

（喜田和孝・中村圭司）

3　植物と博物館

　日本国内には多くの博物館がある。国立科学博物館をはじめとし、県立博物館、国立や私立大学に設置された博物館などそれぞれの地域の中心となる博物館が存在する。それぞれの博物館には植物担当の専門職員である学芸員が配属されていて、植物の収集や調査・研究を行っている。さらに、定期的に一般市民を対象とした植物観察会を開催し普及活動を行っている。また、重要な仕事として博物館の展示会を定期的に行っている。

　ほとんどすべての博物館は、収集した植物や動物の標本を保管する標本庫が整備されている。近年は大学での標本の保管事業が困難になる傾向があり、国立科学博物館や地方自治体の博物館の標本庫が整備されてきた。

　標本庫に収蔵された植物標本のなかには数百年昔のものもあり、過去の植物の分布や系統を研究するうえで特に重要である。新種として記載された植物のタイプ標本は、植物分類学にとって最も重要で、世界でただ一点のみであり失ってはならない標本である。また、分布調査や研究に用いた標本を残すことにより、生物の多様性を研究する際の貴重な資料となる。地方のフロラ（植物相）をまとめる際には、記載のみの記録でなく、標本に基づいたリスト作成が重要であり、特に再検討する場合に標本の検証が可能となる。絶滅危惧種の調査に関しても、過去その地方に生育していたが現在では見つけることのできない絶滅種に関しても、貴重な情報源となる。

　ここでは、植物系博物館の歴史、現状及び役割を述べ、博物館において学芸員の重要な仕事である、植物の採集と標本の作製、標本データベースの作成、標本庫の維持管理について概説する。

（1）植物系博物館の歴史

　生きた植物や植物標本を収集、展示するようになったのは、15世紀から始

まるヨーロッパの大航海時代からである。1519年マゼランが世界一周を成功させたが、当時の植物調査は、食物や薬として人間の生活に役立つ植物を探し出すことを目的としていた。たとえば、ポルトガル、オランダ、イギリスなどがインドから東南アジアにかけて調査隊を派遣したのは、コショウ、ショウガ、ニッケイなどの香料を持ち帰るためである。1635年、「王立薬草園」（Jardin royal des plantes médicinales）のちのパリ自然史博物館（le Muséum national d'histoire naturelle）がフランス国王ルイ13世によりつくられた。開設当時は、博物館というよりも植物園であり、この植物園もスイスの修道院と同様、王のための薬となる植物を栽培したのが始まりである。その後、18世紀の博物学者ビュフォン伯ジョルジュ＝ルイ・ルクレルをはじめ、中国の植物を研究したオーストリアの植物学者ハンデル-マゼッティ、用不用説という進化論を発表した19世紀のラマルクらへ引き継がれていく。その頃、「王立薬草園」は、自然史を研究することを目的とした本格的な自然史博物館となった。

　日本に大きな影響を与えた植物学者としては、チュンベリーがいる。彼は、1775年に来日し日本の植物を集大成した『フロラ・ヤポニカ』を発表した。この本は日本の植物を集大成した最初の著作であり、812種が日本に生育することを報告している。しかも、著書に使われた標本と図版が現存しており、日本の植物の研究の原点であり、その後の研究に大きな影響を与えた。19世紀に入ってから、シーボルト、アーサ・グレイ、マキシモヴィッチなどの研究者により、多くの論文や著書で日本に分布する植物が明らかにされた。このころになると、植物を学問として研究する学者という職業が認知され、人間に役に立つ植物だけでなく、ヨーロッパ以外にある未知の植物を、航海の危険を顧みず探しに行くようになった。そして中心となるヨーロッパでは、海外を自然史という生物を学問として研究する場としての博物館が次々と創設されるようになった。

（2）植物系博物館の現状

　公益財団法人日本博物館協会によると、日本には4,000館以上の博物館または博物館に相当する施設がある。「museum」の英単語の意味は、博物館、記念館、美術館、展示館など範囲は幅広く、特定の領域の博物館を示す場合には

「museum」の前後に単語を追加して特徴を表している。海外の博物館を見ると「Science Museum」「Museum of Art」「Natural Museum」などあるが、先に紹介したパリ自然史博物館は、フランス語表記「le Muséum national d'histoire naturelle」、英語名は「The French National Museum of Natural History」とされ、まさに自然史（Natural History）を体現している。

図1　東京大学総合研究博物館

日本では、「博物館」が自然史を研究する施設とほぼ同じ意味で使われ、国立科学博物館や大学が運営する東京大学総合研究博物館（図1）、京都大学総合博物館などでは、研究材料を整理保管・収集している。また、千葉県立中央博物館、神奈川県立生命の星・地球博物館や兵庫県立人と自然の博物館など各県に設置された多くの博物館でも、学芸員による調査・研究が活発に行われている。

日本の博物館は、所在地の県内を中心とした植物の調査を行い、県の植物誌の編纂や観察会の中心的な役割を果たしている場合が多い。担当する学芸員は、調査だけではなく、植物の収集・整理・管理、展示の作成と解説、研究発表も成果として求められる。県内各地への植物調査や観察会の開催及び標本作製には、博物館学芸員のみでは不可能である。したがって、地元のボランティアの方の手助けが必要であり、多くの博物館では「友の会」などを結成し博物館の業務を活性化している。

（3）博物館の役割

博物館は、「自然史」に関わるすべてのものを一つに集め、管理・保管し、秩序立てて整理することが最も重要な役割である。特に、県立や市町村立などの地元に根付いた博物館であれば、地域特有の生物や鉱物を発見できる可能性は大きい。そのためには、県内をくまなく調査することが必要であり、地域住民を巻き込んだ多くの協力者を得ることが急務である。さらに、自分の住む県内

にいかに素晴らしいものがあるかを地元住民に知ってもらうための展示と、対話による解説が重要となってくる。

　展示は、「一度見たら終わり」にしてはいけない。期間限定の特別展ならまだしも、常設展でも季節ごとに変化させることが望ましい。すべてを理解しやすくするのではなく、専門的な部分を加えると、それぞれの博物館のオリジナルな展示へとつながると思われる。また、教育普及活動として、各学芸員の専門性を活かせる講座を開けば、県内にかかわらずその分野に興味を持った人材が集まりやすい。広報活動として、最近は Twitter や Facebook をはじめとする SNS（Social Networking Service）を積極的に活用している場合が多く、そうすれば地元だけでなく世界的なアピールも可能である。SNS は、情報が簡単に拡散できるシステムになっているので情報拡散の効率がよい。地元住民が誇れる内容であれば、より拡散されるスピードは早まる。

　積極的に博物館のバックヤードを公開するのも新しい試みとして取り入れる価値がある。展示が完成するまでの裏舞台を学芸員本人による解説と対話によって見てもらう。展示という表舞台に至るまでに候補から外された標本を、ありのまま見せることで学芸員と生物に愛着がわくだろう。学芸員にファンがつけば、学芸員に誇りと自信が生まれ、新たな提言につながる。その新たな提言を検討し、実現することで、さらに特色あるオリジナルな博物館となりうるのであり、社会への還元、アピールとなる。

（4）野生植物の採集と標本の作製

a. 植物の採集

　植物の種名の同定や、解剖して構造を研究する場合は、植物を採集して標本を作製することが重要である。フロラの調査において現地で種名がわからない植物がある場合は、現地で採集し実験室に持ち帰り図鑑等で検索しなければならない。写真撮影を行い、画像で種名を調べることも可能であるが、花や果実の細部を調べる必要が生じた場合は写真では対応できない場合が多い。また、植物の分布調査や群落調査において、現地で記録した植物について疑問が生じた際には、証拠となる標本が必要である。植物の採集は、研究に必要な最小限の個体としたい。

国立公園など、採集が禁止されている地域では採集してはならない。また、国外での採集調査に関しては、近年生物多様性の保護、遺伝資源の保護等の規制が厳密に適用され、現地での採集や日本への持ち込みは厳しくなっている。現地での調査は、調査国の研究者に同行してもらい慎重に行う必要がある。標本の日本への持ち込みに関してもそれぞれの国の法令を調査前に調べておく必要がある。

図2 野外での植物採取と標本作製

野外では、花や葉、茎のみでなく草本であれば、根の部分も採集する必要がある。植物の種名を調べるのに最も適した標本は、花と果実の両方を付けたものであり、それらは分類に用いる形質として特に重要である。イネ科やカヤツリグサ科のように花がなければ同定の難しいものがあるので注意を要する。また、根や匐枝なども種を区別する時に必要な形質となる。このように、できるだけ多くの植物部位を採集して標本にする必要がある。

草本の場合は、根堀などを使って根元から植物全体を採集する。根に付いた泥はできるだけ取り除いておく。また、木本であれば、剪定ばさみを使用して枝を切り取り葉や花を標本にする（図2）。木本はすべての部位を採集することができないので、花、果実、樹皮等を部分的に採集せざるを得ない。植物は、標本台紙に貼り付けることができる大きさに採集するが、大きい植物は適当に折り曲げる。標本台紙の大きさの目安は、新聞紙1ページの半分に入る程度に折りたたむ。種子や果実が完熟して落ちたものは、紙封筒か小型のビニール袋に入れておく。

b. 標本の作製

採集した標本は現地で野冊に挟むのが望ましい。すぐにおすことができない場合は、胴乱かビニール袋に入れ、しおれないようにして持ち帰る。植物を挟む新聞紙は、一枚を縦に半分に切り、それを横に半折にする。半切した間に植

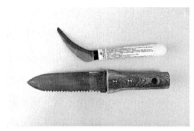

図3 根切り（上）と根堀（下） 大きな株立ちの草本を採集するには根切りが便利である。

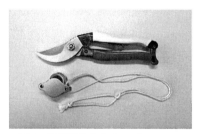

図4 剪定ばさみとルーペ

物を挟む。花弁が新聞紙に付く場合や、変色する場合は、標本の両側を半紙で挟むとよい。吸水紙や新聞紙を挟み、アイゼンバンド等で野冊を縛る。植物は乾燥標本のできあがりを考えて、葉や花はなるべく重ならないようにする。また、葉はすべて表面だけ出すのではなく、一部は裏面も見せるようにする。大型の果実や太い茎などはナイフで半分に切って乾燥しやすくすることも必要である。植物を挟んだ新聞紙に、採集した日付、地名、採集者名、種名などを記入しておく（図3、4）。

野帳には、同様なデータに加えて、生育地の土壌や光条件、周辺に生育する植物なども記録することが望ましい。また、大型の木本については、木の高さ、胸高直径等標本では得られないデータが多いため、こまめな記録が必要である。GPSからの採集地の緯度、経度情報も重要である。最近はカメラにGPS機能が付いた機種も多く便利である。GPSデータは、植物の再調査の際に生育地の特定ができるため、標本には記入しておきたい。だだ、絶滅危惧種など乱獲が危惧される場合は、情報はフィールドノートのみにとどめて、位置情報を特定できないように配慮する。

最近は、植物の系統分類の研究にDNA情報が用いられる。植物標本からのDNA抽出が可能であるが、通常の乾燥標本からはDNAの収量が低い場合が多い。DNA用の標本は、採集と同時に、シリカゲルを用意しておき、チャック付きのビニール袋に生植物を必要量入れ、シリカゲルを加えて密閉し急速に乾燥させる方法が一般的である。シリカゲルは、お茶の小袋に分けて入れておくと使いやすい。現地で採集したサンプルは遮光して持ち帰り保存する。

c. 標本の乾燥

　実験室に持ち帰った標本は、乾燥する前に折れた葉を伸ばしたりして形を整える。乾燥機を用いる場合は、50℃前後で数日間乾燥する。標本を挟んだ新聞紙と段ボールを交互に重ねて、自転車の荷台用ゴムひもなどで縛り乾燥機に入れる。

　乾燥機を使用しない場合は、吸水紙を間に挟み、漬け物用の重しを載せて乾燥させる。最初の3日間は朝夕の2回は吸水紙を交換しカビが生えないようにする。その後は、1日に1回程度吸水紙を交換し十分乾燥させる。特に、初回の新聞紙交換時に標本の形を整えることが重要である。また、吸水紙は新聞紙を利用してもよい。

d. 標本ラベルの作成

　標本ラベルには、植物の学名、和名、採集地、採集地の緯度・経度、採集年月日、採集者名を記入する。特に次のような生育地に関するデータも記入しておく。

　例）環境情報：湿地か乾燥地、陰地か陽地など。生育地の土壌データ：酸性土壌かアルカリ性土壌、粘土、腐葉土、礫、岩上、火山灰土、花崗岩、石灰岩、安山岩、蛇紋岩など。生育地の環境：海岸、畑、路傍、林床、林縁、尾根など。

　標本ラベルは長期の保存に耐える中性紙を使用するべきであり、筆記用具は黒インキを使用する。ボールペンや青インクは消える可能性もあり使用しない。また、鉛筆もかすれて読みにくくなる。

　ほとんどの標本庫は、標本の採集地等のデータはパソコンで入力しデータベース化している。標本のラベルも、データを専用の用紙にプリントアウトし作られる。特に、地名の検索や学名の検索システムを利用すれば、入力が簡単である。いろいろな情報をなるべく多く入力することが重要であり、特に、緯度・経度があればデータベースから分布図の作成が容易となる。

　ハーバリウムごとに、専用のラベルが作成される場合が多い。ハーバリウムに標本が寄贈された場合のラベルはさまざまであるが、寄贈元のラベルは廃棄せず、新たにハーバリウムで作成されたラベルとともに、一つの標本に2種類のラベルが添付されることは問題がない。むしろ、データ入力ミスを防ぐため

にも残しておくべきであり、時には採集者が新聞紙などにメモした部分も標本に添付されることもある。

植物を見てその名前がまったくわからない場合には、図鑑の検索表に従って調べる必要がある。普通は分類の階級表の科または属から種の検索を始める。植物を階級別の群にまとめると次のようになる。どのような階級を用いるかは「国際植物命名規約」で規定されている。

門（division）、亜門（subdivision）、綱（class）、亜綱（subclass）、目（order）、亜目（suborder）、科（family）、亜科（subfamily）、族（tribe）、亜族（subtribe）、属（genus）、亜属（subgenus）、節（section）、亜節（subsection）、種（species）、亜種（subspecies）、変種（variety）、品種（forma）。

e. 標本のマウント

標本は配架する前に、台紙に貼る。台紙の大きさは、ハーバリウムにより大きさが異なるが、一つのハーバリウムでは大きさは統一しないと配架の効率が悪くなる。岡山理科大学標本庫では29.5×45 cmの台紙を用いている。標本の保存や持ち運びに台紙はある程度の堅さは必要であるが、厚すぎる場合は重くかさばる。購入に際しては、他のハーバリウムを参考にするとよい。

標本は、専用の電気ゴテを用いて、ラミントンテープで止めるのが一般的である。ラミントンテープは、幅の異なるものが数種類用意されている（図5）。電気ゴテで熱を加えると、テープに付着した糊が溶け標本を確実に固定できる。また、このラミントンテープは耐久性に優れており、マウント作業も短時間で済む。これらの専用の器具を使用しない場合は、和紙を細く短冊状に切り、糊を片面に塗り標本を固定してもよい。ただ、糊は耐久性に優れて虫の被害にあわないアラビアゴム糊が適している。セロテープやラベルなどで標本を貼ると、数年後には劣化しては

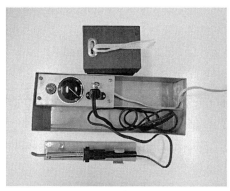

図5　標本貼付専用の電気ゴテとラミントンテープ

3 植物と博物館 45

図6 ビッチュウヒカゲスゲ（*Carex bitchuensis* T. Hoshino & H. Ikeda）のタイプ標本

図7 標本ラベルの記入例 標本庫名、科名、学名、採集地、緯度経度、生育環境、採集者、採集日、系統番号が示してある。

がれるため使用してはいけない。

　テープで標本を固定する場合は、標本が動かない程度で十分であり、必要以上にとめるのは避けたい。太い茎や枝の場合は、台紙と標本が動かないように茎や枝の周囲まで貼るように気をつける。特に太い枝の場合は、糸で固定することもある。

　果実や花が標本から外れてしまった場合は、パラフィン紙等に包んで、台紙の右か左上の空いた場所に貼る。また、ラベルは右下に貼る。右下にスペースがない場合は左下に貼る（図6、7）。

（5）標本の配架

　マウントされた標本は、専用の標本棚に収納する。標本棚はほとんどが特注品であり、防虫剤を入れる容器がセットされていたり、棚板や戸も特長があるものが多い。規模の大きいハーバリウムでは、電動式の標本棚が導入されていて、大量の標本が収納可能である（図8、9）。

　標本の配列は、日本では新エングラー体系を参考にしたハーバリウムが多いが、国外ではクロンキスト体系を採用しているハーバリウムもある。現在は、

図8　移動式の標本庫　（韓国国立樹木園標本庫）

図9　専用の標本棚　中央にナフタリンなどの防虫剤を入れるケースがついている。

世界中のハーバリウムが分子系統に基づくAPG体系（APG Ⅲ）への移行が進んでいる。しかし、日本では新エングラー体系に従った配架がほとんどである。

　標本は、属単位でまとめられていて、属内の種は学名のアルファベット順に配架されている。したがって、学名の標準名とシノニム（異名）が分類学者により異なる場合は、目的の標本を探すのが困難な場合がある。学名のシノニムも標本庫を利用する場合は頭に入れておく必要がある。また、同一種は一つのカバー（ジーナスカバー）に挟み、下に学名を記入しておく。同一種で多くの標本がある場合は複数のジーナスカバーに分けられている。

　標本の配架に関しては、日本以外の標本は国別に収納したり、国外の標本をまとめて科ごとに配架する場合もある。さらに、特徴ある標本コレクションの棚を特別に設けることもある。たとえば、著名な分類学者が収集した標本のコレクションなどがこれに相当する。

（6）標本の管理

　それぞれの博物館には、所属する研究者により採集された標本の収納以外に、外部から寄贈された標本の受け入れ作業がある。特に、外部から受け入れた標本に対しては防虫や防菌の作業が重要である。コナチャタテムシやタバコ

シバンムシ等による被害が多く見られる。外部から受け入れた標本や職員が採集した標本は、チャック付きのビニール袋に入れ、−20℃前後の冷凍庫で1週間程度処理し、その後常温に戻し、標本庫に収める。標本庫の棚のなかにもナフタリンなどの防虫剤を入れる。

　標本庫は、わずかな隙間からも害虫が侵入する危険性があるので、密閉する必要がある。また、定期的に標本庫全体を燻蒸することも重要である。キク科、バラ科、アブラナ科、セリ科、サトイモ科などのように虫害を受けやすい分類群と、カヤツリグサ科のように受けにくい植物もあるが、カビや虫害には特に注意が必要である。

（7）標本の利用

　収蔵されている標本は、本来、研究のためならば自由に閲覧することができるようになっている必要がある。ただし管理上の問題があるので資料担当の学芸員から許可を受ける必要がある。また、研究者などから標本の貸し出しを希望される場合があるので、貸出規定を整備しておく必要がある。

　標本庫に入る際には、利用者ノートに氏名、所属、利用する分類群を記入して入室する。標本の閲覧の際には、両手で下から標本を持ち上げ、標本を曲げないように丁寧に扱い、傷つけないようにする。標本庫に収蔵された標本は、今後、数百年以上の長期間保管されるべき貴重なものである。収蔵された標本からサンプルをとることは原則禁止である。研究のために植物体の一部が必要な場合や、果実の解剖が避けられない場合は、必ず標本庫の担当者に許可を得る必要がある。

　研究者が収蔵された標本をチェックして、同定を変更する場合は、同定票に新しい和名、学名を記入し、同定者氏名と同定年月日も付け加えて記入する。同定票は、標本台紙の空いたスペースに貼って、元の標本収納庫に返却せず別にまとめておく。閲覧が終了したら、同定票を入れた標本に関しては、標本データベースの修正や配架の変更のために担当職員に渡す。研究のためにハーバリウムの標本を利用した場合は、論文に利用した標本リストや謝辞を入れるのが普通である。

(8) ハーバリウムの略称

　植物の標本は、16世紀以降ヨーロッパを中心として収集されてきた。こうした古い標本を標本庫に収蔵する場合、すべてに標本番号を付ける必要がある。標本番号の頭には、それぞれの収蔵施設の略称を付けて標本を区別する。標本庫は原則としてIndex Herbariorumに登録することになっており、ハーバリウムの略称の重複を避けている。Index Herbariorumの事務局はアメリカのニューヨーク植物園に置かれていて、登録や情報の更新が行われている。世界で最も多くの植物標本が収納されているのはフランスのパリ自然史博物館で略称はPであり約950万点が収納されている。その他、イギリスのキュー植物園はK、ニューヨーク植物園がNY、ミズーリ植物園がMOの略称が付けられている。特に、歴史の古いハーバリウムは一文字で表される。日本のハーバリウムに関しては、東京大学がTI、京都大学がKYO、国立科学博物館がTNS、千葉県立中央博物館がCBNを用いている。岡山理科大学のハーバリウムはOKAYで登録してある。

(9) 学　名

　高等植物の学名はLinneの「植物の種」Species Plantarumが基準となっており、二名法で表される。学名はラテン語で記載され、国際植物命名規約でその名前の付け方が規定されている。

　たとえばタガネソウの学名は*Carex siderosticta* Hanceとなり、*Carex*（スゲ属）という属名と*siderosticta*という種小名及び命名者Hanceから構成されている。亜種、変種の場合は三名法で、種名の後に亜種、変種を表す名称を加える。学名は万国共通であり、和名とともに必ず記載する必要がある。

　「種」として区別できるほどの形態に違いが認められず、地理的に分布域が異なるものを亜種とする。さらに、亜種ほどに違わないものを変種とする。亜種と変種はほぼ同レベルで用いられることも多い。また、花の色などの数個の遺伝子により異なる軽微な違いで区別するものを、品種と呼ぶ。

　亜種はsubsp.またはssp.を付け、変種の場合はvar.を、品種はformaまたはf.を種名の後に付ける。たとえば、タガネソウの葉に斑入りの系統を、フイリタガネソウと呼び学名を*Carex siderosticta* Hance f. *variegata*（Akiyama）T.

Koyama とし、タガネソウの品種としている。また、タガネソウで葉に毛のほとんどない系統をケナシタガネソウとし、タガネソウの変種で学名を *Carex siderosticta* Hance var. *glabra* Ohwi と付けた。最近は、ケナシタガネソウの毛の有無は、タガネソウの変異の幅に含まれるとする見解が出されて、タガネソウにまとめられている。この場合、*Carex siderosticta* Hance var. *glabra* Ohwi は異名（シノニム）となる。

(10) 基準標本（タイプ標本）

　新種記載の論文では、ラテン語で学名が付けられ、しかるべき学会誌に発表され、基準となる標本が指定される。この指定された標本を基準標本（タイプ標本）といい、次のような種類がある。

　1）正基準標本（ホロタイプ標本）：新分類群が記載、発表された時、命名上のタイプとして著者によって選定された1標本。このタイプ標本は世界中でただ一点であり、特に貴重である。

　2）複基準標本（アソタイプ標本）：正基準標本の重複標本で、同じ時に、同じ場所で、同じ人によって採集された標本で、ホロタイプ標本と違うとは考えられない標本。

　3）従基準標本（パラタイプ標本）：原記載に引用されたホロタイプ標本以外のすべての標本。

　これらの基準標本のなかで、ホロタイプ標本は、ただ一点しか存在しないため、保管には特に注意を払う必要がある。分類を見直す必要が生じた際には、このホロタイプ標本やアイソタイプ標本を比較検討する必要があるため、すべての研究者にとって特に重要である。これらのタイプ標本は、他の標本とは別にして、赤いラインの入ったカバーに収納されている場合が多い。戦時中に多くのタイプ標本が被害にあったため、その後の研究に大きな障害となった分類群もある。したがって、新種を発表した場合には、新種を認知してもらうことや消失などで標本が失われた場合の対策として、アイソタイプ標本を他の主要な標本庫に寄贈することが慣例となっている。

参考文献

池田　博　2002『薬用植物の歴史と分類学』岡山理科大学自然植物園研究報告 5・6 号。
岩槻邦男　2004『日本の植物園』東京大学出版会。
大阪市立自然史博物館編　2008『標本の作り方—自然を記録に残そう』東海大学出版会。
大場秀章編　1997『日本植物研究の歴史—小石川植物園 300 年の歩み』東京大学総合研究博物館。
勝山輝男・田中徳久・木場英久　1998『植物標本マニュアル』神奈川県立生命の星・地球博物館。
北村史郎・村田源・堀勝　1987『原色日本植物図鑑・草本編 I』保育社。
小山鐵夫　1984『資源植物学』講談社サイエンティフィク。
国立科学博物館編　2003『標本学　自然史標本の収集と管理』東海大学出版会。
日本植物学会編　2016『植物学の百科事典』丸善出版株式会社。
矢野興一ほか編著　2016『見る目が変わる博物館の楽しみ方』ベレ出版。

（星野卓二）

4　岩石・鉱物と博物館

（1）自然誌のなかの地学関係資料を扱う館園

　我々が住む地球はどのようにして誕生し、どのような変遷を経てきたか、そして、変化を続ける地球は我々の生活にどのように関係しているのか。これらの問いは、我々が普段の生活を営なむうえでは取り立てて考える必要がないようにも思える。しかし、ふと足を止めて周囲を見渡したり、我々の存在に思いをめぐらしたりすると、人間は自然環境とともに生きている存在であり、人類の発生や進化の過程は地球環境の歴史と密接に関係していることに気がつく。また、普段何気なく使用しているあらゆるものが、もとをたどれば鉱物や石油など地球の一部ともいうべき物質が形態を変えたものだということにも気づかされる。

　全国各地には、多くの分野の資料を集めた総合的な博物館から、個別のテーマを持った中小の博物館、もしくは博物館に相当するようなさまざまな館園施設がある。これらのなかには、地球そのものや地球の歴史、ある地域の地表面付近の物質の状態と変遷などをテーマとして扱うコーナーを持つ館園も少なくない。全国の大きな博物館、特に都道府県立の総合博物館のような施設では、その地域で見られる鉱物、岩石、化石などの資料が、地域の成り立ちの解説とともに展示されている。そして、必ずといっていいほど、それらの資料と結びつけられる地域の人々の歴史や現在について言及されている。

　このように地学関係の資料を博物館で見ると、鉱物や岩石についての物理化学的な基礎知識を得ることができるのはもちろんだが、それに加えて地球もしくは地域と我々との関係について再認識させられることが多い。各館園もそのようなストーリーのもと展示を展開している。つまり、博物館における地学資料は、それと人間との関わりはどうなのかが重要なテーマである。ただし、その関わり方にはいろいろな切り口がある。最近では特定の切り口に特化した館

園も設立し、地域の特殊性や他地域との差別化を図る試みも行われている。

（2）岩石・鉱物等の資料

　固体地球の歴史や現状を説明する一次資料は鉱物や岩石である。鉱物や岩石をどのようなストーリーのなかで資料として用いるかはよく検討される必要がある。これは、展示ストーリーによってその方法も異なってくるからであり、ゆえに、鉱物や岩石の展示方法に"こうしなければならない"という絶対的な方法はないといえる。たとえば岩石を展示する時にも、岩盤から切り出した岩石片の表面を粗く叩いただけの状態で展示するのか、それとも平坦にカットしてポリッシュするなどの仕上げを行うかなど展示資料を作成するにもいくつかの方法が考えられるが、展示ストーリーや展示資料の制作について留意すべきこととして以下の4点があげられる。

　一つ目は、できるだけ未風化・未変質の資料を用いること。展示ストーリーのなかに"風化"や"変質"という自然現象が入ってくる場合もあるかもしれない。その場合は風化もしくは変質した岩石などを扱うこともある。鉱物や岩石は、空気や水との反応により酸化・還元・加水分解などの化学反応を起こす。また、温度変化や応力開放などによって分解もする。このような化学的・物理的現象はあわせて"風化"と呼ばれ、風化の進行に伴い、ある種の鉱物は粘土化を起こすこともあれば、別の鉱物に生まれ変わってしまうということも起こる。鉱物の風化に伴い岩石も変色したり、組織が観察しにくくなったりしていることがある。図1はサヌカイト（古銅輝石安山岩）の岩石片である。この岩石は黒色緻密で均質な岩相が特徴であるが、資料の表面近くは灰色の被膜に覆われたような状態になっていて、この岩石本来の色である"黒色"の表情を見ることができない。このように

図1　風化した表面を持つ岩石資料　サヌカイト：左側の面に見える黒っぽい部分がこの岩石本来の色調を示す。

岩石資料ではもちろんだが、鉱物資料でも野外で採集した資料をそのまま使うのではなく、空気や水に触れることでできた表面近くの風化・変質の被膜を除去（クリーニング、もしくはトリミング）し、未風化の部位を表に出すことで、本来の色や形を観察することができる状態を作り出すことが必要である。

　二つ目は、鉱物や岩石の大きさや特徴に配慮すること。岩石を構成する造岩鉱物は、自然のものでは大きくても数ミリメートル程度なので、鉱物の形や特徴を詳しく観察したい時は、ルーペ等で拡大してみる必要がある。このため、小さな資料ではルーペや顕微鏡などを使用した展示方法が採用される。また、岩石の造岩鉱物とその構造を示すために岩石薄片を作成し、偏光顕微鏡で資料を示す方法も用いられている（図2）。鉱物の結晶学的特徴を紹介したい場合には、できるだけ大きく成長し、破損していない鉱物が資料として利用される。鉱物は特殊な条件下で大きく成長することがあり、センチメートル以上のオーダーに成長したものは結晶形態の特徴がルーペ等を使用することなく観察できる。しかし、これらの鉱物の産地は限られており希少性が高い。そのなかでも、結晶学的特性がよく保存されている資料は一般に希少価値が高く高価である。このため、展示においてはガラスケースの内側に置かれ、観察者が手にとって観ることはできないようにしていることも多い（図3）。資料に触れるような展示方法を採用する場合には、資料の破損に十分に注意を払う必要がある。また、鉱物の成長の方向や岩石の面的・線的な組織（フォリエーション）にも配慮しなければならない。岩石の展示では、資料の一面もしくは数面を平坦にカットし、さらに研磨することで岩石の組織は見やすくなる。この時、フォリエーションを配慮した方向に岩石をカットしなければ、見せたいフォリエーションが観察できないこともある。変成岩や断層岩はフォリエーションがよく発達しているが、面構造に平行に観察面を作ると面構造そのものが見にくくなってしまう（図4）。

　三つ目は、特に鉱物資料では産状がわかるようにするため展示資料を鉱物単体にまで分離せず、母岩や共生する鉱物を付した状態にしておくこと（図5）。これも基本的には展示のストーリーに関わるが、資料の美しさや希少性を前面に出した展示ストーリーにするならば鉱物単体での展示もありうる。しかし、その資料の成り立ちや野外での産状を説明する展示であれば、展示鉱物とその

図2　岩石薄片（左）と偏光顕微鏡で見た薄片像（クロスニコル観察）（右）

図3　国立科学博物館における鉱物資料の展示
地球館"地球のおいたちを調べる"コーナー
（撮影協力：国立科学博物館）

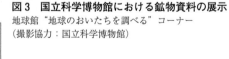

◀図4　マイロナイト（断層岩）の切断資料　明瞭なフォリエーションのため、切断方向によっては面構造が見にくくなる。

周辺状況がある程度わかるような資料であることが望ましい。たとえば、アメジストという紫色を呈する石英がある。宝石としても珍重される美しい鉱物である。群晶として火成岩の空洞内で成長していることがあるが、その成り立ちを資料として示すならば、母岩の火成岩にできた空洞ごと資料にすることが望まれる。

図5　紅鉛鉱の標本　展示対象の鉱物の他に、母岩と共存する鉱物も同時に保存している（北川鉱物コレクション）。

　四つ目は、年代の異なる資料を一連のストーリーのなかで展示する時、古いものから順に説明していく流れにすること。鉱物や岩石などの地学的資料の成り立ちが関係する展示では、原因から結果に至る時間順序に沿って説明をしてほしい。ある地域の地質を説明する時、古い岩石から順に新しいものへと説明していくことが、地質学の研究論文や報告書等において行われている。古いものを土台にし、新しいものが積み上がっていくようにストーリー展開されていると、時間の流れのなかでの変遷をイメージしやすいし、説明の重複なども避けることができる。

（3）模型資料

　地層の広がりや断層・褶曲などの地質構造は、地図に記載されるほどの大きさを有するため、それらの成り立ちを説明する際に模型資料が利用されることがある。鉱山の資料館などでは地中に縦横に走る坑道を示すのに坑道模型が使われることがある。また、非常に大きなスケールでとらえる必要があるプレートテクトニクスやそれに伴う付加体などの説明、反対に堆積構造など比較的小さなスケールの現象ではあるが物理的な過程を考慮する必要があるものの説明においても同様である。実際の事物では一目で確認困難な現象であり、概念的な説明を多く重ねる必要があるような対象では、模型やその現象の簡単な再現

図6　プレートテクトニクスによる沈み込み帯を説明する模型資料（株式会社上野科学社 http://uenokagaku.com/products/earth-science/210-013-01/）

装置は、理解を助ける非常に重要な説明装置となる（図6）。

堆積岩を露頭で観察すると、砂岩ではそのなかに構成粒子の大きさによる筋模様が見られることがある。その筋模様がほぼ水平になっており、しかも下方ほど粒子の径が大きく、上にいくほど細かくなっている時、この模様は「級化層理」と呼ばれる。級化層理は、さまざまな粒子径を持った土砂の流れ（混濁流という）が堆積場に流れ込み、その流れの速度が減衰する時に見られる現象であるが、水と砂粒子などの混濁したものが静穏化に置かれると、そのなかの大きい粒子がまず沈降し、その上に順々に細かい粒子が沈降し、最後に粘土やシルトなどの細粒成分などが沈降することで形成される構造である。級化成層を説明するにしても、（まだ足りないかもしれないが）このように言葉を重ねる必要がある。しかし、透明なボトルに水と土砂を入れ、そのボトルをよく振って混濁流の状態を作り出し、静置すると、ボトルの底に級化成層が再現できる（図7）ので、この構造がどのようにしてできるかについて直感的に理解させることができる。級化層理再現装置をさらに

図7　透明なペットボトルに水と河川砂を入れよく振った後に静置した結果

工夫し、流水下での堆積状況を見られるようにすれば、斜交層理と呼ばれている堆積構造も再現可能である。また、縞状に堆積させた人工の地層に横から力を加えたり、引っ張ったりすることで、断層や褶曲、付加体の地質構造を再現する模型実験装置など、多くの博物館等では体験を伴うような工夫をした模型による資料展示を行っている。

（4）映像資料

岩石や鉱物・化石などは実物やレプリカなどの模型を展示して、直接それらを見せることができるが、土木工事現場に現れた一過性の露頭や、ある地域の特徴的な地形や地質現象といったスケールが大きな題材、火山の活動や地質災害など通常容易に近づいたり見ることができないような事物や現象、さらには抽象的な地質事象を博物館等で解説する時は、地図（地形図）、写真、模式図、動画などの画像や映像を利用すると、それらの対象の理解の助けとなる。地質学的な現象は時間とともに進行するので、対象とする現象のある一瞬を切り取った写真や画像を数枚組み合わせ、時間の経過とともにその対象がどのように変化し、成り立っていくのかをコマ割りで説明する方法はよく行われている。そこに、アニメーションなど動きがある映像を利用すると、その現象を容易に理解することができるようになる。また、美しい地域の風景などの映像は、視聴者にその場所を疑似体験させる効果があり、地域の観光を促進する観点からも有用である。このように、動画などの映像資料は多くの博物館等で利用されており、特に各地のジオパークの拠点施設などでは、趣向を凝らした映像資料を準備し、立体視できるものや広大なスクリーンを設備した特設のシアターなどで、そのジオパークの特徴や特性、さらには特に解説したい地質現象の解説を行っている。高知県の室戸世界ジオパークセンターのジオシアターでは、ジオパークのキャラクターが主人公の冒険型アニメーション仕立ての映像資料を放映しているが、映像のなかでキャラクターが視聴者にボタンを押すことを要求するなど視聴者参加型の映像資料となっている。一方、鳥取県の山陰海岸ジオパーク海と大地の自然館の体験学習室（3Dシアター）では、偏光グラスを利用した3D映像が上映され、山陰海岸ジオパーク内に展開する雄大で美しい自然や地質現象の成り立ち、それに関わる地域の人々の生活などを上映

図8 室戸世界ジオパークセンターのプロジェクション・マッピングを利用した映像展示

していて、臨場感を重視した映像を提供している。これらジオパークでの博物館等施設では、シアタールームなどを利用して、擬似体験効果を利用しつつ比較的短時間で地域の深い理解をもたらすような強く印象に残るコンテンツが上映されている。

博物館等の展示物として、今や映像資料はすべての施設で取り入れられているに違いない。液晶モニターなどを利用すれば、簡単にデジタル写真や動画などの映像資料が提示できるため、タッチ式のモニターでクイズ形式にした資料を提示したり、メニュー形式にして調べたい項目を選択させるようなインタラクティブな展示を行うところも多い。また、模型資料と映像を組み合わせた展示方法もある。前出の室戸世界ジオパークセンターでは、図8に示すような室戸半島付近の白色に塗られた立体地形模型にプロジェクション・マッピングを利用して各種の映像を投影する展示を行っており、地域をスクリーンにし、そこに各種の情報を重ねて示すことができる点で優れた展示方法である。

（5）露頭資料

地層の積み重なりなどについて、その産状を直接示す展示方法として"剝ぎ取り標本"がある（図9）。剝ぎ取り標本は、ベニア板などの台板に樹脂製の接着剤を塗付したものを用いて、展示したい地層の一部の露頭表面から剝ぎ取って制作される。固結した岩石資料は剝ぎ取ることができないため、適用は柔ら

かい未固結資料に限られる。資料は原寸大の大きさであるため、展示スペースに注意が必要である。

採取が不可能であったり、移動が困難な資料、もしくは対象の地層とその周辺状況を同時に資料化したい時、露頭そのものを保存してしまう方法がある。地震に伴って出現した地震断層を掘り出したトレンチを作成し、その上に博物館を作って、地震断層を保存しつつ資料化している例がある。図10に岐阜県本巣市にある地震断層観察館・体験館をその例として示す。1891年に岐阜県南西部を震源として発

図9　鳥取砂丘の剥ぎ取り標本とその解説（山陰海岸ジオパーク海と大地の自然館）　剥ぎ取りの長さが天井高を超えるため、途中で切断し2段の表示にしている。

図10　地震断層観察館・体験館（岐阜県本巣市）　右の三角屋根の施設。中央の断層崖をまたいで設置している。

生した濃尾地震に伴って、総延長80kmに及んで出現した根尾谷断層は、本巣市水鳥地域で最大6mの垂直変位を生じさせた。地震断層観察館・体験館は、この時出現した断層崖と、断層走向に直交したトレンチ壁面を同時に保護し、観察できるようにした施設である（図11）。同様の施設として、1995年に発生した兵庫県南部地震で、震源に近い兵庫県淡路市小倉地区に出現した野島断層を資料化した野島断層保存館がある。この施設でも断層に伴う地表変位と断層トレンチの壁面が観察できるようになっており、断層による地面の動きを3次元的にとらえることができる（図12）。

図11　地震断層観察館・体験館の内部（岐阜県本巣市）　地震断層のトレンチ展示、北西断面の写真。

図12　野島断層保存館（兵庫県淡路市）における野島断層の保存・展示

図13　なぎビカリアミュージアム（岡山県勝田郡奈義町）　含化石層の露頭をそのまま表面保護し展示資料にしている。

希少な鉱物や化石などを含む露頭そのものを資料化したものもある。岡山県勝田郡奈義町のなぎビカリアミュージアムでは、中新世の示準・示相化石であるビカリアを産する露頭を保護処理して保存し、化石の堆積の様子やともに産出される化石などが同時に見学できるようにしている（図13）。また、館園施設ではないが、露頭や産出場所をそのまま見学できるようにした施設が各地にある。ヒスイの産地である岡山県新見市の大佐山には、ヒスイの原石や国内初の発見となった鉱物「コスモクロア」の産出露頭を見学できるようにしたものがある（図14）。また、熊本県天草市御所浦町には、アンモナイト化石を露頭ごと保護した見学施設がある（図15）。これらの露頭見学施設の設置は、コレクターなどの発掘から露頭を守り、

同時に多くの人に見学の機会を提供することができる点できわめて有用な展示方法であるが、反対に普段から施設の点検等を実施しないと、心ない人によって荒らされてしまうことにもなる。

図14　コスモクロア（クロム鉱物）産出露頭の見学施設（岡山県新見市大佐山）

(6) 地域全体の資料化

　地形や地質は、人々の生活や文化の形成に基礎的な制約をもたらすことがある。ある地域の特徴的な人々の営みや歴史を俯瞰すると、その地域の自然条件が関与していることは珍しくないため、これらを一体として地域全体を資料化することも考えられる。

　近年、ジオパークの活動が盛んになっている。日本国内では

図15　アンモナイト館（熊本県天草市御所浦町）　巨大なアンモナイト化石露頭を見学できる。

43か所の日本ジオパークが認定されており（2018年6月現在）、そのうちの9か所はユネスコが認定する世界ジオパークである（図16）。ジオパークは、ある地域に見られる特徴的で学術的な価値が認められる地形や地質の露頭などをジオサイトとし、それらの保護と観光利用を目的として公園化し、これに結びつく生態系や地域の人々の歴史や文化などを紹介していこうとする取り組みで

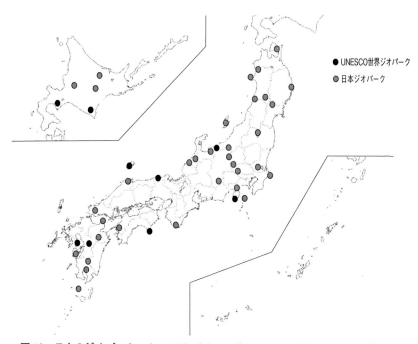

図16　日本のジオパーク　全43か所のうち9か所はUNESCO世界ジオパーク認定地域。

ある。その活動の中心的な役割をジオパークセンターなどの紹介施設が担う。

　一例をあげると、高知県の室戸ジオパークは2011年に世界ジオパークとして認定された。室戸ジオパークには、国内で最もよく研究された付加体の地質が露出しており、それらが隆起し続けていて、明瞭な海岸段丘や離水海岸などを作っている様子が見られる。そこには、温暖な地域特有の植生が繁茂し、段丘の平坦部ではフルーツ栽培などが行われてきた。また、黒潮が近海を流れる太平洋沿岸地域で漁業が盛んである一方、四国山地が海岸付近までせり出し、林業や炭焼きなども盛んに行われた。また、台風の通過地域としてたびたび暴風雨に見舞われる地域であることもあいまって、石垣が並ぶ独特の歴史的街並み景観が形成された。これら地形・地質、街並みなどのジオサイトは、その地域を知るための一次資料となるが、室戸ジオパークでは、室戸世界ジオパークセンターにおいてサイトの意義や紹介・解説を博物館風に展示している。また、地域の住民と協力してサイトをめぐる複数のジオツアーも実施しており、

地域そのものを資料として見学することができる。

(7) 展示以外の取り組み

　博物館は、地域の自然や文化の資料を収集し、保存し、展示するという大きな目的があるが、生涯学習施設として世代を超えた多くの人々への学習機会を提供する場所でもある。地学関係の館園施設でも常設展・企画展の他にさまざまな取り組みを行って、地学や科学の普及活動に尽力している。

　そのような取り組みのなかで、科学的な体験や講演を通じて学びを深めてもらう取り組みがある。セミナー形式で、年に数回テーマを定めて行われることもあれば、野外に出て採集活動や露頭観察などを行うものもある。最近は登山ブーム、アウトドア活動ブームということもあり、フィールドに出るイベントはなかなか受けがよいようである。自然写真の講座や、トレッキングの講座などレクリエーション的な内容を付したイベントから、化石発掘のようなレアな体験を伴うものまであって、博物館活動としての広がりを感じさせる。また、各地のジオパークで行われているジオツアーでは、地域の住民の方がボランティアとしてジオサイトの解説にあたることもあるが、そのためにジオパークセンターなどで学芸員や大学研究者などから講習を受け、地域の理解を深めながら解説者（インタープリター）としての技能を高めている。住民の地域への理解が深まれば、地域の発展に寄与するところは大きいと思われる。このような取り組みがジオパーク以外でも広がっていくことを期待したい。

（能美洋介）

5　化石と博物館

　自然史系博物館は、動物学、植物学、地球科学などに代表される多様な分野から成り立ち、これらをさらに進展させた環境科学分野をも含むものである（新井 1979）。このなかで、地史・古生物系は、地球の誕生から未来への変化までを対象とし、岩石、鉱物、地層、化石等を対象とする。よって地球の活動に関係し保存された自然遺物のすべてが、博物館における展示や教育の対象となる。しかし、他館種の博物館と明らかに変わったことが行われているわけではなく、むしろ従来の自然史系博物館の一部として、これまで数多くの活動が行われてきている（宇仁 2013）。本章では、地球史やそれを代表する古生物学的な博物館活動を中心に解説し、博物館での取り組みを通して、地史・古生物系の自然史系博物館について紹介する。

（1）自然史系博物館における地史・古生物系の展示

　日本における博物館法の成立以後、国内の自然史系博物館は公的博物館に代表される公共的な知の共有といった目的のため、博物館における社会教育や展示を進めてきた（伊藤 1975）。特に、地史・古生物系は、過去地球上に生息した生物を対象とすることが多い。これは、博物館来館者に対し過去に発生したさまざまな事象の直接証拠として、地球の出来事を直接的に訴えかける展示物であるからに他ならない。このような展示の場合、地球の過去から現在までを、出来事が発生した地質年代順に展示し、これらに関わる岩石や化石などの自然遺物を使用するのが一般的である。この場合、地球が誕生する約 45 億年前から第四紀と呼ばれる人間活動の時代までを踏襲し、この後の考古学的展示へとつなげる方法も広く認められる。また展示において、地球誕生に関係するものや、地球進化に総称される地球内部の変遷史、及びそれに対応する地球表層変遷史に関わる岩石や地層を展示する場合も多い。

博物館や展示物の歴史的な変遷は、三河内（2016）にわかりやすく解説されている。それによれば、地史・古生物系の博物館展示は、「一点一点の展示品を見るだけでなく、時系列の前後を比較することでその変遷をたどれる」（三河内 2016）ことが多いとされる。すなわち本分野の博物館展示とは、展示物そのものに生物や地球が経験した記録を利用した時間軸の展示に、化石生物の生息した古環境と総称される空間軸の展示を加え、一般的に来館者がその時空間的な変遷をたどる展示形態を採用している。このような展示は、歴史科学を扱う分野において広く使われる手法であるが、地史・古生物系の場合、前述した地球の歴史もしくはその変遷を扱う点が、他分野と異なる。

（2）博物館における化石標本

a. 化石標本の採取

地史・古生物系の展示において、最も来館者の興味関心を引くものが、化石（古生物）標本の展示だろう。展示に使用される標本は、主に野外活動によって得られたものである。なお、化石標本の採取に関する詳細は、椎野（2016）や實吉（2016）などで解説されている。

化石を野外より採取する際、重要な標本情報として、産出地、産出層、採取日、産出化石の特定などがある。化石の採取時、これの情報を記載カードや野帳（フィールドノート）へ記載するが、記載内容は標本採取に関わる組織やグループ、採取目的等によって決定される（図1）が、これらは必ず記載しなければならない。博物館における、化石標本の整理や保管、研究、展示の際に、基礎情報として活用するためである。一般的にラベリングと呼ばれる作業であり（三河内 2016）、化石標本の基本的な情報を集約する意味もある。さらに、化石標本を採取する場合、化石の産出状況を調べることが必要となる。どのような化石標本であっても、産出する地層の特徴や産出状況、保存状態などを記録しておくことで、化石生物の死後に起こった移動や埋積過程を理解できる。このことは、化石標本を産出する地層そのものの理解だけでなく、化石標本が博物館に展示される際の生態復元にも大きく関わる。化石そのものに、形態などの生物学的な側面が保存され、生態や生息域といった、生物周辺の記録は、化石を含む地層に記録されている。以上の観点から、化石そのものだけではな

く、化石を産出する地点や地層の特徴を記載することも、化石の採取時に必要な情報収集とされる（椎名 2016）。

b. 恐竜類化石標本の採取

恐竜類に関わる博物館展示は、自然史系博物館の目玉になることが多い。恐竜類は、地質年代学的に中生代と呼ばれる三畳紀（トリアス紀）から白亜紀末期まで、地球上に棲息した動物群を含む総称である。現在、恐竜類の分類は現生鳥類を含む巨大な生物群として認知されている（Fastovsky and Weishampel 2009）。専門的な用語で統一した場合、一般的に想像される恐竜類は『非鳥類型恐竜（non-avian dinosaur)』と総称される（Fastovsky and Weishampel 2009）。恐竜類の化石は、日本を含む世界各地の中世界の地層から発見されているが、ここでは、岡山理科大学が実施している、モンゴル国ゴビ砂漠における上部白亜系（後期白亜紀に形成された地層）の恐竜類化石の発掘とその採取を紹介する。

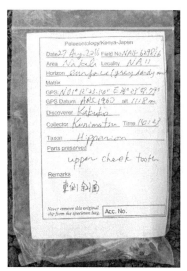

図1 採取した化石の各種データを採取化石とともに保存する

ゴビ砂漠は、モンゴル国南部と中国北部の国境を挟んだ地域に分布し、多数の恐竜類化石を産出する。アメリカ自然史博物館（American Museum of Natural History）の調査隊が、この地域で最初に恐竜類化石発掘を実施している。その後、旧ソ連、ロシア、ポーランド、米国、日本、韓国などの国際的な調査隊により、数多くの化石が発掘されてきた。2016年現在、日本国内では、岡山理科大学や北海道大学博物館等の調査隊が、モンゴル科学アカデミー古生物学地質学研究所（Institute of Paleontology and Geology, Mongolian Academy of Science）と共同調査を実施し、積極的に化石発掘事業を展開している（Saneyoshi et al. 2015）。

ゴビ砂漠の場合、地層の分布する化石産出地に赴き、徒歩によって化石を探査する。恐竜類は、体化石の一部のみで種類を特定することが困難であり、発

掘調査では関節した状態で保存された化石を探査の対象としている（實吉 2016）。関節した恐竜類化石が発見されたら、石膏ジャケットと呼ばれる採取法を用いる。まず、発見した恐竜類化石の周辺を掘り込む。化石表面にトイレットペーパーをかぶせた後、細長く裁断した麻布を石膏へ浸し、化石周辺に3重か

図2　モンゴル国ゴビ砂漠における脊椎動物化石採取時の石膏ジャケット作製

ら4重ほど巻く（図2）。小型の石膏ジャケットとして骨折治療に用いるギプステープも有用である。この他、1990年代には、モノリス法と呼ばれる旧ソ連の採取法も採用されていた（Watabe et al. 2004）。恐竜類化石に限るわけではないが、博物館における研究や展示を念頭にして、野外から化石標本を保存よく運び出すことが重要である。この時、先に示した採取に関わる基礎データも合わせて記載する。石膏ジャケットの場合、筆ペンもしくは墨汁を用い、湿った石膏ジャケット表面に記載事項を記録する。

c. 恐竜類化石標本のレプリカ製作と展示

国内の自然史系博物館では、恐竜類化石のレプリカを数多く展示している。これらのレプリカ製作については、松本（2008a・2008b）、實吉（2016）などに詳しく紹介されているため、本章では博物館展示に直接関わるレプリカについて紹介する。なお、一般的な化石標本の場合、実物化石から製作される型（mold）と、型から製作されるキャスト（cast）を含めてレプリカと呼ぶ。したがって、本章ではレプリカを、型及びキャストを含む用語として使用する。

型は、実物化石に密接するシリコン型とシリコン型を支持するシェルから構成される（図3）。シェルにはFRPと呼ばれるプラスチック樹脂を用いるが、ガラスマットやチョップドストランドと呼ばれるガラス繊維を樹脂に混ぜ込むことで、シェルの強度を上げることができる（松本 2008a）。通常、型は2面で構成されるが、実物化石の形状により、多面式の型を作製することもできる（松本 2008b）。博物館での研究や教育、展示といった用途に合わせ、キャス

図3　脊椎動物化石標本におけるシリコン型とシリコンを支持するシェル型（岡山理科大学所蔵）

トの製作方法も変える。組み上げ骨格の場合、鋼材をキャスト内に設置することが多いため、二面もしくは多面の型を用いてキャストを製作し、その内部へ鋼材を設置した後、キャストを接合することもある（實吉2016）。国内の博物館では、広くキャストを用いた化石標本の展示が行われている。この場合、骨格を組み上げる全身展示、もしくはウォールマウントによる半身展示が多く見られる。組み上げ骨格の場合、前述した鋼材そのものによって骨格を支持する。ウォールマントの場合、恐竜類化石の発見された産状を復元することが多く、標本周辺の基質（マトリクス）を構成する模造砂岩などを併用する（松本・藤山 2011、実吉ほか 2017）。

（3）化石標本を用いた博物館展示

a．恐竜類化石標本を用いた展示の試み

現在、多様で実験的な展示の試みが広がり、地史・古生物系でもさまざまな展示方法が実践されている。これは1980年代以降、欧米各国において博物館展示の開発と実践に関する学問体系が確立していくことと関係する。K. マックリーンが指摘したように、博物館を訪れる人々に対する展示に関係した思考方法が変化したことに代表されるだろう（McLean 1993）。すなわち、博物館における展示とは、来館者の多様な学びを引き出すツールとの考え方であり、来館者目線による来館者のための展示への転換である。さらに、博物館における社会教育活動の重要性が再確認されたことにも影響されている。このような活動は、依然から認識されてきたことであるが（たとえば広瀬 1977）、むしろ来館者側に立った展示を試行するために、展示製作側の体制を変化させた。近年、博物館では、展示の製作にあたって、チームによる展示作りと運営、との

考えを広く共有している（石垣 2006）。博物館学芸員といった学術的専門家や研究者による学術研究のみを主体とした展示だけではなく、デザイン、広義の博物館教育、運営、会計、チームマネージメントを含めたチームアプローチにより、共通した展示目標を具現化する、といった作業である。ここで重要なのは、チームを構成するメンバー同士が、平等かつ公平な関係性を保つことである。単純な原理に感じるかもしれないが、科学的思考を拠り所に展示を思考する学術担当にとって、自らの科学的思考から外れる可能性のある展示アプローチは、往々にして受け入れ難い（石垣 2006）。しかし、互いにチームメンバーを尊重し、全体の思考を特定方向へ向けることで、共通の展示目標へ向かって作業を進めることができる。チームアプローチでは、特に学術担当による展示制作過程に対する理解と配慮を求める（石垣 2006）。

　化石展示に対するチームアプローチの試みとして、2002年9月から2006年5月の間、パナソニックセンター東京にて、林原自然科学博物館（2016年閉館）と松下電器産業の共同プロジェクトとし運営された『ダイノソアファクトリー』がその先駆けであった。これは、化石標本を中心とした古生物展示の新たな可能性を示した例である。

b. ダイノソアファクトリーにおける博物館展示

　ダイノソアファクトリーの展示は、化石標本とその周辺に集約される科学的な展示、展示と来館者をつなげるツールとして利用されたPDA（携帯情報端末；Personal Digital Assistant）、そして教育担当のスタッフから構成されていた。科学的な展示は、林原自然科学博物館により実施されていたモンゴル国ゴビ砂漠における化石発掘や、化石研究を支える化石プレパレーション、研究現場、といった要素を含み、化石研究の過程や成果を展示へ組み込んだ。このような展示の場合、博物館における学術担当者は、自らの研究成果を、博物館利用者へ還元していく意識を常に持つことにつながる（石垣 2006）。PDAは、ダイノソアファクトリー以降、急速に国内博物館の展示へその利用が広がった。展示に設けられた各コーナーに差し掛かると、自動感知によって、解説が始まる仕組みである（吉村ほか 2006）。現在はスマートフォンに代表される携帯端末に、デジタルアーカイブをリンクさせ、個別のビューアーとして活用することで、さらなるデジタル技術の展示へつなげている（三野宮・原田 2016）。

このような技術を併用した博物館展示の新たな可能性を示した点で、ダイノソアファクトリーの展示はその先駆けとなった（碇 2004）。

一方で、教育担当のスタッフは、展示におけるチームアプローチの主軸として、展示の設定や管理運営、フロアスタッフの教育と配置、CS（Customer Satisfaction）理念の設定など、展示全般に関わる活動を行った（井島 2006、雨宮 2006）。特に、「開発を推進する立場で展示や運営プランをつくった」（碇 2006）点は特筆すべきであるが、展示テーマに関わる学術担当者の意見を、学術的観点から来館者目線へ移す作業に関して、多くの困難があったことも記録されている（碇 2006）。しかし、組織マネージメントによる支援と調整により解決できる問題でもあり（石垣 2006）、今なお多くの博物館で議論となる点でもあろう。チームアプローチによる展示目的の共通認識により、来館者の学びを重視する姿勢をチームで確立し、意識を統一させることは、博物館の運営側と来館者双方の学びや人材育成へつながるだろう（碇 2006）。

（4）化石標本を用いた体験と教育の現場

このように、博物館として共通する展示や運営、組織作りといった側面と、化石標本を用いた来館者による直接体験、といった側面は、化石標本を用いた博物館展示において広く認められる。各地の博物館で化石発掘体験イベントなどが、多数実施されている点からもよくわかる。ここでは特に岡山県勝田郡奈義町のなぎビカリアミュージアムでの発掘体験と、岡山理科大学恐竜学博物館について紹介する。

a. なぎビカリアミュージアムにおける発掘体験

岡山県勝田郡奈義町には、中新統勝田層群が広く認められ、吉野層及び高倉層から多くの軟体動物化石が産出する（Taguchi 2002）。なぎビカリアミュージアムでは、吉野層から発掘体験に用いる地層を採取し、博物館敷地内の発掘体験場において、化石の発掘体験を提供している（図4）。吉野層は、泥岩や砂岩を主体とし、小型ハンマーを使用して来館者でも基質部（化石周辺の泥岩や砂岩）を取り除き、軟体動物化石を採取することができる。5月の連休などの繁忙期には、1日200人ほどを動員する人気施設である。さらに、奈義町に分布する吉野層が非常に多くの化石を保存しており（Taguchi 2002）、誰でも実

際の化石を発見できる。
発見後、来館者はボランティアとして博物館活動を支える『なぎビカリア会』のスタッフによる同定を受けることができる。なかには、希少な化石や、発見例のない化石も含まれるため、来館者にとっては宝探し要素の強い体験も含まれる。な

図4　なぎビカリアミュージアムにおける発掘体験場

お、これらの化石標本のなかでも同定困難なものについては、岡山理科大学生物地球学部生物地球学科の恐竜・古生物学コースが同定依頼を受けることもある。さらに特別展などで、学科卒業研究で制作した発掘体験キットを提供し、博物館ワークショップでも活用されている。

b. 岡山理科大学恐竜学博物館の展示

2018年3月24日、岡山理科大学構内に恐竜学博物館が開館した。同博物館は、岡山理科大学が選定された私立大学研究ブランディング事業（2016年度採択）の一環として整備され、事業全体の中核施設に位置づけられている。施設は、化石の取り出し作業や型取り作業を行う化石処理室、実験動物用X線CT装置ラシータ（LCT-200；（株）日立製作所）を備えた研究室、保管室、これらと併設される展示室からなり、事業拠点と位置づけられている。この他、図書館内に設けられた3つのサテライト展示は、図書館機能と連動し、その場で疑問に思ったことを図書館資料から考えることを目的に設置された。組織は、学科専任教員を館長として、前述した事業に関わる岡山理科大学の専任教員11名を兼任研究員、常駐する技術員（学芸担当）1名から構成され、学内の付属施設として運営されている。化石処理室、研究室、保管庫の壁面をガラス張りとし、来館者は壁面外からいつでも見学できるよう設計された（図5）。今後、これらの施設で、岡山理科大学における化石研究は実施される。

　国内私立大学における大学博物館は、法的規定の欠如、職員の不足、困難な

図5 岡山理科大学恐竜学博物館化石処理室 壁面をガラス張りにし、化石処理室を見学できるように設計されている。

予算確保等の問題点を指摘されている（守重 2007、佐々木ほか 2014）。恐竜学博物館もその例外ではなく、これらの点を懸念するべきである。一方で、佐々木らは「学校教育と社会教育の比重の置き方、他館・他大学博物館との連携等、さまざまな課題が横たわっている。関係者たちには、着眼大局・着手小局の、冷静で多方向的な判断が求められる状況が続いていくだろう」と指摘している（佐々木ほか 2014）。恐竜学博物館でも、大学教育における博物館利用の明確化、地域住民との交流事業を通した社会貢献、大学内の各種専門学部や他大学の大学博物館との連携による学際分野の開拓と特定分野の深化、について明確な展望と具体的な方策を立案しながら博物館事業を展開していくことになるだろう。

博物館における化石標本の準備などを対象に「化石プレパレーション」との言葉が使用され、これを実施する人材をプレパレーターと呼ぶ（實吉 2016）。これは、化石の発掘から始まり、レプリカ作り、標本製作、展示制作など、博物館にて実施される多様な作業を含む職種である。現在、国内博物館にて専任プレパレーターを雇用することは困難であり、多くの作業は、契約職員、ボランティア、展示制作会社などが担っている。なぎビカリアミュージアムで使用された発掘体験キットは、林原自然科学博物館のプレパレーターによってその原型が提案され（松本・藤山 2012）、岡山理科大学にて改良を重ねているものである（実吉ほか 2017）。プレパレーターによる展示開発という観点は、他の分野とは異なり、化石を対象とする自然史系博物館に特有の部署や人材といえるかもしれない。国内外のさまざまな博物館において、これらの作業をガラス張りの部屋で実施し、実際に来館者が直接観覧することができる構造となって

いる。岡山理科大学恐竜学博物館化石処理室もこの展示法を採用した。これを発展させ、プレパレーターの思考過程や、展示標本への解釈的な展示などは、ダイノソアファクトリーにおいて展示として示され、さまざまな書籍などによっても紹介されている（藤原 2016）。化石プレパレーションの関わる展示は、今後も自然史博物館における地史・古生物系の展示へ大きく関わってくるだろう。

参考文献
雨宮千嘉　2006「フロアスタッフがつくり支えたもの―DFという場を考える―」『ミュゼ』78。
碇　京子　2006「ミュージアムエデュケーターの役割とスキル、その必要性」『ミュゼ』78。
石垣　忍　2006「個人プレーからチームプレーへ―ダイノソアファクトリーにおける研究者の役割―」『ミュゼ』78。
井島真知　2006「利用者の学び、スタッフの学び」『ミュゼ』78。
伊藤寿朗　1975「博物館法の成立とその時代―博物館法成立過程の研究―」『博物館学雑誌』1。
宇仁義和　2013「自然史博物館の展示類型と21世紀型の展示」『博物館雑誌』38-2。
佐々木奈美子ほか　2014「博物館相当施設という選択と大学博物館」『佐賀大学文化教育学部研究論文集』19。
實吉玄貴　2016「恐竜化石の発掘から展示まで」『見る目が変わる博物館の楽しみ方』ベレ出版。
実吉玄貴ほか　2017「博物館ワークショップに使用する模造基質の製作法」『Naturalistae』22。
三野宮定里・原田泰　2016「博物館展示のためのデジタルアーカイブビューアーの開発」『日本デザイン学会第63回研究発表大会』。
椎野勇太　2016「無脊椎動物」『見る目が変わる博物館の楽しみ方』ベレ出版。
広瀬　鎮　1977「博物館社会教育の展開をめぐる一考察―博物館における教育研究と教材開発―」『博物館学雑誌』2。
藤原慎一　2016「恐竜骨格展示の見どころ教えます」『見る目が変わる博物館の楽しみ方』ベレ出版。
松本幸英　2008a「椎骨化石の型取り法について」『化石』83。
松本幸英　2008b「椎骨化石の型取り法について（2）」『化石』85。
松本幸英・藤山佳人　2011「博物館の教育活動に使用する模造砂岩の新しい製作技法」『化石』90。

三河内章子　2016「博物館とは」『見る目が変わる博物館の楽しみ方』ベレ出版。

守重信郎　2007「我が国の大学博物館の問題点とその背景」『日本大学大学院総合社会情報研究科紀要』8。

吉村浩一ほか　2006「博物館・美術館における携帯式ガイドシステム評価法の開発―利用者がいだく疑問や印象からの質問票作成プロセス―」『法政大学文学部紀要』52、57-71。

Fastovsky, D., Weishampel, D. B. 2009 *Dinosaurs A concise natural history*. Cambridge University Press.

McLean, K. 2003 *Planning for people in museum exhibitions*.（井島真知・芦谷奈美子訳 2013『博物館をみせる―人々のための展示プランニング』玉川大学出版）。

Saneyoshi M., et al. 2015 Report of the OUS-IPG Joint Expedition in 2015『岡山理科大学自然科学研究所研究報告』41。

Taguchi, E. 2002 Stratigraphy, molluscan fauna and paleoenvironment of the Miocene Katsuta Group in Okayama Prefecture, Southwest Japan, *Bulletin of the Mizunami Fossil Museum* 29.

Watabe, M., et al. 2004 The Monolith―a method for excavation of large―sized dinosaur skeletons, *Hayashibara Museum of Natural Sciences Research Bulletin* 2.

（實吉玄貴）

6　動物園

　博物館の国際組織である国際博物館会議（ICOM, International Council of Museums）は、博物館を「社会とその発展に貢献するため、有形、無形の人類の遺産とその環境を、教育、研究、楽しみを目的として収集、保存、調査研究、普及、展示する、公衆に開かれた非営利の常設機関」と幅広く定義している。したがって、動物園や水族館は、国際的には博物館に含まれるが、展示の中心が生きた動物であるという点で、他の博物館とは大きく異なる。本章では、博物館としての動物園について、その背景や現状について解説する。

1. 動物園の歴史

　動物園が現在の形となったのは比較的最近のことであるが、野生動物の飼育には長い歴史がある。少なくとも紀元前2500〜2000年頃には、古代エジプトやメソポタミアで王侯貴族によりライオンやツルなどの鳥類が飼育されていた記録が残っている。その後も中国やヨーロッパでは、時の権力者たちが戦利品として収集した動物や海外から集めた珍しい動物を、一般市民には無縁の私的なコレクションとして自分の庭園で飼育していた。中世以降になると、ヨーロッパ各地で、収集した動物の飼育展示施設が作られた。これが現在の動物園の原型である「メナジェリー」（menagerie）と呼ばれる施設である。メナジェリーは「王侯貴族の城郭や、地方領主らの狩猟園に設けられた動物展示施設、また、見世物としての移動動物園等の動物展示施設をさす」（奥野ほか 2009）とされ、19世紀に「Zoo」という用語が確立されるまで使用された、動物展示施設に対する呼称である。

　ヨーロッパでは18世紀以降、富や権力を誇示する王侯貴族のためのメナジェリーは、一般公開されるものとなった。例えば、1752年にウィーンの

シェーンブルン宮殿内に開設されたメナジェリーは、神聖ローマ皇帝フランツ一世が愛娘マリー・アントワネットのために造営させたといわれ、1770年代に市民に公開され、現存する最古の近代動物園として今も営業を続けている。また、1795年にパリの植物園内に開設された一群の動物展示施設は、世界で2番目に古い動物園といわれ、現在でもメナジェリーと呼ばれている。

このように、近代的な動物園の開園は18世紀後半に始まったといえる。その後、19世紀に入ると、イギリスでは、庭園内に檻を設置し動物を展示するzoological garden（動物庭園）が開設され、1828年には、ロンドン動物学協会によりロンドン動物園が開園された。この動物園の設立目的は「動物学の進歩ならびに動物界における新しきものの紹介」となっていたことから世界初の科学動物園であるといわれている。現在、ロンドン動物園は「近代動物園の起源」と称されている。zoological garden「動物庭園」から派生した"zoo"「動物園」という言葉は、ロンドン動物園で初めて用いられた。以後ヨーロッパやアメリカなど世界各地で次々と動物園が開園された。

日本では、すでに江戸時代から大坂の「孔雀茶屋」や江戸の「花鳥茶屋」など、美しい動物や珍しい動物を展示する民営の見世物小屋が存在していたが、ヨーロッパに見られるメナジェリーに匹敵するような中・大型哺乳類の収集や飼育は行われていなかったようである。福沢諭吉は、1866年に出版した「西洋事情」のなかで、「Zoological garden/Zoological Park/Zoo」を「動物園」と訳し、初めて日本に紹介した。その後、展示施設としての動物園開設に活躍したのは幕末に蕃書調書の技術者であった田中芳男である。明治に入ると、日本では殖産興業政策の一環として、西洋技術の紹介、国内産業の競争・発展を企図する内国勧業博覧会が開かれるようになったが、田中はこの博覧会の展示施設の1つとして、動物館を登場させることに尽力したのである（図1、2）。その後、これらの博覧会を契機として、跡地に美術館や図書館とともに動物園が開設された。その最初のものは、1874年に一般公開された日比谷内山下町博物館で、その一部分では生きた動物も飼育されていた。その後、1882年に内山下町から上野に博物館が移転開設され、大日本帝国農商務省博物館付属動物園として動物園が開園した。この動物園が日本最古の動物園といわれている恩賜上野動物園の前身である。1900年には国内第二の動物園として京都市動物園

が開園し、以後、天王寺動物園や鶴舞公園動物園（現在の名古屋市立東山動物園）が開園した。

昭和に入ると、動物園の開園ラッシュが始まり、諏訪山動物園（現在の神戸市立王子動物園）や栗林公園動物園、福岡市記念動植物園（現在の福岡市動物園）などが次々と開園した。さらに、このころから宝塚動植物園や阪神パークなど電鉄資本が沿線開発の一環として開発した遊園地内に、動物園も併設されるようになった。

これら動物園は、公立、民間を問わず人気を博していたが、戦争により状況は一変した。1943年に、猛獣の脱走、餌不足を未然に防止することを目的として「猛獣処分」が決定され、同年8月に上野動物園で飼育されていたゾウ、ライオン、クマなど27頭の猛獣に処分命令が下った。京都市動物園では1944年3月にクマ及びラ

図1 1903年に大阪で開催された第5回内国勧業博覧会の記念写真集（南方出張所発行、明治36年） 当時博覧会への期待は大きく、敷地は前回の2倍、会期も最長の153日間、入場者数は430万人を越えた最大の内国勧業博覧会であった。

図2 第5回内国勧業博覧会で大阪に建設された動物展示施設　南方出張所（明治36年「第5回内国勧業博覧会 記念写真集」より）

イオンを処分、その後、この「猛獣処分」は次第に全国に展開され、天王寺、熊本、東山、福岡でも処分が行われ、全国の主要な動物園の猛獣と大型哺乳類はほとんど姿を消すことになった。

戦後の食糧難がしばらく続くなかで、動物園の復興が始まった。1949年には、上野動物園にインドやタイからゾウが来日し、これをきっかけに浜松市動物園など全国各地に動物園が開園した。これらの時期は第一次動物園ブームとも呼ばれ、これには当時の上野動物園の古賀忠道園長の功績が大きい。古賀

図3 ライオンを車内から間近に観察できるライオンバス（多摩動物公園）

は、温厚な人柄に加え、子ども向けの家畜を中心とした施設（ふれあい動物園、移動動物園）を整備、さらに「おサル電車」など斬新なアイディアを導入して運営にあたり、第一次動物園ブームを呼びおこした。

その後、1958年には温泉の地熱を利用して熱帯植物の栽培とワニなどの爬虫類の展示を行った熱川バナナワニ園、1956年に名古屋鉄道、京都大学など協力により設立された日本モンキーセンター野猿公苑など新しいタイプの動物園が開園しはじめた。1958年には東京に大規模郊外型動物園として多摩動物公園が開園し、日本で初めての昆虫園やライオンを間近で見ることができるライオンバス（図3）を走らせるなど新たな取り組みが始まった。このライオンバスは、サファリ形式のモデルとなり人気を博した。この郊外型動物園である多摩動物公園の成功により、その後、新しく開園する動物園はすべて郊外型となり、すでに狭隘な都市部に開園していた動物園は広大な敷地を持つ郊外への移転を行った。1965年には八木山動物園、その後、旭山、日本平、熊本動物園、豊橋動物園が郊外に移転、宮崎フェニックス、平川、釧路動物園など新たに郊外型の動物園が開園した。これらの動物園は郊外の広い敷地に展開し、その多くはドイツのハーゲンベック動物園が始めた無柵放養式展示（ハーゲンベック方式・パノラマ展示）を採用している。

2. 日本の動物園の現在

2017年12月時点、日本動物園水族館協会（JAZA、Japanese Association of Zoos and Aquariums）に加盟している動物園は91園で、47都道府県のうち38都道府県にあり、青森県、山形県、福島県、新潟県、岐阜県、滋賀県、鳥取

県、島根県、佐賀県の9県にはない。しかし、同協会に加盟していなくとも「動物園」や「水族館」を名乗ることは可能であり、非加盟の動物園すべてを含めると全国で100園以上あるといわれている。本節では、日本動物園水族館協会加盟の動物園について解説する。

動物園の運営形態は主に2つに分けられており、①自治体などが運営している公立動物園、②電鉄会社や観光会社などが運営する民間動物園がある。博物館法では動物園を博物館に含めているが、同法の「登録博物館」の指定を受けるためには、公立動物園の場合は教育委員会の管轄、民間動物園の場合は財団法人でなければならない。しかし、公立動物園の多くは都市整備局や観光部局などの所管であり、博物館法の「登録博物館」の指定を行う教育委員会ではないのが現状である。そのため、多くの動物園は「登録博物館」の指定を受けておらず、「博物館相当施設」となっている。

(1) 公立動物園

現在、公立動物園の運営形態は、「地方自治体(都道府県や市町村)が直接管理運営している動物園」と「外部委託をおこなっている動物園」の2つに分類されている。地元の自治体が直接管理運営している動物園は、旭川市旭山動物園や神戸市立王子動物園などがあげられる。外部委託をおこなっている動物園は、恩賜上野動物園(公益財団法人東京動物園協会)や広島市安佐動物公園(公益財団法人広島市みどり生きもの協会)などがあげられる。

広島市安佐動物公園では、1985年に政令指定都市へ向けて市政の合理化を図っていた広島市がその運営を当時の財団法人広島市動物園協会に管理委託した。当時、協会による運営は少なかったが、これ以後、新しい動物園はすべて公設民営となった(石田 2010)。2003年の地方自治法改正に伴い、この「管理委託制度」が廃止され、公共の動物園の運営に自治体から指定を受けた指定管理者が参入できる「指定管理者制度」が導入された。安佐動物公園でも現在「公益財団法人広島市みどりの生きもの協会」が指定管理者となっている。

指定管理者制度は、公の施設の管理を自治体からの指定により、指定を受けた者に委任する制度である。前述の管理委託制度では委託先が限定されていたが、指定管理者制度では民間の団体や企業なども運営に参入できる。自治体

は、設置者としての責任を果たす立場から指定管理者を監督することとなる。指定管理者制度の目的は、基本的に経費削減やサービスの向上であるが、生きた動物を扱う動物園にとっては難しい面もある。すなわち、委託期間は平均5年と短く、雇用が不安定になることや、経費削減は動物の飼料費や医療費に影響すること、また、人件費を節約するために嘱託職員を導入することとなり、職員の専門技術の質の低下につながることがあげられている。

（2）民間動物園

池田動物園（株式会社池田動物園）や姫路セントラルパーク（加森観光株式会社）などがあげられる。民間動物園では、遊園地を併設したところも多く、必要な経費を入場料や乗り物代などで賄っていることが多い。しかし、他の大型アミューズメント施設の人気が高まり、近年では、民間動物園の経営は公立動物園よりも厳しさを増しているのが現状である。日本の動物園史において公立動物園が完全に閉園した事例はこれまでなかったが、民間動物園においては閉園や経営母体が公立へと変わった動物園もある（石田 2010）。今後、特に民間動物園ではマーケットリサーチなどを参考に、新しいニーズを把握することで、幅広い世代層を安定して確保していく必要があろう。

3. 動物園の役割

古代からメナジェリーのために動物の収集が盛んに行われていたが、その当初は王侯貴族の権威や富を象徴するコレクションとして、単に集めた動物を飼育し展示することが目的であった。日本においても、動物園が設立されてから数十年間は基本的に動物を飼育し見せるだけの目的で存在していた。

しかし、社会が安定し国民の認識が変化するなかで、動物園は単に動物を飼育し展示するだけではなく、次第に多くの役割を求められるようになった。日本動物園水族館協会が、「動物園・水族館は、いのちの素晴らしさ、儚さ、大切さ、を実感し、学び、伝える『いのちの博物館』である」（日本動物園水族館協会 2016）と提言している通り、今日の動物園は、野生動物の保護や教育、研究などの役割も担っている。その最初のきっかけとなったのが、1972年に

日中国交再開の印として中国からジャイアントパンダのカンカンとランランが上野動物園に来園したことである。この2頭のパンダは爆発的な人気を得ることになり、パンダをはじめとした野生動物の保護の必要性を印象づけるきっかけとなった。昭和の終わり頃になると、野生動物保護のために制定されたワシントン条約（絶滅の恐れのある野生動植物の種の国際取引に関する条約、採択：1973年）により国外から動物を持ち込むことがこれまで以上に難しくなった。しかし、動物園の展示物は生きた動物であるため寿命があり、動物の死亡後に新たな個体を導入するための次善策を考える必要が生じた。

　そこで持ち上がったのが希少動物の域外保全を目指した「ズーストック」である。これは、野生から動物を収奪することなく、希少動物を飼育下で繁殖させることで、展示動物を確保するという考え方である。イギリスではすでに1964年には希少種の入手に制限を加えはじめ、その後、この考えは世界の動物園に普及しはじめた。日本でも動物園水族館協会が1984年に国内で飼育されている希少種の血統登録を開始し、1988年には「種の保存委員会」を設置、希少動物の保護と繁殖の推進体制を整えた。その後、日本で初めて東京都が「ズーストック計画」を実施し、東京都の各動物園で対象とした動物（ズーストック種）を分担し繁殖を行っている。しかし、単に飼育動物の子孫を殖やすだけでは繁殖は成功とはいえず、種の遺伝的多様性を保つため、複数の動物園間での協力体制が必要となり、近年では繁殖のために動物を融通し合う「ブリーディング・ローン」が盛んに行われている。東京都がズーストック計画を始めたことにより、この取り組みは全国に広がり、動物園同士が協力して繁殖に関わる推進力となった。

4. 資料・標本

　1951年に制定された博物館法の中に「動物園」という単語が記載されているわけではないが、1973年に告示された公立博物館の設置及び運営に関する基準では「自然系博物館のうち、生きた動物を扱う博物館で、その飼育する動物が六十五種以上のものをいう」とされている。すなわち法令上の解釈では、動物園の動物は、動物の資料に該当し、動物園での飼育管理は、博物館での「資

料の保管」に相当する。ただし、動物園の資料には、生きた動物だけでなく、飼育動物遺体に由来する骨格や剥製などの標本も含まれる。

（1）収集方法

　今日では展示動物の収集はたいへん難しくなっている。かつては野生の導入が多かったが、現在では自然保護や環境保全の観点から、極力、野生からの導入を避け、動物商からの「購入」や他の動物園と非商業ベースによる「交換」、「譲渡」、「貸与」、「ブリーディングローン」が主となっている。骨格や剥製などの標本は、飼育動物の遺体から作製し保管している場合が多い。

a.「購入」

　購入は、動物業者を介して金銭により動物を収集する方法で、従来から行われてきた。購入先となる動物業者は、世界中の動物園だけではなくさまざまな施設の動物の情報を把握しており、取引される動物の価格は生息数や入手難易度などによって決まる。現在では、野生由来の個体は一部の地域を除き輸出が困難となっている場合が多いが、動物の数や期間を定めて輸出している国もある。ただし、海外から動物を購入する場合、CITES（ワシントン条約）により国際間の移動が規制されている動物や、防疫上の観点から長期の検疫が必要な種、霊長類のように一部の国を除き輸入が禁止されている種もある。さらに昨今では鳥インフルエンザの発生に伴い鳥類の輸入が禁止される場合もある。

b.「交換」「譲渡」「貸与」

　動物園では飼育動物を繁殖させることは大きな目的の一つであるが、繁殖が成功している種では、個体数が増え余剰動物となっている場合がある。そこで、余剰動物を活用するために、交換や譲渡が行われる。動物交換には、相手先が動物園である場合と動物業者である場合の2通りがあり（日本動物園水族館協会 1997）、交換相手が動物園の場合は、収集予定動物と余剰動物が一致した時に交換成立となる。交換の相手が動物業者の場合は余剰動物が財源となり、この財源をもとに別の収集予定動物を得ることになる。譲渡は、動物園の収集予定動物が他の動物園で余っている場合に無償で譲り受ける方法である。また、評価価格などの問題から無償譲渡できない場合には貸与の形をとる場合もある。この場合は、所有権は移動しない。動物園の飼育スペースには限りが

あり、余剰動物を抱えているほど飼育スペースも制約される。そのため、交換・譲渡・貸与のいずれの方法であっても、余剰動物の活用は依頼する側、依頼を受ける側の動物園双方にとってメリットが大きい。

c.「ブリーディングローン」

ブリーディングローンとは、繁殖を目的として動物園間で行われる動物の貸し借りのことである。一般に公立の動物園では公的財産である動物を他の動物園に譲渡することは難しい。そこで、動物の所有権は移動せず、期限を定めた繁殖契約として貸し借りを行う本法が採用される。この方法により繁殖に成功した場合、交互にその子どもの所有権を得ることになる場合が多い。近年、このシステムが整備されたので、動物の移動が容易となった。

上記以外に、近年では動物園が、摘発された密輸個体や放棄され保護された飼育個体などの保護にあたっていることも多い。

(2) 展示方法

動物園において、来園者が動物から受ける情報は、視覚だけでなく嗅覚や聴覚情報も加わるので、映像や写真と比べ情報量が圧倒的に多い。動物園で現在取り入れられている展示方法は、生きた動物を展示する「生体展示」と骨や剥製などの標本を展示する「形体展示」があるが、その方法は、各動物園の飼育方法や飼育施設の構造、動物観などが反映され、さまざまである。

a.「生体展示」

柵檻展示と無柵放養式展示（ハーゲンベック展示） 日本の多くの動物園では、開園当初は、動物の脱走や人への危害防止のため柵や檻を用いていた（図4）。現在でもこの柵檻展示は残っているものの、新しく開園した動物園やリニューアルした動物園では「無柵放養式展示（ハーゲンベック展示）」を用いている場合が多い（図5）。この無柵放養式展示は、1907年にドイツの動物商カール・ハーゲンベックが開園したハンブルグ市郊外のハーゲンベック動物園で初めて用いられた、これまでの動物園の展示方法とは大きく異なるもので、柵や檻などの遮蔽物をなくし、動物と観客を「モート」と呼ばれる壕を使って仕切り、動物を直接見せる方法である。また、動物と動物の間にも壕を作り、肉食動物と草

図4　柵檻展示（福山市立動物園）

図5　無柵放養式展示、ハーゲンベック展示（静岡市立日本平動物園）

食動物が同一の空間にいるように見せる展示もある。さらに、奥に土を盛り、手前から奥に高低差を設けた「パノラマ展示」という展示方法もあるが、無柵放養式展示に比べ導入している動物園は少ない。

b.「形体展示」

多くの動物園では生体展示だけではなく、動物の骨格や羽毛、剥製などの標本を展示している。そこでは「ハンズオン展示」が導入され、標本を直接触れることができる体験型展示となっている場合もある。

（3）展示配置

展示は「配列別展示」と「課題別展示」に分類される（石田2010）。さらに、「配列別展示」は、分類学的展示、地理学的展示、気候区分別展示、生息場所別展示に、「課題別展示」は、行動学的展示、生態学的展示、形態学的展示などに分けられる。これらのうち主な展示法について説明する。

a.「配列別展示」

分類学的展示　さまざまな地域に生息する動物を「霊長類舎」や「食肉目舎」など同じ分類群の動物でまとめた展示方法である。福山市立動物園や神戸市立王子動物園など多くの動物園で用いられている。

地理学的展示　多摩動物公園のアジア園やアフリカ園、オーストラリア園のように飼育している動物を生息域ごとに分類し展示する方法である。

混合展示　混合展示とは、地理学的展示の一種で、生息域の同じ複数の動物

種を一つの放飼場で一緒に展示することである（図6）。動物園の限られた敷地内で、複数の動物種を一つの放飼場で飼育することは、一個体あたりの空間が広がるなど動物福祉を向上させ、また来園者が野生の環境をイメージしやすいという利点がある。多摩動物公園ではアミメキリンやグレビーシマウマ、シロオリックス、ダチョウの混合展示、福岡市動物園では、ボルネオオランウータンとシロテテナガザルの混合展示を行っている。このような同じサルの仲間や草食獣同士の混合展示は全国の動物園でも多く行われているが、横浜市立よこはま動物園では、日本で初めて草食獣のアミメキリン、グラントシマウマ、エランドと肉食獣のチーターの4種の混合展示を行っている。自分より大きい動物は襲わないというチーターの特性を活かし、本来の野生で見られる草食獣と肉食獣が共存する光景を飼育下で再現している。

b.「課題別展示」

生態学的展示　動物園内に再現した自然環境のもとで、野生に近い行動や習性を飼育動物に発揮させる展示方法である（若生 2010）。生態学的展示はさらに生息環境展示と行動展示の2つに分類される。

生息環境展示　生息環境展示とは、動物の本来の生息地を樹木や草本などで可能な限り再現した展示方式である（図7）。この方式は、アメリカで生まれたもので、ランドスケープ・イマージョン（生息環境一体型展示）とも呼ばれ、自然環境の構成要素のなかで最も象徴的な植物、水、岩などを配置して、その

図6　混合展示（左：多摩動物公園、右：宮崎市フェニックス自然動物園）　生息域の同じ複数の動物種を1つの放飼場で一緒に展示している。

図7 生息環境展示(上野動物園) 動物の生息地を樹木や草本などで再現している。

図8 オランウータンの行動展示(多摩動物公園) 生息環境の樹高をロープで再現し、本来の行動の発現を促している。

環境が持つ雰囲気に来園者を引き込むようにすることで最大限の演出効果を引き出す展示方式(石田 2010)である。

行動展示 行動展示とは、動物が本来持っている行動を引き出すための展示方式である。生息環境展示と異なるのは、行動展示では人工的な構築物を多く取り入れていることである。この展示方法で有名なのは旭山動物園で、オランウータンが高さ17 mの塔に張られているロープを綱渡りする様子や、カバが泳ぐ様子を下から観察できる展示がある。現在では、オランウータンが綱渡りする展示は、多摩動物公園などの多くの動物園で取り入れられている(図8)。

「エンリッチメント」も生息地を人工的に再現し、そのなかで動物の飼育を行う生態学的展示の一環として行われている。動物園は、その目的の一つに「できる限り本来の姿で見せる」ことがあり、そのためには動物が心身ともに健康で、その行動も正常でなければならない。そこで、今日、多くの動物園で、動物の健康と福祉の向上を

図るため「エンリッチメント」が採用されている（図9）。エンリッチメントとは、環境に変化を与えることにより野生と同様の自然で正常な行動を発現させる、つまり、飼育されている動物の行動を野生のそれに近づけることである。日本の動物園では環境エンリッチメントと呼ぶことが多い。

図9 環境エンリッチメント（上野動物園） 樹木を配置し、野生下同様の正常な行動の発現をうながす。

採食、空間、感覚、認知機能、社会関係など、さまざまな形のエンリッチメントが試行されているが、その実施にあたっては、動物が目的を達するまでの過程をただ複雑にするのではなく、動物本来の行動を引き出しているか、動物に苦痛を与えていないかなどを科学的かつ客観的に評価する必要がある。

5. 情報化

（1）個体情報

　生きている動物を扱う動物園において個体管理はたいへん重要である。特に、個体の情報を記録しておくことは、健康状態の把握や繁殖などの飼育管理を行ううえで欠かすことができない。個体情報がわからなければ、健康状態の変化の兆候を見逃し、命に関わる問題に発展する可能性もある。それぞれの個体は主に模様など外見的特徴から識別を行うが、識別しなければならない個体が多い場合は「耳標」（図10）や「翼帯」（図11）、「カラーリング（足環）」、「マイクロチップ」などその時の状況によって最適な個体識別方法を選択する。個体識別をした後は、その個体情報（種名、個体識別情報、性別、出生日、出生地、来歴、両親の情報、移動情報、病歴など）を記録する。

図 10 耳標（池田動物園）　　図 11 翼帯（宮崎市フェニックス自然動物園）

（2）血統登録

　現在、動物園では野生から希少種を導入することはきわめて難しく、飼育下での繁殖が求められている。しかし、飼育下で繁殖を繰り返していくと近親交配が起こり、遺伝的多様性が失われやすくなる。そのため、動物園では個体情報の登録を行っている。これを血統登録といい、ヒトでいう戸籍のようなものである。日本国内では、約 150 種が希少種として登録され、動物種ごとに血統登録担当者が全国の動物園のなかから任命されている。担当者は、担当動物の動物園間の移動の計画や調整を行う。また、ゴリラやオランウータンなどの国際的な希少種の場合、国際自然保護連合（IUCN, International Union for Conservation of Nature）及び世界動物園水族館協会（WAZA, World Association of Zoos and Aquariums）の後援のもとに、世界規模で血統登録が行われている。

6. 2次資料と情報メディアの活用

（1）2次資料の活用

　文部省告示「公立博物館の設置及び運営に関する基準」第 4 条第 3 項により、動物園は生きた動物を扱う博物館で、その飼育する動物が 65 種以上のものをいうと定められている。これに照らせば、動物園での資料は生きた動物といえ

るが、この他にも標本や写真など多種多様な資料が存在している。資料は主に1次資料（直接資料）と2次資料（間接資料）に分けられる。

　1次資料とは飼育している動物そのものであり、2次資料とは動物から得ることができるあらゆる派生物のことである。たとえば、卵や羽、糞、鳴き声など生体から得ることができるものや剝製標本や骨格標本など遺体から得られるものがある（図12）。大型動物の骨格標本や剝製標本の作製など高度な技術が必要な場合を除き、動物園では、2次資料の多くは飼育員などの動物園関係者が作製する場合が多い（図13）。

　生体や死体から得ることができる2次資料は、いずれも動物園の来園者の教育活動などに活用されることが多い。動物園には、園によって呼び方が異なるが、動物資料館や動物科学館などと呼ばれる施設が設置されている場合がある（図14）。そこでは骨格標本や剝製標本などの2次資料を展示し、資料の種類によっては来園者が直接触ることが可能なハンズオン展示を用いている。動物園が2次資料を展示することにより、来園者がより深く多面的に学べるばかり

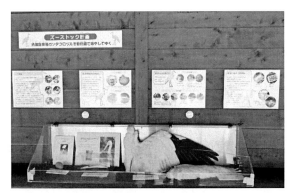

図12　二次資料の展示（多摩動物公園）　卵や羽、剝製標本を展示している。

図13　アジアゾウ「メリー」の全身骨格標本作製過程
大型動物の骨格標本の作製は、高度な技術と専用施設を必要とするので専門家に依頼することが多い（まっ工房提供）。

ではなく、動物園側にも生きた個体の収集が困難な場合にそれを補完できるなどといった利点もある。

(2) 情報メディアの活用

　情報メディアは、展示物についてより深く知ってもらうために必要不可欠なものである。近年、パソコンやスマートフォンなどのAV機器の普及により、情報発信の方法は変化した。従来の動物園においての情報メディアはパンフレットや解説パネルなどが主であったが、近年では従来の方法に加えてAV機器を用いる場合も増えた。例えば、動物園内のパネルにQRコードが表示されている場合があり(図14)、このQRコードをスマートフォンで読み込むと、普段見ることのできない動物の姿や詳しい解説などを映像で見ることができる。

　また、インターネットを利用した情報公開も盛んに行われるようになった。全国のほぼすべての動物園が、自園のホームページを開設し情報を公開している。さらに、TwitterやFacebookなどのSNSを利用し、情報を随時発信している動物園もある。これらのネット上の情報は、紙媒体よりも利用できる人は限られるが、遠隔地にも、より多くの情報を瞬時に届けることが可能である。

　これらのことから、情報メディアによる発信は、その時代に合わせて媒体を変化させることで、来園者にさらに動物に興味を持たせることにつながる。また、近年では情報メディアの発達により、外国にいながら日本の情報を手に入れることが容易になったため、動物園に外国人の観光客も多く訪れるようになった。そのため、今後、日本語や英語だけではなくさまざまな言語での対応が重要となってくるであろう。

図14　解説パネルに表示されたQRコード（上野動物園）　QRコードをスマートフォンで読み込むと、詳しい解説や動物の映像を見ることができる。

7. 危機管理

動物園は他の博物館と異なり、生きた資料を扱う特殊な博物館である。それゆえ、動物に起因する事故や病気など、想定されるリスクに対して常日頃から準備を怠らないことが重要である。本節では「動物による事故」、「動物の脱走」さらに「人と動物における共通感染症」について紹介する。

(1)「動物による事故」

生きた動物は、普段はおとなしく人に慣れていても、時として攻撃的になることがある。動物に接する飼育員や獣医師は常に扱う動物に対して細心の注意を払い、安全を確保すべきである。また、ウサギやモルモット、ハムスターといった小動物に咬まれる事故は、動物にふれあうことが可能な施設で起こることが多い。これらの動物の扱い方を来園者に対して指導し、また、気の荒い不適切な個体は用いないなどの配慮が必要である。

(2)「動物の脱走」

動物園における動物の脱走は珍しいことではない。過去には1936年に上野動物園でクロヒョウが脱走し、同年の阿部定事件や二・二六事件と並び三大事件の一つと呼ばれるほど話題となった。また、2016年には仙台市の八木山動物公園からチンパンジーが脱走した事件があった。多くの動物園ではオランウータン、ゾウなどの「特定動物」に指定されている動物を飼育している。この「特定動物」は、人に危害を加える可能性のある約650種の動物が対象であり、これらの飼育には都道府県知事または政令市の長の許可が必要と定められている。また、政府は特定動物の脱走を防ぐため、特定動物を飼育する施設に対する「特定飼養施設の構造及び規模に関する基準細目」を定めている。しかしながら、施設の不備や人為的なミスによる脱走は後を絶たない。そのため、脱走を想定したマニュアルを作成し、捕獲訓練を定期的に行う動物園もある。動物園という場所が飼育従事者や来園者にとって安全であることはもちろんであるが、飼育動物にとっても安全に暮らすことができる環境を作らなければな

らない。

(3)「共通感染症」

　動物園は人と野生動物が関わる場所である。そのため、動物園では「人と動物の共通感染症」の発生に気を付けなければならない。この「共通感染症」には、動物から人に感染する場合と人から動物に感染する場合の両方が考えられるが、動物園においては、人から動物に感染する場合のほうが格段に多い。

　「共通感染症」のなかでも、昨今、世界的に流行しているものに「鳥インフルエンザ」がある。感染した家禽の大半が死亡する強毒型は高病原性鳥インフルエンザと呼ばれ、海外では感染した家禽に接触した人の死亡例が報告されている。日本では2004年から野鳥や家禽の感染が確認され、2010年には動物園においてもコブハクチョウの鳥インフルエンザ感染が確認された。高病原性鳥インフルエンザは伝播力が強いため、動物園では感染症の発生及び拡大防止対策が必要である。野鳥や動物園に出入りする人がこのウイルスを運搬する可能性があるため、動物園では防鳥ネットの設置や来園者や飼育関係者の靴底の消毒、家禽とのふれあいの中止などの対策をとっている。市民の理解を得るために動物園側は野生動物と人をつなぐ場所として、来園者に感染症に関する情報を公開し続ける必要がある。

　「共通感染症」については日本動物園水族館協会ホームページでも閲覧できる。詳しくは「動物園・水族館動物の感染症ハンドブック」を参照されたい。

8. 館園組織

　動物園の組織構成は、経営形態や規模によって異なるが、多くの動物園では管理部門と飼育部門に分けられ、そのうちの飼育部門は動物の飼育作業をする飼育技術員と、日常の健康管理と病気や怪我の治療を行う獣医師で構成されるのが日本の動物園の主流である。これに教育活動や動物の知識の普及を専門に扱う教育普及部門が加わる動物園もある。しかしながら、これは大規模な動物園に見られることであり、小規模の動物園の場合は職員の数が限られるため多様な職務を兼務しなければならない。

近年、動物園への就職は人気が高く、狭き門となっている。「動物が好き」であることは動物園に就職するうえで基本であるが、ただ好きというだけで職務が務まるわけではない。単に動物の世話をすることだけが飼育員の仕事というわけではなく、飼育技術に加え、施設修理などの大工仕事、訪問者へのレクチャー、鳥やイルカショーなどのパフォーマンス係なども業務となることが多い。また近頃は、博士号取得者を受け入れる動物園も増え、職員の高学歴化が進んでいる。なぜなら、現在の動物園はレジャー施設としての動物園ではなく、希少種の保全や教育施設としての役割がより重要となってきているからである。日本では研究設備を持つ動物園や、大学と共同研究をしている動物園も増えてきたが、欧米と比べればその数は圧倒的に少ない。また、欧米では動物園に研究専門員が配属されていることがあるが、日本ではほとんどおらず、飼育員が飼育業務の傍ら研究を行っているのが現状である。

　動物園は、野生動物を研究するには最良な場所であり、研究材料の宝庫である。現状では、財政的な理由で、動物園が研究を積極的に行うことや研究施設の設置、研究員の配置を進めていくことは難しい。しかし、動物園での研究成果が野生動物の保全に大きく貢献しうることは紛れもない事実である。

　また、動物園の組織においてボランティアの存在は大きい。すでに欧米諸国では、退職後の住民による動物園ボランティアが園内の動物の解説などの教育普及活動を行っている。来園者であった市民が立場を変えて動物園の教育普及活動に参加することによって、動物園職員とは違った角度で教育普及活動を行う人材がうまれ、人手不足の動物園の負担軽減にもつながる。

9. 教育的・社会的役割

　博物館としての動物園は、長い歴史のなか、試行錯誤しながら飼育技術を発展させ、他の博物館と異なり生きている展示物（動物）を扱うことで社会に貢献してきた。しかし、動物園は展示や飼育方法、動物の死などでしばしば批判を受けることがある。一部の動物愛護団体からは、動物園の動物は虐待を受けているとされ、動物園不要論がうたわれている。世界中には、確認されているだけで約175万種もの多種多様な動物が生息している（環境省 2015）。もし動

図 15　パネル解説（東山動物園）　パネルを展示して詳細な解説を行っている。

物園がなくなると、これらの動物を見ることができるのは映像や本に限られてしまう。動物園では、映像などでは感じることのできない、実物のみが持つ迫力や匂いなどを感じることができる。生息地に行かなくても、子どもから大人まで誰でも世界中の動物を見ることができる場所が動物園である。

　前述のように、動物園は18世紀のヨーロッパで生まれ、動物学や博物学などの学問を背景に発展した。しかしながら日本の動物園はいつの日からか教育機関としてではなく、見世物を供する娯楽施設としての性質が強くなった。しかし今日、再び「教育機関」としての動物園へと変化しつつある。

　動物園での教育普及活動は、パネルの解説（図15）から飼育員やボランティア等による教育まで幅広い。我が国では、動物園と学校はこれまで近密な関係が構築されておらず、学校が動物園を利用することはきわめて稀で、社会科見学や遠足としての利用がせいぜいであった。しかし、2002年に「総合的学習の時間」が導入され、地域の学習機関を積極的に活用することが学習指導要領に盛り込まれ、社会教育施設である動物園と学校との連携が求められている。

　動物園に求められる役割は、教育の場として、また、希少種の保全や遺伝資源の保存の場としてなど、明らかに増大している。しかし、雇用が制限され人的パワーは低下し、経営そのものが厳しいのが現状である。

　生きた動物を展示する博物館として動物園が存続するために、自分たちの課題はどこに定めるのか、どこに焦点をあて事業を進めるのか、各動物園は新しい動物園像や方向性を探る時期に来ているといえよう。

参考文献

石田　戢　2010『日本の動物園』東京大学出版会。
環境省　2015『環境・循環型社会・生物多様性白書』平成 27 年度版。
佐々木時雄　1987『動物園の歴史』講談社。
日本動物園水族館協会編　1997『新・飼育ハンドブック　動物園編 2　収集・輸送・保存』
　日本動物園水族館協会。
村田浩一・成島悦雄・原久美子編　2014『動物園学入門』朝倉書店。
若生謙二　2010『動物園革命』岩波書店。

（平井仁智・清水慶子）

7 水族館

(1) 水族館の歴史

　水族館の発祥は世界的には1850年代に遡ることができる。この時期はダーウィンやメンデルが活躍する時代でもあり、ヨーロッパではある種の動物学ブームが起こった時代であった。まず、ロンドン動物園のなかに水族館ができ、その後、フランス、アメリカ合衆国、ドイツ、イタリアと次々に水族館ができた。日本では1882年に開園した上野動物園に併設された観魚室が水族館的なものとしては最も古い。しかし、一つの部屋に十数個の水槽が置かれていただけであり、水族館と呼ぶには疑問符が付く。日本で初めて水族館と呼べる施設が誕生したのは1897年のことと考えられる。その年、神戸で第2回水産博覧会が行われ、そこでろ過循環機能を有する水槽が並ぶ水族館が作られた。この施設は博覧会終了後、近隣にある湊川神社に移築され、1910年まで神戸市民に親しまれていた。その後、1913年には富山県に魚津水族館が建設され、戦後になると全国各地に水族館が建てられるようになった。このころの水族館は①大学の研究施設として、青森県浅虫、神奈川県三崎、和歌山県白浜などにつくられた水族館、②鉄道会社等の民間企業が沿線開発の一環として建設した水族館、③地方行政が観光・教育施設として建設した水族館の3タイプがあり、現在のように巨大な集客力を有するアミューズメントパーク的な水族館はなかった。

　水族館が数多く作られ、さらに一部の水族館が巨大化し、集客力を増す過程にはいくつかのきっかけがある。そのなかでも重要な要素はイルカの飼育とそれと伴って行われるようになったイルカショーである。イルカの飼育とその行動をショーとして観客に見せる行為は1930年代に静岡県沼津市にあった中之島水族館に始まる。ここでは海を仕切った生け簀でハンドウイルカ以外にミンククジラも飼育されていた。その後、1936年に阪神水族館にできたプールに

和歌山県太地からゴンドウクジラ（種は不明）が運ばれ飼育され、簡単なショーもしていたとされている。その後、第二次世界大戦の影響でイルカの飼育は行われなくなるが、終戦後、1950年代になると江ノ島水族館、みさき公園自然公園水族館、伊東水族館などで盛んに小型鯨類が飼育されるようになった。その理由としては、静岡県富戸や和歌山県太地などでイルカ追い込み漁が存在し、それらが容易に入手できたことも大きな理由であろう。このイルカの飼育は、すぐにイルカショーに発展し、ただ魚類などの海洋生物を観察するだけでなく、アミューズメント的要素を水族館にもたらし、そして進化した。

図1　水族館で飼育されるハンドウイルカ（神戸市立須磨海浜水族園）

図2　1970年代より盛んに作られるようになった大型展示水槽（神戸市立須磨海浜水族園）

さらに、日本の水族館を大きく変貌させたのは1975年に沖縄で開催された海洋博覧会の会場に建設された海洋博記念公園水族館（現、沖縄美ら海水族館）であろう。この水族館には国費が投じられ、それまでの水族館とは規模の違う巨大な水槽を備えた水族館が作られた。この水族館を契機に日本では巨大な水槽、さらには巨大な水族館が作られるようになった。一方、水族館では集客効果のある動物の導入も積極的に行われた。鯨類では従来飼育していたバンドウイルカ、カマイルカ、オキゴンドウに加え、シロイルカやシャチなどが複数の館園に導入され、鰭脚類ではセイウチ、さらにはラッコも導入された。また、魚類ではジンベイザメの飼育が可能になり、巨大水槽にジンベイザメの飼育を行う館園も出てきた。しかし、このような動物の入手や飼育技術

の開発にはそれなりの施設、予算が必要となるため、集客力の高いこれらの動物を導入して収入を高めていこうとする水族館と、それに伴わない中小規模の水族館に分かれる傾向が認められる。

（2）水族館の現在

　日本の水族館の数は公益社団法人日本動物園水族館協会の正会員となっているものだけでも60を超え、それ以外の館を含めると100近くに上ると推定される。このように水族館がいたるところに建設されている国は世界的に見てもきわめて稀で、日本人に水族館を好む傾向が強いことを反映しているとともに、周囲が海に囲まれた国であるがゆえに、海に対する興味や関心が他の国と比べて強いと考えられる。今後計画されている水族館も少なくはなく、ますます増加傾向にあると考えられる。

　水族館の建設・運営は県や市町村といった公営の場合と民間によって作られ運営される場合がある。公営の場合は教育機関として位置づけられ博物館的な活動を行うことが多いが、民営の場合は収益を重視するために集客を重視する傾向が強く、アミューズメントパーク的な要素が高まる傾向がある。水族館のアミューズメント要素の最たるものはイルカショーであろう。最近ではショーという言葉は使用されなくなりつつあるが、内容はさほど変わらない。集客力を高めるために現在では日本の30か所以上の水族館でイルカが飼育されており、さらにそのほとんどの施設でイルカショー的な催しが行われている。他の集客ツールとしては他にアザラシ・アシカなどの鰭脚類のショーや「ふれあい」と称してさまざまな動物に触れさせたり給餌させたりすることもある。

　一方、公営の水族館は地味な博物館的な要素の強い施設として存在してきており、特に教育委員会などが管轄する水族館では、幼児や生徒に学びの場を提供することを重視しているところもある。ところが、最近では行政の資金力の不足や合理化の流れで、指定管理者制度やPFI方式をとることも多い。PFI（Private Finance Initiative）とは、公共施設の建設、維持管理、運営等を民間の資金、経営能力及び技術的能力を活用して行う手法のことで、行政がより効率的に公的施設に対し設立運営を行う手法である。ただ、確かに効率的に実施できる利点はあるが、民間に設立・運営を委託する以上、収益を重視せざるを

得ない状況に至り、博物館的な要素のなかで教育や研究、さらには資料の保存などの分野が後回しにされる恐れがある。また、行政の予算で建設した水族館でも、その維持管理をPFIとし、民間に託す場合があり、そのような場合は修繕や新たな施設建設なども受託した民間が担う場合が多い。一方、運営のみを民間に委託する場合があり、その制度を指定管理者制度と呼んでいる。

PFIにせよ指定管理者制度にせよ、運営を収益を重視する民間企業などに委託するわけであるから、その質的補償が重要になり、それに関わる取り決めが重要になる。行政側は委託する業者を、業者側が作成した提案書で選考、判断することになるが、まずは選択段階において提案の方向性や質を評価し、また、指定後もその運営に気を使う必要がある。

（3） 役割
a. 水族館の教育の場としての位置づけ

人間が成長しながら生きていくうえでさまざまな教育を受けることはきわめて重要なことであろう。そのなかで最も重要な学問は学校教育で保障されているとはいえ、それ以外にも重要な教育は多い。それらの教育は家庭教育であり、社会教育である。これら学校教育以外の教育においては、その材料が必要になるが、そのなかで重要な位置づけをされるのが博物館である。日本の水族館の多くは博物館相当施設として登録されており、位置づけは低くはない。

水族館の役割といえば水の生き物を展示する施設と考えられているが、動物園に比べると扱う動物の幅は非常に広い。たとえば、筆者が関係する神戸市立須磨海浜水族園では、原生動物門、海綿動物門、刺胞動物門、棘皮動物門、原索動物門、環形動物門、軟体動物門、節足動物門の生きた状態を見ることができるが、動物園では脊椎動物門の哺乳綱が中心となり、動物の多様性の観点からはやや幅が狭い印象を受ける。近年、分子生物学の発展も手伝って、生物、特に動物の進化の過程も科学的に明らかにされてきたが、それを学ぶ場所としては水族館はきわめて重要な位置にあるといえる。また、行動学の発展により、これまで振り返ることもなかった動物たちの行動にも多くの意義が隠されていることが明らかになり、その多様性は我々人類の振る舞いに関係がないわけではない。

さらに人間は産業革命以後、環境の変化や特定の動物の乱獲を行い、動物によっては種の絶滅が危惧されている種もある。また、遺伝子によりこれまでその存在が明らかにされていなかった種がどんどん見つかるようになっている。このような状況において、水族館はその現状を市民に伝えることは重要な使命であり、また、その使命を果たしていることによって、本来は自然のなかで生息すべき貴重な動物を飼育することができるのである。

b. 水族館の役割

水族館の役割を日本動物園水族館協会のホームページから引用すると、その目的は、1) 種の保存、2) 教育・環境教育、3) 調査・研究、4) レクリエーションとあり、この並びからは博物館としての意識が確実に語られている。

①種の保存　種の保存においては、域外保全が重要視されている。域外保全とは本来の生息地以外、具体的には水族館において特定の種を維持しようとする考え方である。日本の淡水魚のなかには希少な種が多く、絶滅の危機に瀕している種も少なくはない。それを飼育し、繁殖させ、永続的に維持していく体制が域外保全の概念である。しかし、さまざまな問題もある。まず、何を保存するのかということである。近年の分子生物学的な解析手法の発達により、同じ種のなかにも地域的に遺伝的に異なる集団が存在することが明らかになり、さらにそれを種レベルで分類する細分主義が主流となっている。すると、同じ種であっても生息地の異なる系統群を別々に保全する必要性が論じられるようになる。しかし、捕れた場所別に同種の魚類を複数系統保存、すなわち継体飼育することは、限られた環境において現実的には不可能である。ある特定の系統を維持するのか、あるいは遺伝的な特性を無視して種を維持するのか、考え方を議論し統一する必要がある。

また、遺伝と繁殖に関しても考え方をより科学的に裏付ける必要がある。たとえば、飼育個体数が少なく、かつ野生からの導入が難しい動物の場合、繁殖を計画すると必然的に親子や兄弟などの近交係数の高い個体間での繁殖を余儀なくされる場合がある。しかし、近縁度の高い個体間の交配によって生じる個体で何らかの問題が生じることを極端に心配する風潮が存在する。たとえば、ペンギンの仲間では近交係数の高い個体間で卵を産むと、ふ化させない場合もある。確かに近交係数が高まると世代を重ねるにつれて繁殖率が低下するなど

の問題が指摘されているが、これについては家畜の場合が多く、野生動物に関しては筆者の知る限り十分な研究が行われているとは言い難い。理論的に考えるなら、近交係数が高い個体間で繁殖した子に問題が出るのは、両親から機能に問題のある劣性遺伝子が受け継がれ、それがホモになった時、生理的あるいは形態的な問題が生じる場合であろう。野生の個体群はそのような劣性遺伝子は長い歴史のなかですでに排除される可能性が高い。このような背景の下では、貴重な動物の繁殖に際しては、極端に近交係数に配慮する必要はない可能性もある。ただし、この問題について、科学的、体系的な議論ができるようなデータの取得・研究を行うべきであろう。

②**教育** 教育に関しては、飼育している生物についての解説を主軸に行われている。解説内容はかつては分布や分類に関するものが多かったが、近年はさまざまな分野の生物学の発達とともに、多岐の内容が考えられる。つまり、水族館で飼育する動物を通じて行える教育は、その種の形態の特徴だけではない。その種が成立している環境や、その環境が破壊される理由、さらには保全手法などに解説を展開することも可能であるし、あるいは行動の特徴からその行動を獲得した進化学的な背景を説明することも可能である。

また、前述したように、水族館では地球上に生息する動物門の多くを飼育することが可能である。それは地球で過去10億年程度に起こった進化の歴史を解説するには格好の場といえる。イルカの飼育については、その能力の高さなどを演出するいわゆるイルカショーは市民の支持を得ているが、イルカの飼育に関しては少なからず批判の声があることも事実である。そのような社会問題が存在することもしっかり受け止めて、それを解説する勇気も必要であろう。

さらに、前述したように、近年の生物学の発達は目覚ましい。生理学や医学などは別にしても、系統分類学や行動学、生態学は、遺伝子を扱う分子生物学と関係しあいながら飛躍的に発達している。このような科学の発展による知見の集積を市民に広めるためには、水族館は最適な場所にあるともいえる。ただし、それを可能にするためには学芸職員の能力や努力さらには余裕とともに大学などの研究機関との密接な連携も必要となる。

③**調査・研究** 調査・研究も水族館の役割と位置づけられている。しかし、重要なのはその範囲である。現在、最も活発に行われている研究は飼育技術の開

発や繁殖に関する研究である。このような成果は水族館の飼育動物の飼育技術の向上につながる調査・研究であり、それは推し進めていかなければならない。ところが、近年になって問題視されるようになってきた自然破壊や種の絶滅、さらに生物多様性に関しても、水族館が可能な範囲でカバーすべきであると考える。

　日本には生物を研究する機関として、多くの農業・漁業関係の研究機関が存在する。これらは人々の生活や産業の発展のために多大な功績があった。しかし、それらに関係しない分野に関しては、それを調査・研究する機関はきわめて少ない。水族館がそのような分野の調査・研究をカバーできないことはない。たとえば、和歌山県の串本海中公園は地元の生物多様性、特にイシサンゴ類に関して多くの業績を残している。同一の地域で生息する動物を記録し続けるモニタリングは、今後の生物多様性の保全の分野できわめて重要な資料となるが、これも水族館の調査研究の方向性の一つであろう。

　また、貴重で飼育の困難な動物を用いた研究も積極的に行うべきである。その際、大学教員などの研究者と協力することも重要で、それによってよりレベルの高い研究が行える。たとえば、日本においてはイルカ類の行動や認知科学において世界的な業績があるが、それは水族館でイルカ飼育が行われていることによって成り立っている。

　④レクリエーション　水族館においてレクリエーションは重要な要素である。博物館相当施設としての価値を重視するならば、レクリエーションを軽視する考えもあるが、より幅広い市民が来館し、博物館的要素を求めていない市民に対しても、啓発教育が施されるという観点からは社会的にきわめて重要で、類似する施設は稀有なものである。

　ただし、レクリエーション、すなわち娯楽的な要素を高めすぎ、収益性を求めすぎると、これからの水族館は成立しにくくなることが予想される。つまり、水族館で飼育される動物に関して、生命倫理的な議論が国際的に高まっており、哺乳類など高等な動物の飼育にはそれなりの理由が必要となってきたからである。特に、イルカについてはその議論は活発になりつつある。つまり、イルカを消費しながら施設を運営することが、困難になりつつある。

c. イルカの飼育に関わる問題

　この数十年で生命倫理や動物福祉に関する概念が発達し、欧米を中心に、水族館でイルカを飼育すべきではないと、繰り返し主張されるようになった。このイルカ飼育に対する批判は、捕鯨問題と微妙に絡み合いながら盛りあがり、日本の水族館はシーシェファードなどの欧米の動物愛護団体から批判の対象となってしまった時期がある。

　その主要な論点は、①イルカに恐怖を与えて捕獲する追い込み漁で獲れたイルカを水族館が購入している、②そのイルカを質的に悪い飼育環境で飼育している、③イルカに自然では見られないさまざまな行動を学習させ、それを来館者に公開していることが、イルカに対してストレスになっている、といった内容である。①〜③に関する批判はさまざまな国で起こり、実際にスイスのようにイルカの飼育を停止した国もある。また、その他の国でも批判を受け入れて、イルカのショーを中止したり、また、野生からのイルカの導入を禁じた国も多い。

　このように動物福祉の観点から飼育動物の扱いをより丁寧に扱わざるを得ない状況に追い込まれているのは、水族館だけでなく動物園も同様であろう。ヒトはつい数百年までは共通の言語を持たず意識が通じあわない者同士で人種差別を行い、そこに多くの不幸を綴ってきたが、言語の壁を乗り越えて他の人種の権利も認めそれを克服してきた歴史がある。その流れで、ヒトは、ヒト以外の動物、特に高次の脳機能を持つ動物についても、その生存権を認めつつある。この流れは逆らうことのできない流れのように思えるが、問題は人類の食料となるものも動物であることである。つまり生命に対して尊厳を持つように社会は流れるのに対し、人間は生物を殺して食物を得なければならない。さらに食物を得る生活型には食文化などという概念が持ち込まれ、さらにややこしくなっている。この問題は人種差別とりわけ黒人差別に関する議論が長く続いたように、これからも長く続くのであろうが、動物の生命倫理は重要視していく流れには抗すことはできなくなることが予想される。

d. イルカ等の飼育と福祉

　イルカを飼育することに関する是非の議論は欧米を中心に行われてきた。すなわち、水族館のイルカはストレスを抱えており、イルカの飼育は残虐な行為

だとする考えがある。特に、イルカにさまざまなパフォーマンスを演じさせるのはもっての他とする考え方である。ここで明らかにする必要があるのは、水族館のイルカは幸福か否かという問題である。

　水族館の飼育係は親和的に近寄ってくるイルカに不幸な要素はほとんど感じることはない。逆に、狭いプールに飼育されているイルカを見て不幸と受け取る人もいる。特に自然界で活発に泳ぐイルカを見たことのある人は特にそう思うのは無理もない。安全な管理された社会に生きるのが幸せか、あるいは不確実で危険がある程度存在する自然で生きるのが幸せか、という問題は、その動物がヒトである場合は前者を望むのであろうが、イルカの場合はどうであろうか。ここで科学的な議論を行うのは難しい。

　しかし、水族館が配慮しなければならないことは、可能な限りイルカや飼育動物に幸福を与える必要があることである。それを水族館や動物園ではエンリッチメントと称している。具体的に考えられることとしては、①広いプールで泳がせる、②玩具を与える、③自然に近い状態で摂餌をさせる、④自然に近い社会構成のなかで飼育する、⑤自然に近い繁殖を経験させる、⑥自然に近い成長をさせる、等が考えられる。日本の水族館では一部②を実施しているところもあるが、おおむねこれらに対する取り組みはこれからである。

　イルカの飼育に関して、このような思想的背景が存在するなかで、なお、イルカを飼育するには、その必要性の論証が重要である。筆者は水族館で働いた経験から、イルカの飼育の社会的意義は大きいと考えている。イルカを見たければ自然のイルカを見ればよい、とする考え方がある。確かに、日本でも御蔵島や天草などのように自然のイルカが観察できるようになってきた。また、技術の発達によって自然のイルカの泳ぐ動画も見られるようになった。しかし、万民が自然のイルカを見に行くには無理があるし、さらに動画を見てもイルカという動物は十分理解することはできない。

　そもそもヒトは陸域に生息する動物であるし、さらに多くのヒトは近代化された都市に生活している。そのなかで生活していると、自然、特に海の自然はどんどん遠い存在になりつつある。しかし、その遠ざかる自然を理解し、健全な生物群集や環境、さらに生態系を守っていく必要が我々にはある。その考え方を一般に啓蒙するうえでは、イルカは非常に効果的な存在であると考えてい

る。確かに、他の動物でもその効果は期待できるが、ヒトの関心を引き付けるという観点からすると、イルカは他の動物とは比較にならないほど強力な動物である。つまり、一般社会に海の自然を教育する題材としては、イルカの果たす役割は大きい。したがって、イルカの福祉に十分配慮しながら、イルカを飼育する方向性が望ましいと考えている。

e. 新たな水族館の取り組み

　日本の水族館の歴史は100年あるかないかであり、文明の発達の歴史に照らし合わせても浅いものといわざるを得ない。これまでの水族館は水生動物を集めてきて展示することに終始してきたが、未来の水族館にはさまざまな社会的使命があると考えられる。

　たとえば、生物多様性の重要性が確認され、地球規模だけではなく、地域レベルでの生物多様性の保全やその遷移にも配慮が求められる時代になっている。これを管理、監視するシステムは日本の行政にはあまり存在しない。水族館、特に海や陸水に接して建てられた水族館はその周辺水域の生物多様性の生物の情報を集約し、それを社会に報告する体制が望まれる。それに対して公的な資金や寄付金が流れる仕組みを検討する必要があるかもしれない。

　また、筆者が園長を務めていた神戸市立須磨海浜水族園では外来種であるミシシッピアカミミガメの防除活動の促進を目的に、市民からアカミミガメを受け入れる活動を行った。この活動はミシシッピアカミミガメや外来種に関する市民の問題意識の向上に大きく貢献した。しかし、水族館内に外来種の収容施設を設けたことに対して、本来、水族館が行う業務ではないとの批判も聞こえてきた。ただ、水族館の活動範囲を自ら狭い範囲に限られたものにするのではなく、社会的な問題が存在し、それが水族館に関係するものであるならば、それに対応し、社会的責任を広げる行為も必要であろう。

　さらに、神戸市立須磨海浜水族園では障がい者を対象としたイルカ介在活動に関する研究も行っている。障がい者がイルカに触れることで症状が改善するという報告はそれを肯定する研究も否定する研究も存在するが、その効果を科学的に証明しようとする調査・研究を、精神科の医師や臨床心理士とともに実施している。このように水族館の役割を、社会の関係するニーズに従って拡大していくことも、今後の水族館の役割だと考えている。

（4）資料・標本

a. 水族館の資料・標本

　水族館で展示・保存される資料・標本は、水生の動物の生体及びその標本が中心となる。生体もいずれは死亡することから標本となることが多い。しかし、水族館で死んだ個体をすべて標本とする余裕はなく、また、その必要性も低いことから、ほとんどは廃棄される。しかし、生息する個体数が少ない希少性のある動物、あるいは採集される場所がきわめて局限される動物、また、ありふれているがゆえに研究が行われておらず標本数も少ない動物などは、積極的に標本として残すべきであろう。

　動物の標本は、剥製、骨格標本、液浸標本、乾燥標本、冷凍標本などが考えられる。また、標本として保存する部分も、全体の場合もあれば、個体が大きい場合は部分的に保存することもある。また、獣医学的な観点からは、臓器を保存し、将来の組織学的研究に供する場合もある。液浸標本はかつては10％のホルマリン溶液で固定し、それを70％エタノール溶液で保存することが一般的であったが、近年、ホルマリンの発がん性が指摘されるようになり、エタノールにそのまま固定したり、冷凍で保存されることが多くなった。また、この背景には近年動物の系統分類学の分野でも、遺伝子（DNA）を用いることが多くなった背景がある。つまり、将来、DNAの塩基配列を解読するためには、DNAが破壊されるホルマリンではなくエタノールや冷凍の状態で標本を保存することが多くなってきた。

　標本は必ずしも展示に適さない場合もある。それは生体の時の形態や色彩を保持されていなかったり、直接触れることができない状態の標本が多いことによる。標本をできるだけ生時の状態を保ったまま保存し、それを手にとって観察できる保存技術として、プラスチネーションと呼ばれる技術がある。これは生物の死体の水分と脂肪分をプラスチックなどの合成樹脂に置き換える技術のことで、保存や観察に適している。また、遺伝学的な研究に供するために、組織を無水エタノール液に保存したり、氷点下70度以下のディープフリーザーで保存することも必要な場合がある。

　ただし、標本の保存については、そのための収蔵庫などスペースが必要になるが、館園によってはそれが整えられないことも多い。そのような場合は、関

係する博物館等に納め、貴重な標本を失うことのないようにすべきであろう。また、個体の標本において最も重要な情報は種名ではなく、採集地と採集年月日であることも念頭に入れておくべきであろう。さらに、標本の数については1種1個体でいいと考える担当者もいるが、統計学的に処理するためにはある程度数が必要となることが多いため、たとえ数の多い標本でも、価値のある標本は遺棄すべきではない。

b. 生体の展示

　水族館で扱う資料の大部分は水生の動物の生体である。これら展示生物の扱いに関しては、採集、運搬、飼育という一連の扱いがあり、動物によってその方法や技術には違いがあり、我が国においては日本動物園水族館協会が出版している水族館飼育ハンドブックが詳しい。

　水族館における生物の展示には、①生物の生息する環境を再現する、②生物にとっての飼育環境を生物の生育に適したようにする、③飼育係の管理が行いやすいようにする、という3つの方向性がある。近年の水族館の傾向としては、偽岩などで生息地に似た飼育施設や水槽をディスプレイする傾向がある。確かに、生物が本来生息する場所に似た環境で飼育されていると、快適に生育しているように見えるが、生物の飼育環境としては不適であったり、掃除などの管理にとっては不都合なこともあり、この3つの要素のバランスをいかにとるかが肝要になってくる。特に、哺乳類に関しては動物の生育にとって快適な環境を整える必要がある。

c. 標本・ハンズオン

　水族館においては生体以外にも標本やハンズオンなどの展示を行う場合が多い。標本は実物という価値があり、ハンズオンは自由に手にとって観察できるという利点がある。また、視聴覚障がい者に対する展示としても、特にハンズオンは重要な役割を果たしている。特に視覚障がい者には触れて形を理解できるハンズオンは有効な展示法となるであろう。

（5）情報化

　本来、博物館的な役割を保つなら、水族館の飼育生物や収蔵標本などはリスト化し、外部に公開すべきであろうが、実際のところこのような情報化が行わ

れている例は少ない。これは、飼育生物が生体であるがゆえに新陳代謝が激しいことに起因する。どこの水族館に行けばどのような生体が観察でき、どのような標本が収蔵されているかを公開する必要は出てくるであろう。

一方、水族館ではその水族館の活動などを機関誌などで紹介しているところは多く、館園によっては地域の自然史の記録や生物多様性の資料としての価値が高いものも存在する。さらに最近はインターネットの普及により、より多くの情報を一般的に提供できる体制が整いつつある。

また、水族館における研究など地道な活動は一般に公表する機会は少ない。そのような場合は特別展などを企画して、日頃伝えることのできない水族館の資産や業績を表現することは重要である。ただ、特別展などもおおむね集客のツールとして催されることが多くなったのも事実で、収益性と博物館的な役割との兼ね合いが館園としての重要な要素となる。

(6) 危機管理

水族館が災害に襲われた時にまず考えるべきことは、人命、次に飼育生物の生命であろう。特に水族館は海に近い海岸部に造られることが多いため、台風などで生じる高潮、高波、さらに地震によって引き起こされる津波の被害には十分な対応が必要とされる。現に先の東日本大震災による津波によって宮城県の松島水族館、福島県のアクアマリンふくしま、茨城県の大洗水族館は甚大な被害を受けた。特に松島水族館は、一旦は再興したものの、施設の老朽化も伴って仙台市に移転することになる。

災害による水族館の被害で最も深刻で考慮すべき問題は、電源や配電経路への問題である。水族館は飼育水の水循環や温度調節、さらには餌の保管などに電気を使っており、それらが止まると多くの飼育生物が飼育できない状況に陥る。もちろんケースにもよるが電気が止まった場合、えら呼吸する魚類や無脊椎動物に酸素不足による影響が現れる。また、熱帯性、寒帯性の変温動物にも温度変化による影響が現れる。ある程度、体温コントロールが可能な哺乳類でもラッコは例外で、温度の上昇で体温が上昇し、死に至ると予想される。このような電気の停止に対応する手段としては、配電を浸水に強い状態に設計することや、自家発電の機能を向上させる必要がある。

また、津波・高波等による浸水だけではなく、地震の振動によって水槽の水が動き、周辺に水があふれることも想定しておく必要がある。また、振動は飼育水の取水、循環系統にも、管の破裂や接合部の断裂などを招く可能性がある。また、振動が激しくなると、水槽の壁面やアクリル面が破損し、水が漏れだす可能性があることを念頭に置いておく必要がある。

(7) 館園組織

　水族館の組織は館長（園長）を頂に、管理、営業、施設、飼育、さらに研究、教育の分野に分かれる。管理は経理・事務や人事を取り仕切る部門で、人事を管理する以上、水族館の方向性に大きな影響を与える。営業はその運営形態、具体的には民営か公営かでもその役割の重要性は異なり、民営の場合はきわめて重要なセクションである。集客に関わる業務に加え、館内でのサービスやレストランや物販などを担当で、水族館の収益、すなわち未来の方向性を左右する。水族館という独特の組織である以上、その財産を上手に営業に利用するための生物に関する知識を有することが望まれる。施設は水族館の施設全般や造園・清掃管理までカバーする部門である。水族館において特に重要なのは飼育水のろ過循環システムの管理であることはいうまでもなく、専門的な知識を必要とする。造園や清掃については外部に委託するケースが多い。

　飼育している生物の種や数にもよるが、水族館で最も多くの人員を必要とするのが飼育部門である。飼育部門の大きな業務は、生物の入手、輸送、飼育管理、水槽のディスプレイ、清掃、解説パネル類の製作、餌の入手・管理、解説、動物によっては調教、演出、マスコミ等の対応など多岐にわたる。また、飼育部門のスタッフが研究や教育を担っている水族館も多い。海外では生物の入手に関する業務に力を入れる水族館が多く、別部門として独立している場合も多い。これは、飼育展示する動物によって、集客が大きく左右することに起因するものと思われる。

　飼育部門のスタッフは生物に関する知識も必要であるが、それ以外に潜水士、小型船舶、高圧ガス取り扱いに関する資格を必要とする場合もある。さらに、哺乳動物を飼育する場合は獣医師を飼育部門に配置することも多い。また、同じ飼育部門でも、イルカなどの哺乳類を飼育する部門と、魚類や無脊椎

動物を飼育する部門は、業務の内容が大きく異なるために別なセクションに配置されることが多い。イルカを飼育するとその行動を演出することが重要視され、それを実施するためにイルカに学習させる必要がある。これを現場ではトレーニングと呼んでいるが、このトレーニングに費やす労力は多い。さらに、演出には芸術的なセンスも要求される場合がある。

前述したように、研究や教育に関しては飼育部門が兼務している場合が多いが、いくつかの施設には専門の部門が存在している。海洋などの自然の教育の重要性が認識されるようになって久しいが、それを専門に行う機関はほとんどなく、水族館がそれを担っている場合が多いことを考えると、教育部門に公的な予算も投入することも考えるべきであろう。また、地域の海洋生物の研究の継続も、社会にとって重要なテーマである。日本には水産研究所は数多くあるが、経済価値の低い海洋生物に関する知見の集積において水族館が果たす役割も大きい。その役割を果たすためには、調査、分析、記載といった研究活動が必要であり、そのために学芸員や博士の学位を有する人材を保有すべきである。

館長（園長）は水族館全体の部門のバランスをとり、各施設の理想像を提示して、そちらに誘導することが役割である。ただし、それまでの経験が研究なのか、飼育なのか、あるいは管理なのかによって、その統括の仕方や方向性が変化する。したがって、最も重要なポストであることには違いない。

（8）法令

水族館の運営に関わる法令には次のようなものがある。

1）動物愛護管理法：本法律は動物の愛護と動物の適切な管理（危害や迷惑の防止等）を目的としており、対象動物は、家庭動物、展示動物、産業動物（畜産動物）、実験動物等の人の飼養に係る動物である。水族館はこの法律では動物取扱業として位置づけられ、動物を展示することに許可を得ている場合が多い。また、人に危害を加える恐れのある特定動物（ワニガメやウミヘビ）も本法律で飼育・移動に許可が必要となる。

2）外来生物法：オオクチバス・カミツキガメなどの外来種の飼育・移動に許可申請が必要となる。

3）博物館法：多くの水族館は博物館法での博物館相当施設として位置づけられ、その下で運営されている。
　4）種の保存法・ワシントン条約：ワシントン条約とは希少種の保全を目的とし、国際間の移動を制限する条約で、種の保存法はワシントン条約の付属書に記載された種やアユモドキなど国内の希少種の取り扱いを定めている。
　5）文化財保護法：日本の動物数種は本法律によってオオサンショウウオのように特別天然記念物、あるいはアユモドキのように天然記念物に指定されている。これらを飼育する場合は許可申請が必要になる。

　これら以外にも、生物を採集するには水産資源保護法や各都道府県が定める漁業調整規則も関係することが多い。

（9）教育的・社会的役割と未来

　人類において教育は重要な要素であり、その質が人類の未来を左右することは間違いない。教育は学校教育以外に社会教育、家庭教育に分類されると考えられる。中心は学校教育であるが、水族館など博物館は社会教育の場と位置づけられる。一般社会では考えることの少ない海洋や陸水の環境や生物のことを、水族館に滞在するわずかな時間だけでも思考することは、人類が地球の環境を大きく変化させる能力を有するようになった今、重要な教育であると考えている。そのような観点から、水族館が多く、さらに来館者も多い日本においては、海洋や陸水に関する自然教育は他の諸外国に比べれば秀でていると思われる。

　水族館はほぼ100年前にこの世に誕生し、それ以来、社会に海洋の魅力そして知識を普及させてきた。その役割は大きい。そして、40年ほど前から、そのアミューズメント的な魅力がクローズアップされ、いくつかの水族館は博物館的な性質を伴わず、集客力を向上させた。ただし、前述したように、生命倫理の問題が取り沙汰されるようになったのは、その流れに抑制をかけた状態になっており、欧米を中心に水族館でイルカなどを飼育するにはさまざまな制約がかかるようになっている。

　しかしながら、人類が地球規模で環境改変を行える立場になった今こそ、社

会的かつ国際的に重要な役割が水族館にはあると考えている。海洋やそこの生物に興味を示す人の少ない現代社会においては、水族館の魅力で人を惹き付け、そしてあらゆる形で海洋の自然や生物についての理解を深めるよう導いていくことが重要だと考えている。

参考文献

浅野幸治　2016「和歌山県太地町のイルカ追い込み漁問題」『医療・生命と倫理・社会』13。
安部義孝　2011『水族館をつくる：うおのぞきから環境展示へ』成山堂書店。
内田詮三・荒井一利・西田清徳　2014『日本の水族館』（ナチュラルヒストリーシリーズ）東京大学出版会。
宇仁義和　2015「1930-50年代における日本の水族館での鯨類飼育」『博物館学雑誌』40-2。
鈴木克美・西源二郎　2010『水族館学―水族館の発展に期待をこめて』東海大学出版会。
日本動物園水族館協会編　1977-2010『新・飼育ハンドブック水族館編』1-5、日本動物園水族館協会。
ブルンナー、ベアント（山川純子訳）　2013『水族館の歴史―海が室内にやってきた―』白水社。
堀　由紀子　1998『水族館のはなし』岩波書店。

（亀崎直樹）

8　科学技術と博物館

（1）館園史

　本章では物理学、化学、工学など、いわゆる理工学を背景としている科学技術の博物館（以下、科学技術系博物館という）について見ていこう。

　科学技術系博物館は科学・技術の発展と密接に関連しており、近代科学、近代工業がいち早く成立したヨーロッパにおいて最初に登場した。そこでは科学・技術の発展史を記録し、紹介する歴史博物館という性格を濃く帯びていた。現在、科学技術系博物館は、自然史系博物館と合わせて科学博物館（science museum）に分類されている。対象が自然界という点で共通しているため同じカテゴリーに含めているが、資料の性格や追究手法が両者でまったく異なっていることに注意が必要である。以下、本章で科学博物館と記す場合、科学技術系博物館のうち科学・技術の発展史を中心に扱っている館を指す。

　科学博物館に似た施設として科学館や科学センター（science center）と称する博物館がある。科学博物館が資料の収集・保管を重視しているのに対し、科学館・科学センターは科学・技術の普及・教育を重視しているという方向性に違いがあり、両者の活動スタイルにも大きな違いが生まれている。このような施設を表す名称として科学館、科学技術館、青少年科学館、青少年科学技術館、青少年センター、子ども科学館等が使われているが、ここではまとめて科学館と呼ぶことにしよう。なお、科学館では自然史を扱うところも多いので注意していただきたい。また、公開天文台やプラネタリウム館などの天文教育施設も科学館に含めて考えることができる（天文教育施設が多いのは我が国に固有の特徴である。コラム①を参照していただきたい）。

　科学博物館の例としてはイギリス・ロンドンの国立科学産業博物館（1857年開館）やミュンヘンのドイツ博物館（1925）（図1）などをあげることができるし、科学館としてはアメリカ・サンフランシスコのエクスプロラトリアム

図1　ドイツ博物館

図2　エクスプロラトリウム

(1969)（図2）やカナダ・オンタリオの科学センター（1969）、フランス・パリの科学産業博物館（1986）などが知られている。

我が国では東京・上野にある国立科学博物館（1877）が典型的な科学博物館である（ただし、自然史が中心）。ロンドンの国立科学産業博物館やドイツ博物館のように歴史的資料を豊富に揃えた単独の科学技術系博物館は、残念ながら、我が国には存在していない。産業史や地元の科学史を扱う小規模な例は各所に見ることができるものの、分野が限られているうえに資料収集活動が継続的に行われている例は少なく、わずかに国立科学博物館の理工部門が発展史を視野に入れた系統的な資料収集・展示活動を行っているくらいで、科学技術先進国としては実に慎ましやかなものである。これに対し、たとえば、皇居外苑にある科学技術館（1964）やお台場の日本科学未来館（2001）などは現代の科学・技術の成果物とともに原理紹介にも力を入れていることから、科学館の典型例といえる。地方自治体が保有する科学技術系博物館の多くは科学館であり、主に教育的な効果を期待して設置していることがうかがえる。

我が国唯一の国立の科学博物館である国立科学博物館が科学館として誕生したというのは誠に興味深い。同館は1877（明治10）年を創立年としているが、これは文部省が教育博物館を設置した年である。教育博物館は、その名称が示すように、教具や教育用の理化学器械などを設置し、操作型展示や体験型展示も豊富にあったようだから、現在いうところの科学館であった。この時代にこ

うした展示品を考案・導入したことは世界的に見てもあまり例がなく、きわめて先進的な取り組みであった。

一方、科学館という名称は、戦前、朝鮮総督府がソウルの旧庁舎に置いた恩賜記念科学館（1927）に使われたのが最初のようである。これは、現在、大韓民国の国立ソウル科学館に発展している。

図3　大阪市立電気科学館

内地では、1937（昭和12）年に開館した大阪市立電気科学館（現、大阪市立科学館）（図3）が最初の使用例で、ここでは歴史的資料を対象とせず、科学・技術の現状紹介と教育目的を中心に据えたため科学館と称したので、明らかに現在の科学館の定義に沿った科学館であった（大阪科学振興協会 2008）。

科学技術系博物館、とりわけ科学館が全国に展開されるようになるのは1960年代中頃以降のことで、我が国の経済成長と軌を一にして整備されていった。政府によって進められた科学・技術教育振興策が後押しとなり、経済成長を支える人材を養成するという政策に沿って推進されたため、教育を主目的とする科学館になった。なお、科学館には子ども博物館や教育博物館の持つ教育的性格と相通ずるものがあるため、最近はこれらが融合する傾向にある。

（2）館園の現在

『平成27年度博物館に関する基礎資料』（国立教育政策研究所社会教育実践研究センター 2016、以下『基礎資料』という）に従って我が国の現状を見ていきたい。文部科学省が登録博物館ならびに博物館相当施設として認定している館は1262で、そのうち科学博物館は109館である。類似施設4485館のうち科学博物館が363館あるので、科学博物館は合計472館で、その多くは自然史系と推察される。登録・相当109館を設置者別に分けると公立が70、私立が32となっている。専任の学芸員は計292名、学芸員補は100名だから、平均1館あたり学芸員は2.7名、学芸員補が0.9名の合計3.6名となっていて、意外な

ことに、歴史博物館の2.3名、美術博物館の2.6名より多い。

筆者が2010（平成22）年版全国博物館園職員録（日本博物館協会 2010）から数えたところでは、博物館園の総数は3143で、そのうち自然系（自然史系、動植物園、水族館）が347館、理工系が74館、科学館・科学センターが95館で、合計516館であった（加藤 2005）。

表1に平成14年版全国博物館園職員録（日本博物館協会 2002）に理系学芸員として採録されている者987名の専攻分野から見た内訳を示した。理系学芸員が必ずしも科学博物館に所属しているわけではないが、上記の516館に所属していると見なすと1館あたり平均1.9人となる。これは先に紹介した『基礎資料』にある数の半数に過ぎない。本職員録では明らかに学芸職と見られる方が4882名だったので、全学芸員に対し理系学芸員は20％を占めている。館数で比較すると理系館は516館の16％なので、理系学芸員の割合はこれに比べて大きく、先の『基礎資料』と同じ傾向であった。

さらに理系学芸員の内訳（表1）を見ると、その大半は自然史系で、物理、化学、科学史・技術史等の理工系分野は合計50人程度と、数えるほどしかない。天文系の学芸員が51名で、比較的多いが、プラネタリウムへ従事している方々である。また、技術系としてあがっている111名の方々の大半は企業博物館に所属しているものと見られる。

表1 分野別理系学芸員数（2002）

分野	学芸員数	割合（％）
科学・自然	80	8.1
生物	522	52.9
地学	164	16.6
天文	51	5.2
物理	15	1.5
化学	18	1.8
技術[*]	111	11.2
科学・技術史	19	1.9
教育	7	0.7
合計	987	100.0

[*] 産業・農林漁業・医療等を含む

図4に科学技術系博物館数及び全博物館数の推移を示しておいた（登録及び相当施設の合計数。『基礎資料』のデータより作成）。全博物館数のスケールは右の縦軸に示してあるように、左縦軸の10倍となっているので注意していただきたい。ここで興味深いのは1990年頃に科学技術系博物館数がやや減少し、これを境に全博物館に占める割合が10％以上から10％以下になり、以降、その割合が減少していることである。バブル経済の崩壊が科学技術系博物館により大

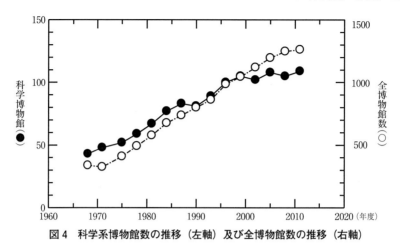

図4 科学系博物館数の推移（左軸）及び全博物館数の推移（右軸）

きな影響を与えたようである。

2003年に施行された指定管理者制度は経営主体に大きな変更をもたらした。杉長（2015）によれば、科学技術系博物館79のうち直営館は44、指定管理館は35で44.3％となっており、自然史系博物館の31.5％、公立館の平均値27.5％より有意に高い。

政府の業務を民間に任せようといういわば政府版の指定管理者制度である市場化テストについては2005年頃から議論され、着々と導入が図られている。当初、業務の性格上、導入は困難であるとの見解を文部科学省は示していたが、国立科学博物館においても、施設の維持管理や案内業務等では、2010年度から民間委託になっている。指定管理者制度でも議論になった学芸部門・研究部門の事業継続性は堅持されているが、政府の財政状況は厳しさを増しており、地方自治体の博物館共々、先を見通し難いというのが現状ではなかろうか。

博物館の第3者評価もこうした流れのなかで登場してきた。2003年に告示された「公立博物館の設置及び運営上の望ましい基準」の12条に「博物館協議会等の協力を得つつ、自ら点検及び評価を行い、その結果を公表する」とあって、外部の評価を得るようにとの指導が強くなされるようになった。しかし、多くの博物館ではすでに博物館協議会や同種の諮問機関を有し、そこで活動内

容の点検・評価を行い、館報で公表するという自己点検を行ってきたので、第3者評価においては博物館は先陣を切っていたといえるだろう。

1990年以降の財政難の影響は、博物館界のなかでは、科学館という市民サービスの最前線を担う部門に顕著に現れている。少子高齢化、グローバル化のなかでこの傾向は強まりこそすれ弱まることはないように思われる。

（3）役割

科学技術系博物館、なかでも科学館は1965年頃から学校教育の補完施設として登場し、普及していった。図5はプラネタリウム設置数統計である。プラネタリウムの多くが科学館にあることから、科学館数の推移と見ることもできる。我が国の学齢人口と経済指数の変動を考慮すれば、1980年代をピークとする図5の分布を素直に解釈できるだろう。

学齢人口と減少と経済力の減退が顕著になった2000年前後から、青少年科学館という名称の館が単に科学館へ変更する事例が見られるようになった。科学館の役割が学校教育から生涯教育、社会教育、もっと広くは地域住民への一般的な行政サービス機関へとシフトしつつある現状を象徴している。

また、科学博物館は資料重視を特徴としてきたが、より直接的な市民サービスも求められるようになり、科学館的要素、すなわち教育面を重視した展示や普及活動を取り入れるところが増えてきた。2000年前後に行われた国立科学

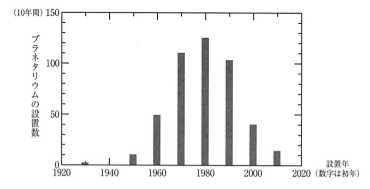

図5　10年ごとのプラネタリウムの設置数合計　ただし最後は2010年から2014年まで。

博物館の改装で地球館が誕生した際、操作型展示や科学遊びが取り入れられた。より広い見学者層を対象とするには、科学館やこども博物館で開発されてきた手法が有効と判断されたのだろうが、実は、ここ20年ほどの間に同様のことがロンドンの国立科学産業博物館やその他海外の館でも行われており、展示手法においては科学博物館と科学館の差が小さくなっている。

（4）資料・標本
a. 資料が決める科学博物館と科学館の特徴

科学技術系博物館の資料を見ると、資料そのものは当然として、収集法、加工、保存法等のいずれにおいても、自然史系博物館や動植物園とはまったく違っている。また、科学博物館と科学館でも資料の特性が大きく異なる。

科学技術系博物館の資料は基本的には人間が作成、考案したものという点で歴史系博物館のそれと似ており、処理法や保存法も似通っている。これが自然界にあるものを扱う自然史系と大きく異なる点である（図6）。

先に述べたように、科学博物館では歴史的価値のある資料を保存することが大きな使命となっているのに対し、科学館では資料や展示品は消耗品であり、保存はあまり重視されていない。たとえば、家電製品などを見ればわかるよう

図6 資料展示の例 原子核研究の黎明期に設置された粒子加速器 原子核研究史に欠かせぬ資料として、これからも保存・展示されるだろう。

図7 操作型展示の例 浮かぶ地球儀 センサーとフィードバックを紹介する目的で作られた。更新時期が迫っている。

に、現状紹介用の実物資料は10年ほど経ると陳腐化し、使用に耐えなくなる。また、操作型あるいは可動式の教育用展示品では日常的に破損、消耗があるため、耐用期間はせいぜい20年間というところである（図7）。こうした資料の特性上、科学館では保存することにならないのである。そして、これが収蔵庫の規模や性格をはじめ、調査研究法の違い、資料の修復・保全法の相違と、両者の活動スタイル全般に影響し、ひいては館の経営、とりわけ資金計画に大きな違いを生むことにつながっていく。

b. 資料の修復、保存

歴史的な資料については歴史博物館における資料と同列なので、その修復や保存技術も同様である。残念ながら、我が国の科学技術系博物館でそれを専門としている学芸員は皆無といえるほどなので、必要が生じた場合には関係業者に依頼するのが通例である。

また、歴史系博物館より金属や化学製品を使用した資料が多いが、これらは、木工品や陶磁器等より劣化が早く、機能を保全したまま保存することは至難の業である（図8）。1990年に購入したパソコンを、いま動かすことを考えれば、その難しさが想像される。そうした資料を保全するための基本方針は、現役で動いていた時に行っていた維持管理作業を継続することである。歴史性に重点を置くと手を加えないことが一番とされているが、特に機械物や電化製品ではそれでは保全できないのでしっかり記録をとりつつ最低限の修復作業を行い、保存を図る。問題はその量と種類の多さに対応しきれないことであろう。我が国ではまだこうした方面の経験が乏しく、今後の研究課題である。高木（2006）の論考を参照していただきたい。

なお、産業遺産・資料については企業博物館や関係者の努力により研究、保存が図られているが（トヨタ産業技術記念館、各地の産業遺産研究会の活動など）、科学研究関係資料になる

図8　霧箱　鉄製なので錆が発生する。

と弱く、課題である。

c．資料の収集

科学博物館では寄贈・寄託・購入、科学館は製作、これが資料収集の基本的スタイルである。科学博物館が収集対象としている科学・技術の発展史資料の多くは、通常、所有者から寄贈・寄託や購入によって収集される。一方、科学館の場合、現在の科学・技術の成果を紹介する資料は同様に寄贈・寄託や購入によって収集されるほか、教育用の展示品は製作するのが一般的で、その典型例をサンフランシスコのエクスプロラトリウムに見ることができる。ここの展示品の中心は物理現象を紹介する操作型展示で、館内の工房で製作し、展覧している。洗練さにやや欠けるところがあるが、それがまた強烈にオリジナリティを主張していて独特の魅力を醸し出しており、館への信頼性を高めることにつながっている（図9、10）。

我が国では展示品を自作できるような態勢ができている館はないといってよく、展示品製作会社に依頼することが多い。しかし、外注するにしても、基本設計・原理設計は学芸員の腕の見せ所であり、頑張りたい。そこには展示品の考案から始まり、素材収集、予備実験、プロトモデルの製作まで含まれる。これは科学館学芸員の格好の研究対象ともなり、そこまでやれば自信を持って解説を書くことができる。

図9　エクスプロラトリウムの工房
展示品を自作し、販売も行う。

科学博物館と科学館の両者で寄贈・寄託が行われているとはいえ、資料の性質が異なることから、寄贈者・寄託者との関係性もかなり違っている。科学博物館の場合、寄贈者・寄託者は提供資料が長年にわた

図10　オリジナリティ溢れる展示品が並んでいるエクスプロラトリウム

り保存されることを期待し、科学博物館側がそれを保証することにより契約が成立するのに対し、科学館の場合、多くが企業の製品や研究・開発機関による研究の産物であり、寄贈者・寄託者は自社あるいは研究機関の社会貢献として見えるような形で展示されることを期待している場合が多い。どちらにしても、学芸員は寄贈者・寄託者との信頼関係を築かなければならず、研究者としての資質と長年の経験や継続性が重要になる。

d. 資料の収蔵

科学博物館の資料が歴史系博物館のそれと同様であることから同列の収蔵法となるが、先にも述べたように、紙・繊維・皮革・木といった素材のものより金属製や工業製品が多いことが資料収蔵に別の難しさを与えている。また、列車や航空機などに代表されるように近年の工業製品や科学機器は大型化、重量化しており、その収蔵は大きな課題である。実物が収集・収蔵困難な場合、製品カタログや設計図面といった2次資料がそれに代わることになるが、今後、これらの重要性が増すであろう。

科学館の場合、展示品は製作、その維持管理は外注、資料は教育普及活動のためのものがあればよい。したがって、収蔵庫は不要、という館が少なくない。しかし、これは大いなる誤解で、余裕のない空間設計は活動全般に大きな足かせとなる。倉庫空間はどの博物館にとっても欠かせない要素である。

収蔵庫の管理は外部からは見えにくいので評価が低くなりがちだが、重要な業務である。欲しい資料がすぐに出てくるよう管理しておくのは容易なことではない。大きさや重量、強度等が不揃いの資料を効率よく収蔵しておくのは意外に難しいものである。

e. 展示法

科学博物館の資料展示は歴史系博物館のそれに倣って行われている。歴史的価値の高い豊富な資料をある目的に沿って系統的に陳列し、その目的を達成するように努めるという点でまったく同様であり、展示資料の保全についても同様だからである。

科学館については教育効果向上のため操作型展示や体験型展示を多用し、解説を重視するという特徴があるので、これに関して記しておきたい。科学現象や工業製品の裏に潜む原理や法則などは見えないので、模型や映像を駆使する

ほか、実験装置のように見学者がある種の操作をし、状態を変化させたり、感覚的にそれを感知したりすることにより展示効果を得るという手法をとる。たとえば、繊維の種類を紹介するのに実際の生地を並べ、手触りの違いを感じてもらうといった方法である。言語情報よりわかりやすいという理由でこうした手法が採用されてきて、今や科学館といえば操作型展示・体験型展示が並んでいるという印象を持たれるほどである。科学館としては、こうして感覚的につかんだ事柄から科学へと導いていきたいのだが、これがなかなか難しい。すぐに教育効果を期待してはいけないようである。

　科学技術系博物館の展示を効果的に見せるにはデザインが重要である。美術品等と比較すればわかるように、資料自体に訴求力が乏しいことが多いので見学者を惹き付ける手段が欲しい。そこでデザインが力を発揮する。これを発展させるとアートと科学の融合となるが、各所でそうした試みも行われている。

　科学館では展示解説が長くなる傾向があることも指摘しておきたい。操作型展示では操作法から始まり、期待される結果、その原理等まで並べるので、名称に若干の解説を付けるという美術系博物館の対極にある。しかし、見学者は解説文を読まずに操作し、どういう現象が起こったかを確認することなく隣の展示へ、という光景が珍しくない。反対に、解説を極端に減らすと、どういう現象が見えるかわからない、答えがなくてけしからん、というお叱りを受ける。短くても長くても満足はないし、年齢層や経験の差まで考慮のうえ、外国語対応も必要となると、どのような解説手段が有効なのだろうか。詳しい解説は電子的手段で、という試みがしばらく続くようである。

　有人解説が効果的なことは明らかである。操作法や原理等を解説してくれたらわかりやすい。その利点はとうに知られていたが、限られた財源のなかではなかなか実現できなかった。しかし、ボランティア活動が普及してきたことにより、ここ数十年の間に徐々に浸透してきた。

(5) 情報化

　資料に関する目録を作成することは学芸員の第一の職務といえるほどで、それは科学技術系博物館においても変わりない。情報化の昨今、それはデジタル化されてネット上で公開されるのが望ましいが、実現されているのは『基礎資

料』の対象博物館 1243 館のうち 18％である。独自のホームページを有している館は 83％だから、ほとんどの館では展示品や収蔵資料をネット上で公開しているものの、見学の手引きレベルにとどまっているのが現状のようである。

したがって、全国を横断的に網羅したような資料データベースとなると数は少なく、国立科学博物館・産業技術史資料情報センターのデータベース Hit-Net（http://sts.kahaku.go.jp/sts/）くらいしか見当たらない。これは主に産業界の各種団体や企業が有している資料のデータを集積したもので、非常に有用である。博物館からの提供はまだ少なく、今後の充実化が期待される。

科学機器や科学情報に関する全国規模のデータベース構築の試みもなされているが、まだ基礎データ収集の段階であり、公開には至っていない。ここには主に研究機関や大学、科学・技術博物館が所蔵している資料のデータが集積されるはずである。こうした機関では業務の性格上、機器や装置を保存するモチベーションが働きにくく、廃棄されてきたのは誠に残念なことだった。また、実験・観測データやノートの類は研究者個人に帰する風潮があり、ようやく最近になって公開されるようになった。なおいっそうの進展を期待したい。

なお、科学史・技術史の文献については日本科学史学会のデータベース（http://hist-scient.com/wordpress/）がある。これは巨大なリンク集のようなもので、直接、個々の論文等を閲覧できるサービスではないが、調査・研究の進展を概観するうえでありがたい。

（6）危機管理

自然災害や火災、あるいは戦災等により館が甚大な損傷を被り、事業の存続が難しくなる場合がある。2011 年の東日本大震災で陸前高田市立博物館が被災したことが思い起こされる（鈴木 2011）。90 年前の関東大震災（1923 年）では国立科学博物館の前身である東京博物館が壊滅したため、東京帝室博物館（現、国立博物館）の自然系部門から関係資料を移管して新たに東京科学博物館として再生し、自然史を中心とした現在の活動スタイルが生まれた。被災によって館の性格が変わった例である。太平洋戦争での被災もあった。こうしたリスクを回避するのは難しいとしても、地下を避ける、収蔵庫を分散させる、展示場と調査・研究棟を分離するといったリスク分散は考えるべきであろう。

池上（2017）が 2016 年 4 月の熊本地震における御船町恐竜博物館の事例を報告していて、まず見学者の被災がなかったこと、そして建物が地域社会の災害対応に転用されたことをあげている。災害時、学芸員が最初に考えるのは見学者の安全であり、公共博物館では地域住民の安寧である。なお、御船町恐竜博物館では免振機構を備えた可動棚（収蔵庫）や、粘着ゴムによる小型展示品の固定化が効果的であった。地震への対応法にはさらに研究の余地があるとはいえ、確実に前進していると感じられた。

　自然災害や戦災等により甚大な損傷を受けた場合、地域全体が被災していることから、その復興が難しいことがある。太平洋戦争末期、空襲により壊滅的な破壊を受けた大阪市の中心部にあった大阪市立電気科学館は建物を一部損傷しただけで奇跡的に残ったものの、市当局は市民生活の復旧を第一にせざるを得ず、電気科学館の復旧は遅れることになった。

　なお、災害時への対応では、2004 年 5 月、アメリカ自然史博物館で開催されたシンポジウム「ミュージアム SOS：緊急時への対応と救出の戦略づくり」の発表原稿が有用である（http://museum-sos.org/htm/index.html、安井 2011）。また、ICOM（国際博物館会議）も同様のページを持っているので参照されたい（http://archives.icom.museum/disaster_relief/）。

　万が一、廃館となると資料の扱いが難しい問題として出てくる。同種他館に譲渡できればよいが、寄贈・寄託資料では種々の条件が付いていることがあり、難しい場合がある。岡山市の林原自然科学博物館のケースでは、経営母体が会社更生法適用を申請したことから、全国科学博物館協議会は、2011（平成 23）年 2 月、標本や研究成果が散逸することなく継承されるよう異例ともいえる声明を出した。これが功を奏したのか、関係者の努力により、神奈川県立生命の星・地球博物館や岡山理科大学等へ資料が受け継がれたのは幸いであった。廃館まで至らずとも、運営母体による運営方針の転換や指定管理者制度の導入による日常管理者の交代時にも類似の問題が発生している。この点、科学館では資料・展示品の多くが自前の製作物であるから、科学博物館より対処しやすいかもしれない。

　危機管理や経費削減のため、経営情報を含めた博物館のデジタル・データをクラウド・システムに載せる例が増えてきた。特にアメリカではかなり普及し

てきたようだが、我が国ではまだ少ない。これからの検討課題となるだろう。

(7) 館園組織

ここでは館の運営を支える内外の組織について見てみよう。

館長の下に学芸組織、事務組織を置くという一般的形態は科学技術系博物館にも当てはまる。これまでの地方自治体の直営館では事務組織は自治体の事務系職員、学芸組織は館で採用された職員と二分されるケースが多く、これが運営の硬直化を招いていたことがあった。展示活動を例にとると、これは博物館の看板事業であり、最も大切な業務である。展示活動は資料の陳列や展示品の製作にとどまらず、建物の維持管理や展示場の案内業務、宣伝戦略など多岐に関係するので、これらを一元的な指揮下に置かないと円滑な運営は望めない。従来は往々にして、陳列・展示は学芸組織、案内業務は事務組織などと指揮系統を分けていて、種々の弊害が生じることがあった。近年、第3セクターや指定管理者に運営が委ねられるようになり、この垣根は低くなったようである。

要員にはおのずと限界があるので、さまざまな場面で館外の力を借りなければならない。資料・標本の修復、印刷物の制作からネット情報提供を含むPR活動、資料の運送、建物・設備の維持管理、清掃業務等と多くの場面で館外のサポートを必要としている。展示場のデザインや制作ではそれを扱う展示業者があり、科学博物館・科学館で彼らの力を借りていないところはないだろう。大規模な改装等では展示業者と館の間にコンサルタントを入れるのが賢明である。コンサルタントは短期間に大量に発生する業務を館の立場に立ってサポートしてくれる。最近では、こうした業種に学芸員資格を有している人たちがいて、大いに力になる。また、展示品には一品物が多いので、その維持管理や補修では工作技術に加え、個々の展示品の特性をつかむことが必要で、それができるよう業者を育てることも考えねばならない。展示の案内業務ではボランティアが活躍する館が増えてきているが、その運営はなかなかの大仕事である。

(8) 教育的・社会的役割

『基礎資料』によれば、2010（平成22）年度の全博物館への入場者は延べ1億

2283万人だった。そのうち科学博物館には1449万人で、12％を占めている。館数では8.2％、職員数は11.1％だから多種館に比べ1館あたりの入場者はやや多く、その分、多めに職員を配置している、と見ることができる。

　このように比較的多くの入場者があるのは、学齢期の子どもたちを対象としていることが手伝っている。特に科学館では学校教育の支援を目的に設置されたところが多いので当然としても、科学博物館も学校利用には力を入れており、学年に応じた教育プログラムを用意している。学校側とすると長時間を費やして博物館学習に臨むのであるから、それに対する教育効果が欲しいと思うのは当然で、科学技術系博物館には大きな理科室としての機能と効果が期待されている。学齢期の人口減少により、これが生涯教育にシフトしつつある現状は先に述べた通りで、今後、学校のみならず、地域の科学学習施設としての役割が大きくなっていくものと思われる。

　科学技術系博物館のなかには博覧会で設置され、後に恒久施設として残された歴史を持つ館がある（富山市博物館、富山市天文台など）。1950年代から1960年代に戦後復興を看板に、各地で博覧会が盛んに開催されたことがあった。また観光を主目的に設置された博物館もある（明石市立天文科学館など）。近年、釜石の製鉄所、富岡製糸場、岩見銀山遺跡などがユネスコの世界文化遺産に登録されて観光に貢献しているが、そこでは産業遺産が大きな役割を果たしている。地域の文化施設として、また生涯学習施設としての役割の他に地域振興へ貢献している例といえる。

　公立、私立を問わず、大半の館で児童・学生、老齢者、障碍者等への優遇措置が講じられている。集客効果への期待というより社会貢献活動ととらえるべきであろう。大学とタイアップし、学生を優遇する制度がこの10年ほどの間に徐々に浸透し、都市部では一定の効果が見られるようになった。双方にメリットのある方式である。

　友の会活動について見ると、自然史系に比べ、科学技術系博物館ではやや難しいようである。自然史系では研究対象が自然界そのもので、目に見え、手にすることができるのに対し、科学技術系博物館のそれはやや抽象的であり、親しみにくいことは否めない。科学・技術を市民が楽しむような文化を醸成するためには、展示や通常の普及教育活動に加え、友の会活動が重要である。生涯

学習の実践としても、市民がその博物館を支えているという当事者意識を抱いてもらうためにも、友の会活動をもっと広げたいものである。

　最後に科学技術系博物館に関する全国組織を紹介しておきたい。まず国立科学博物館を中心とした全国科学博物館協議会（略称・全科協）があり、科学未来館の発足に伴って新たに同館を中心とした全国科学館連携協議会（略称・連携協）ができた。現在、ともに活発な活動を行っている。

参考文献
池上直樹　2017『全科協ニュース』47-2、全国科学博物館協議会。
大阪科学振興協会　2008『日本の科学館は大阪から』。
加藤賢一　2005『大阪市立科学館研究報告』15。
国立教育政策研究所社会教育実践研究センター　2016『平成27年度博物館に関する基礎資料』。
杉長敬治　2015『日本の博物館総合調査研究平成25〜27年度：平成26年度報告書』篠原徹編（http://www.museum-census.jp/）。
鈴木まほろ　2011『全科協ニュース』41-5、全国科学博物館協議会。
日本博物館協会　2002『全国博物館園職員録』（平成14年）。
日本博物館協会　2010『全国博物館園職員録』（平成22年）。
高木博彦　2006『千葉県立現代産業科学館研究報告』12。
安井　亮　2011『全科協ニュース』41-5、全国科学博物館協議会。

（加藤賢一）

コラム①

博物館で星空を見る

（1）天文博物館・宇宙博物館

　科学館（科学博物館）には、天文や宇宙に関する展示物を中心とした天文博物館または宇宙博物館（宇宙センター）と呼ばれるものがある。日本に科学館（科学博物館）は全国に多く存在するが、館名に天文や宇宙の文字が入ったものは多くはない。日本の登録博物館・博物館相当施設に、館名に天文が入ったものとしては、葛飾区郷土と天文の博物館がある。博物館類似施設としては、岡山天文博物館、筑波宇宙センターなどがあげられる。

　"天文"と"宇宙"の用語には若干の使い分けがあり、それに応じて展示物も異なりうる。学問を例にすると、天文学は近づくことができない宇宙に存在する天体を観測によって明らかにする学問である。一方、宇宙科学はロケットや飛翔体によって、宇宙空間に飛び出して調査を行う学問である。日本の研究組織として、前者は国立天文台、後者は宇宙航空研究開発機構 JAXA が主体である。

　天文や宇宙に関する博物館の代表的な展示物としては、歴史的な価値の高い資料として、文献（暦、古書）、絵画（曼荼羅、天球図、星図）、装置（望遠鏡、天球儀・渾天儀、四分儀）、試料（隕石、月の石など）があげられる。海外の博物館に所蔵されているガリレオ望遠鏡（イタリアのフローレンス科学史研究博物館所蔵）やニュートン望遠鏡（イギリスの大英博物館所蔵）においてはレプリカが作成されており、国立科学博物館などで展示されている。その他の展示物としては、太陽系、天体、宇宙、観測装置・機器などが、写真や模型を用いて解説されることが多い。現代の望遠鏡とその装置やロケット・宇宙探査機などの模型や実物も展示される。こういった科学館にはプラネタリウムや小規模な天文台が伴うことも多い。

　現在、科学研究に用いられている観測装置は、未来の科学の発展へとつながる科学成果をもたらしたものとなりうる。このような装置のうち、どれをどのようにして科学博物館へと移管し、展示物へと活用していくかは今後の課題である。

　国内のいくつかの天文博物館・宇宙博物館に見られる特徴をまとめてみよう。

岡山天文博物館（岡山県浅口市）

　岡山天文博物館は、隣接する東京大学附属東京天文台岡山天体物理観測所（現在は国立天文台岡山天体物理観測所）の開所（1960 年 10 月）に合わせて 1960 年 11 月から営業を開始した。岡山天体物理観測所にある 188 cm 望遠鏡の模型、天体現象

に関する解説などが展示されている。1990年にはプラネタリウムが設置され、科学館としての趣向が強まった。2015年には国立天文台岡山天体物理観測所の敷地に、京都大学の3.8m望遠鏡の架台が搬入され、本格的に新しい望遠鏡の建設が始まった。岡山天文博物館では、これに関する展示も取り組まれている。

筑波宇宙センター（茨城県つくば市）

筑波宇宙センターは、宇宙開発事業団（現在はJAXAが事業を引き継いでいる）が1972年に開設した。当施設では宇宙開発やそれに関する運営が行われている。2010年7月に展示館「スペースドーム」が設置され、日本の宇宙開発の歴史を追うことができる衛星やロケット・探査機の実物大模型などが多く展示されている。2015年6月に国際宇宙ステーション「きぼう」の実物大モデルが新しくなった。広場にはH-Ⅱロケットの実機も展示されている。

天体望遠鏡博物館（香川県さぬき市）

天体望遠鏡博物館は、2017年3月にオープンした全国初の望遠鏡の博物館である。村山昇作氏らが主導する天体望遠鏡を文化遺産として残し活用していくボランティア活動に対して、多くの天体望遠鏡が寄贈された。博物館は小学校の校舎が再利用され、歴史的発見に関わった実物の望遠鏡や数多くの日本で販売された望遠鏡などが数多く展示されており、日本の望遠鏡の歴史を知ることができる。運営はボランティアベースである。

（2）プラネタリウム館

日本の科学館の特徴として、ドームに星空を投影するプラネタリウムを備えたものが多いことがあげられる。科学館の機能を最小限とし、展示施設をプラネタリウムに限った施設や建物をプラネタリウム館と呼ぶことがある。日本ではプラネタリウムを備える科学館やプラネタリウム館の数は300を超え、アメリカについでプラネタリウムの数は多い。2006年には日本プラネタリウム協議会が発足しており、プラネタリウム施設・団体・個人の交流と連携がされている。

日本で近代的な光学投影機器を備えたプラネタリウムは、戦前の1937年に大阪に大阪市立電気科学館（現在は大阪市立科学館）が導入され、その翌年には、東京に東日天文館（毎日天文館）が導入された。プラネタリウムは、恒星、惑星、太陽と月の動きを半球上のスクリーンに再現する。日中に夜空や惑星などの天体の動きを再現することから、小学生の理科教育に用いられることも多い。

『プラネタリウムデータブック2015』（日本プラネタリウム協議会）によると、プラネタリウムの設置は1970年代にピークを迎え、その後の25年間は継続的に新規設置されていく。これまでに作られたプラネタリウムのうち、1980年代までに5割、1990年代までにおよそ9割の施設が設置された。21世紀になってからは新規

設置のペースは、ピークの約1/4まで落ち込んでいる。

1970年代に導入されたプラネタリウムは導入されてから30～40年経過しており、機械の老朽化が見られる。このため、近年は、プラネタリウムの投影機がリプレースされたり、改修されたりなど、リニューアルされる施設が目立ってきた。投影機器の進歩も見られ、プロジェクターの機能も備えたハイブリッド型のプラネタリウムが主流になりつつある。全天周映像投影システム（全周プロジェクションシステム）によって、エンターテイメント性が増したプラネタリウムも増え、天文や宇宙とは無関係の科学教育番組も投影されることがある。現在（2017年3月）、導入されたプラネタリウム機器において稼働期間が最も長いのは明石市市立天文科学館のプラネタリウムである。1960年から稼働しており、世界第5位の稼働期間となっている。

図1 筑波宇宙センター H-Ⅱロケットの実物展示

図2 天体望遠鏡博物館 大望遠鏡展示棟（香川県さぬき市）

プラネタリウムを有する施設の多くは公立であり、設置は県（17％）及び市町村（75％）が多い。運営は市区町村が主体であったり、法人・民間企業が主体であったりする。2003年に指定管理者制度が始まったのを機に運営が民間に委託されることも多くなった。『プラネタリウムデータブック2015』によると、178施設の調査では、74施設（41.6％）が指定管理者制度を利用している。『全国プラネタリウムガイド』（2015年）によると、プラネタリウムの数は関東地方が最も多く、ついで中部地方、近畿地方である。

日本で2番目の近代的なプラネタリウム館である東日天文館（毎日天文館）は東京大空襲で焼失している。戦後は、1957年に天文博物館五島プラネタリウムが開館した（日本で3番目）。このプラネタリウムは2001年3月に閉館したが、プラネタリウムの機械は渋谷区文化総合センター大和田に展示されている。

(3) 公開天文台

日本の科学館には、体験型の施設として望遠鏡を備えた館が多く見られる。日中の科学展示として太陽望遠鏡を設置し、画像を投影することで黒点のライブ中継が行われていることもある。また、夜間の観測が可能な小規模な天文台を備えたものも見られる。こういった望遠鏡は、定期的な観望会や、月食など不定期な天文イベントで活用されたりする。

図3　大阪市立科学館　日本最初のプラネタリウム

一方、施設としては天文台を主として、一般向けに夜間に公開しているものも多くあり、これを公開天文台という。2005年7月には日本公開天文台協会が発足し、国内の公開天文台の情報が集約された。『公開天文台白書2006』（日本公開天文台協会）によると、297もの施設がリストアップされている。

国内には1mを超える望遠鏡を備えた公開天文台も複数存在する。それらのいくつかを紹介してみよう。

美星天文台（岡山県小田郡美星町、現在は岡山県井原市美星町）
1993年完成。101 cmの反射望遠鏡を備える公開天文台である。

群馬県立ぐんま天文台（群馬県吾妻郡高山町）
1999年オープン。150 cmの反射望遠鏡を備える公開天文台である。

兵庫県立大学西はりま天文台（兵庫県佐用郡佐用町）
1990年に公開天文台として開所した。2004年に口径2mのなゆた望遠鏡のファーストライトがあり、世界最大の公開天文台となった。2012年4月に兵庫県立大学に移管された。

参考文献
朝日ビジュアルシリーズ　2012『世界の天文・宇宙博物館』朝日新聞出版。
谷口義明監修　2013「第18章 天文学の普及と教育」『新天文学辞典』講談社。
日本公開天文台協会　2007『公開天文台白書2006』。
日本プラネタリウム協議会　2015『全国プラネタリウムガイド』恒星社厚生閣。
日本プラネタリウム協議会　2015『プラネタリウムデータブック2015』。

（福田尚也）

第Ⅱ部

人文科学と博物館

1 歴史と博物館

　日本の博物館の多くは公立歴史系博物館（本章で「博物館」という場合、特記がない限り、登録博物館・博物館相当施設・博物館類似施設を包括的に指す）が占める。本章では歴史系博物館のなかでも公立館の話題を中心に述べる。なお日本の歴史系博物館は歴史・美術工芸・考古・民俗分野が明確に分化せず複合的な構成をとることも多い。そのため分野横断的な話題も若干触れる。

（1）館園史

　日本国内の歴史系博物館ならびにその系譜となる施設の歴史について、以下述べる。

　古代以来、寺社などでは、古文書・古記録、美術工芸品といった、現在の歴史系博物館が取り扱い対象とする、かつ信仰対象以外の資料が収蔵されていた。8世紀成立の東大寺正倉院が有名である。中世には領主層の住宅内における輸入美術工芸品（唐物）などの効果的ディスプレイ技術が発達する。ただしこれら事例は機関としての常時公開ではなく、利用者も限られている。江戸時代には寺院開帳など、信仰・娯楽・収益的動機による人文系資料の公開機会があった。常設ではないが、鑑賞主体が大衆にも開かれた。

　王政復古を経て、ウィーン万博出品資料の国内展覧のため1872年に日本初の「博覧会」が文部省博物館（湯島聖堂）で開かれた。日本の近代的博物館の嚆矢である。「古器旧物保存」思想の普及を目的とし、豊臣秀吉の書、名古屋城の金のシャチホコ、「漢委奴国王」金印など、人文・歴史系資料が展示の多くを占めた。終了後には収集資料の一部が恒久的公開に供された。常設展示の始まりという。その後身として、1900年、帝室博物館官制の公布に伴い、東京帝室博物館（東京国立博物館の前身）などが成立する。帝室博物館の目的は歴史資料・美術工芸品等の収集・展示・研究とされた。明治初期の各種展覧会の

もう一つの軸だった物産展的要素が解消し、殖産興業政策から分離する。

戦後、歴史系博物館の設立が増える。契機の一つが1960〜70年代の公立博物館設置ブームである。明治または置県100周年を記念したものが多く、場合によっては首長の政治的業績を表現するものとして設置された。このころ活発化した自治体史編纂や、1975年の文化財保護法改正による地方自治体での発掘調査担当職員の配置に伴う、資料収蔵・職員配属先として求められた、という事情もあった。その点で住民需要より行政需要が先行した面がある。

さて博物館法は文化財保護法の適用を受ける文化財の活用への貢献を博物館へ求めている（第3条第8号）。また文化財保護法が定義する有形文化財・有形の民俗文化財（第2条、第78条）は、歴史系博物館の収蔵・展示資料とおおまかには重なる。近代以降の日本の歴史系博物館の歴史は文化財保護法規の歴史と深く関わる。以下概略を示す。

近代的文化財保護法規の先駆が、1871年の古器旧物の保存方の布告である。歴史・文化の考証に必要な古器旧物（美術工芸品など）が廃仏毀釈等により遺失が進んでいるので保全する、すなわち歴史など人文学研究のため資料を保存する、という趣旨である。

1897年、古社寺保存法が定められた。社寺の「宝物」や建造物の保存を目的とする。保存修理のための保存金下付、重要なものを国宝（いわゆる旧国宝）・特別保護建造物の資格ありとすること、社寺の管理義務、官立・公立博物館での公開義務などを定めた。事実上の指定物件概念の登場であり、保存に加え活用も促されている点が目を引く。

1929年、国宝保存法が定められた。社寺蔵のものだけでなく国有・公有・私有のものすべてが指定対象となった。旧大名家などの所蔵資料を想定している。1933年には重要美術品等ノ保存ニ関スル法律（現在も有効）が定められた。国宝以外の美術品（特に個人所有）を「重要美術品」に認定した。これら法は指定・認定物件の輸出・移出等にかかる文部大臣許可制を定めている。海外流出抑止を想定している。

戦後、1950年に文化財保護法が定められた。現行の文化財保護制度の始まりである。保存だけでなく活用も図るため「保護」の語が法の名称に採用された。民俗資料や埋蔵・無形文化財等へも対象が拡大した。

（2）館園の現在

　歴史系博物館は日本の博物館の多数を占める。2011 年の社会教育調査によると、日本の博物館全 5,747 館（登録博物館 913、博物館相当施設 349、博物館類似施設 4,485）のうち「歴史博物館」が 3,317 館（登録 326、相当 122、類似 2,869）で、約 58％である。なお全館のうち公立が 4,246 館（登録 567、相当 157、類似 3,522）で約 74％であり、公立館のうち「歴史博物館」は 2,704 館（登録 230、相当 51、類似 2,423）で約 64％である。類似施設が多いが、類似施設でも「博物館法の精神に則り設置する」旨を設置条例で定めるものは多い。登録・相当・類似を問わず、公益のためにいかに事業を実施するか、が重要だろう。

a. 指定管理者制度

　歴史系博物館の多くを占める公立博物館の運営で近年問題になったのが指定管理者制度の導入（2003 年）である。当該制度は建前では経費削減と市民サービス向上を目的とし、現実には前者とくに人件費削減の方法としての運用の側面に傾斜している。

　当該制度はそもそも博物館を念頭に置いたものではない。そのこともあって、歴史系博物館への適用に際しさまざまな問題が浮上した。まず、当該制度に基づく有期管理では長期的視野による活動は難しく、地域の歴史系資料の恒久的保存を目的の一つとする公立歴史系博物館に不適とされる。資料保存やその他博物館事業のための所蔵者や地域住民との信頼関係の構築は短期には難しい。博物館法は博物館と地域住民との連携・協力を促している（第 9 条の 2）が、その法の理念と当該制度とは矛盾する。また歴史系博物館には限らないが、研究・展覧会等のための事業継続性の担保と有期管理との矛盾もある。

　加えて、当該制度に伴う数値目標設定との関連で、入館者数増やそのためのイベント重視の運営（展覧会の過剰開催や、調査研究を伴わない、場合によっては博物館事業と関係ないイベントの乱発など）に傾斜し、その結果資料の劣化を促し、普及活動が陳腐化することが懸念された。数値目標すなわち定量的結果は、ともすればその定性的内実、すなわち公共性や利用者需要の充足への等閑視を生みかねない、とも懸念された。現員の士気の低下、経験の浅い職員へのノウハウ継承の困難、非正規雇用の拡大に伴う意欲ある有能な人材の確保

の困難といった、学芸員の質的低下も危惧された。そもそも、制度導入の目的とされた課題群は地方自治体直営で不可能なのか、という疑問も呈された。これら状況を背景に制度導入そのものの適否がかつて議論された。

　一方近年の議論は、指定管理者制度による運営という与件下でいかに有益な運営をするか、という点に移行しているように見える。2011年の社会教育調査によれば、公立4,246館（先述）のうち指定管理者制度を導入したものは1,211館で約29%を占め、珍しくなくなった。民間企業の参入について、利益重視による公共性の等閑視がかつて懸念されていたが、それがそもそも偏見である、との観もある。指定管理業務で利益を出すことはそもそも難しく、利益が出ないため撤退すればその企業の信用が失われるので結果的に長期運営を志向する、という、歴史系博物館の指定管理者になった企業の言明もある。また2013年のデータでは、当該制度を導入した館のうち全業務を民間企業・第三セクター・NPO法人が行うものは約16%程度、公益法人・非営利法人等が約53%であり、前者は少数派である。民間ノウハウの導入によるサービス向上という当初の目的が、管理主体が変わらなかったので達成されず、むしろ指定管理者を導入すること自体が目的化し、自己点検の名の下に結果的有効性のみを吹聴する「お役所仕事」に帰結した、との話もある。

　b．評価

　歴史系博物館に限らないが、博物館法が示す利用対価不徴収原則（第23条）の精神に則れば、貨幣単位で定量化された損益計算書的評価ではなく、公益への貢献如何が問われなければならない。入館者数が基準の一つかもしれないが、それに偏重した評価への批判もある。

　では定量化困難な、博物館事業の定性的価値をどう評価するか。たとえば日本博物館協会が開発した、詳細な項目を持つ自己点検システム（https://www.j-muse.or.jp/jikotenken/t2/index.html）が参考になる。筆者個人としては、「入館料等の分だけ楽しめた」と利用者に思ってもらえるか、というシンプルな答案を持っている。加えて、博物館自身もその定性的価値、すなわち公共性・社会的役割（本章(8)で再論）を語り続ける必要がある。これは、特に公立館の場合、運営の多くを税金に依存するため、納税者への説明責任という観点からも求められる態度である。

（3）役割

　教育的・社会的役割については後述するので、ここでは歴史系博物館の現在の役割論に至る経緯の概要を示す。

　戦後、公立歴史系博物館の多く設置されたが、教科書的・年表的通史の単なるダイジェストで、どこも似た展示である、としばしば揶揄された（本章（4）で再論）。地域性が必ずしも語られず、地域での役割を博物館自身が必ずしも自覚せずに事業を実施する、という状況が見られることもあった。

　対して近年は、地域への成果還元が自覚的に実践されるようになっている。具体的には、地域の歴史資料の保管と次世代への継承、地域史研究とその成果の公開、展示以外の教育普及活動などが活発化した。また近年は、地域との連携・地域住民との交流・地域への貢献を主要事業として強調する館が目立つ（本章（8）で再論）。以上のように、生涯学習や地域振興（観光も含む）などの拠点としての多様な機能が博物館に対し求められる傾向にある。

　求められる機能に対し、予算とエネルギーをどのように配分するかは各館で異なる。従来から注力されてきた展示事業、近年充実している教育普及事業に対し、調査研究・資料収集事業への配分は十分でない、というのが歴史系博物館の一般的な現状である。いずれにせよ、資料に即した調査研究に基づき利用者の知的好奇心を刺激するコンテンツの提供があってほしい。

（4）資料・標本

　ここでは歴史系博物館で主に取り扱い対象とする可動文化財を想定して述べる。具体的には、たとえば文化財保護法（第2条）の表現を参考にすれば、絵画、彫刻、工芸品、書跡・典籍、古文書（古記録含む）、考古資料（土器、石器、木器、金属器など埋蔵文化財）、その他の歴史資料、民俗資料（いわゆる民具）、などが対象である。

a. 収集・伝来

　資料収集方法の分類に、たとえば寄贈・寄託・借入・購入・採集・発掘・交換・製作というものがある。歴史系博物館では寄贈・寄託・購入が目立つ。調査で発見された新資料（たとえば旧家の蔵には未発見の古文書がしばしばある）や、展示に伴う一時借入資料が、そのまま寄贈・寄託につながることがあ

る。購入については、たとえば古書店目録や入札会を通じて古文書が取得されることがある。一方で、よく知られるように資料購入予算ゼロの館も多く、2012年度のデータでは公立博物館の約60％がそれに該当するという。

　資料伝来の特徴としては、たとえば古文書であれば家・共同体（特に地縁共同体—近世村）・機関（寺社など）別伝来が多い。収蔵・管理にあたっては、出所原則（出所別に整理）、原秩序尊重原則（出所での配列などの維持。またその記録）、原形保存原則（折り方や包み方などの維持）がいわれる。加えて、現地保存原則が近年強調されている。中央部の研究機関による集中への反省が背景にある。その達成のためにも公立歴史博物館の役割は重要である。

b. 法・倫理

　歴史系博物館での資料取り扱いの実務面に関する法規類の例につき、以下列挙する。重要文化財の所在変更に関する届出制（文化財保護法第34条）、指定文化財の現状変更または保存に及ぼす行為（修理等）の文化庁長官許可制（同第43条）、重要文化財・重要美術品の輸出（展覧会への出品など一時的なものも含む）の文化庁長官許可制（同第44条）、重要文化財の所有者等以外の者による公開の文化庁長官許可制（同第53条、「重要文化財の所有者及び管理団体以外の者による公開の許可に係る基準について」（1996年）等）、刀剣・銃砲の収蔵の許可・展示に関する規定（銃砲刀剣類所持等取締法＝銃刀法第4条）。

　画像撮影やその使用については、権利者の許可や資料保存の観点からの制約が必要という留保付きだが、解放が進んでいるケースもある。近年の某ゲームの流行を背景に、ある刀剣・武具系の展覧会で所蔵者の許可のもと来館者による撮影を許可したところ、SNSなどで公開されたことで広報に貢献した、という例がある。

　博物館の諸事業に際し、法による規制がなくとも、地域住民の感情に配慮することが望ましい。たとえば寺社所蔵資料の展示に際し、宗教法人たる寺社の許可は当然として、檀家・氏子など地域の信仰主体への配慮があるとよい。ただし仏像等の宗教系資料の取り扱いに際し、信仰対象であることに配慮すべき一方で、国公立館では政教分離との兼ね合いにも留意しなければならない。

c. 展示

　歴史系博物館の展示は、資料の歴史的意義を説示するスタイルをとることが

多い。展示を通じて歴史学そのものの意義を伝えるというメタ機能もある。

　かつての公立歴史系博物館の展示は、教科書的通史の単なるダイジェストであることが問題とされることがあった（本章（3）参照）。対して近年は、博物館が立地する地域の特殊性を重視した展示が目立つ。一つの博物館でその地域の全時代・全分野の歴史を表現することは収蔵資料に限りがある以上、そもそも不可能である。資料の伝来には制限があり、伝来の特性こそが地域性であること、そしてその資料からわかる当該地域の歴史・文化・環境の特徴を表現することがむしろ重要だろう。研究の現状では未解明のこともあると言明することも、歴史学とはどういうものなのかというメタ情報を提供する点で有効である。

　古文書の展示は難しい、魅力的になりにくい、としばしばいわれる。しかしながら、小学生が古文書を見た際、名前の部分はある程度読めたので、十分に興味を惹いた、という報告もある。「くずし字は難解」という学芸員側の思い込みを反省すべき段階に来ている。

　キャプションの表現は中学生がわかる程度が望ましい、と一般にいう。とはいえ一般市民にとって中学日本史の教科書の情報量は多い。小学校高学年の教科書程度がよい、との提言に筆者は賛成する。「こども向け」コンテンツが、大人にも理解しやすいので好評、という話はよく聞く。

　歴史系博物館に限らないが、ハンズオンがよく試みられている。甲冑の着用や土器の復元など、結果的に娯楽性だけが強くなりがちだが、教育意図を博物館側が明確に自覚しておく必要がある。

　大学生が平成生まれである現在、20世紀・戦後は、もはや歴史である。教科書でいう「現代」に関する資料も、歴史系博物館の研究・収集の対象になりつつある。関連して、戦後生活文化の復元展示が21世紀に入る頃から流行した。単なる懐古趣味に終わる例もしばしば見られ、また美化するのみで負の側面を捨象しがち、という問題があった。高齢者と若年層とのコミュニケーションの媒介的活用や回想法のツールという福祉的活用を語る向きもあるが、その展示を見て懐古できる世代が消滅した後どう活用できるか、という問題がある。

d. 資料保存・修理

　資料保存の目的は活用にある。国民共有の財産たる文化財の鑑賞価値を次世

代へ可能な限り継承することが博物館の責務である。この論理は公立歴史系博物館の場合、先述したように、運営の多くを税金に依存する点からも正当化される。ただし活用は劣化を促す要因でもあり、保存という目的と矛盾する。この二律背反をどう調整するかが学芸員の業務であり、その点で責任は重い。

　資料保存の方法について以下述べる。かつては臭化メチル・酸化エチレン製剤による燻蒸を定期的に行い虫・カビを一斉処理すればよしとする「エキボン（前記製剤の商品名）信仰」とも呼ぶべき傾向があった。2005年の臭化メチル使用禁止に伴い、事後対応ではなく予防的保存、すなわち劣化要因を管理することで経年劣化以外を排除する、という態度が近年は奨められている。歴史系博物館が対象とする資料の材質は無機物・有機物ともにあるが、紙や木など有機物材質は概して環境の影響に弱いことも背景にある。

　その文脈で、人文系博物館の資料保存で近年推奨されているのがIPM（Integrated Pest Management、総合的有害生物管理）である。温湿度管理と生物被害（虫・カビなど）の侵入遮断に重点が置かれる、被害予防のための環境維持の概念である。文化庁『文化財の生物被害防止に関する日常管理の手引』（2001年）が簡にして要を得ている。また、温湿度や光による資料へのストレスを制約することを主眼に置いた展示実務の文化庁によるガイドラインに「国宝・重要文化財の公開に関する取扱要項」（1996年）がある。

　先にも述べたが歴史系博物館で扱う資料の材質は多様である。同一保存環境での画一的管理を避け、材質に応じて保存環境を整備することが理想である。たとえば収蔵庫は、相対的に乾燥（金属系資料用）・相対的に湿潤（木・紙系資料など用）の少なくとも二つがあると理想とされる。しかし予算等の制約により現実には難しい。だからこそこまめな日常管理が必要である。

　次に資料の修理について。前提として、歴史系博物館で扱う資料は塵埃やカビ等による汚染が進行するなど、もともと劣化が進んでいるものが多い。また日本の有機物系文化財はおおむね100〜200年周期での修理を必須とする。そのことに関する先人の努力、すなわち破棄の選択を棄却し、継続的に保存管理・修理を行ってきたという、長期維持・次世代への継承の意志の結果として資料が現前していることを我々は認識すべきである。

　修理にあたっては資料の鑑賞価値を変えず物理的にストレスを与えない方法

が求められる。守るべきが、現状維持の原則（オリジナルの部分を変えない、新たなものを追加しない）、再修理可能性担保の原則（たとえば古文書の接着剤は古糊を使う。合成接着剤の場合、リムーバとなる溶剤が資料を傷つける恐れがある）である。

　修理に関する伝統的技術者が減っている。資料を保存することそのものもさることながら、保存・修理技術の継承や修理した際の技術情報の継承も課題である。その点で資料の複製は、ハンズオン等での利用だけでなく、製作技術の情報を得る点でも重要な意味を持つ。

（5）情報化

　歴史系博物館に限らないが、公立博物館の運営は税金に多くを依存するという点で、その成果に関する情報は公開されなければならない（博物館法第9条の2にも博物館による情報提供の努力規定がある）。ただし制約もある。たとえば地域伝来の古文書には、生存する子孫を容易に特定可能な個人の思想信条、財産、職業、犯罪歴、被差別部落への帰属等に関する情報をしばしば含む。歴史系博物館における取り扱い・公開には配慮が必要である。なお博物館を直接の対象とするものではないが、（積極的な文書活用を趣旨とする）公文書管理法でさえ、特定歴史公文書等（後世に残すべき歴史資料として重要な公文書その他の文書のうち国立公文書館等に移管・寄贈・寄託されたもの）のうち、個人に関する情報が記載されているものの利用を制限している（第16条）。

　目録・データベース作成上、特徴的な記載ルールや項目が存在する。他種の博物館とも共通するところとしては、名称、法量、出自地（たとえば古文書―家分け）などがあげられよう。一次・二次資料の分別に関しては境界的な事例がしばしばある。たとえば静止画・動画は一般には二次資料とされるが、歴史現象の記録画像やメディア史上の意義があるものは一次資料と評価されうる。

　歴史系博物館では当然のことながら資料成立の時代（歴史的時点）の明示が重視される。伝来に関する情報もまた重要である。たとえばある古文書の伝来経緯・状態（特別な櫃に入れて蔵で継承したのか否か）は、その叙述内容だけではわからない、古文書そのものにまつわる歴史情報を提供する。

人文系博物館資料の目録等作成の情報構造化モデルにミュージアム資料情報構造化モデル（東京国立博物館）がある。歴史系博物館の公開データベースで代表的なものにデータベースれきはく（国立歴史民俗博物館）や日本銀行金融研究所貨幣博物館調査研究資料がある。歴史系博物館のポータルサイトとして機能するものに文化遺産オンライン（文化庁）がある。これは日本全国の博物館の収蔵資料のデジタルギャラリーや、博物館収蔵以外も含めた国宝・重要文化財のデータベースの機能を持つ。

（6）危機管理（保存論）

大規模災害に関して、以下考えたい。1995年の阪神淡路大震災は人文系資料をはじめとする文化財保護の歴史の画期だった。博物館と資料の破壊が、文化財防災意識の高まりと対策の実施を促した。

象徴的な例が神戸市立博物館である。当館は震災直後の状況と対応につきウェブサイト等で公開している。展示資料のうち平面型の資料の被害はなかったが立体型の資料（考古資料など）は転倒・落下など被害が多かったこと、劣化したテグスが切れて資料が落下した例もあったこと、収蔵庫の木製棚に置かれた木箱は棚との摩擦によりほぼ落下せず被害はわずかだったこと、などが報告されている。

こういった経験が他館の保存実務にフィードバックされた。テグスによる固定や壺甕類のなかの重しの設置など、従来からの方策が有効であることが確認されたうえで、収蔵庫の棚からの落下防止策や、免震台の導入、免震仕様の館新設などが図られた（残念ながらその有効性が東日本大震災で再び証明されることになる）。関連して歴史資料ネットワーク（史料ネット）による古文書等の救出が行われるなど、民・学・官を含めて文化財保全活動が活発化した。

2011年の東日本大震災では、地震による振動そのものもさることながら、津波―水害という、阪神淡路大震災と異なる被害ももたらされた。震災後、東北歴史博物館が石巻文化センターなどから被災資料を受け入れるなど、館を越える連携が図られた。宮城県歴史資料保全ネットワーク（2003年宮城県北部地震に際し設立）による古文書類悉皆調査で蓄積された情報が、震災後の資料レスキューにフィードバックされた。平時での文化財所在情報の調査・蓄積が重

要であることが（残念ながら）証明された。また福島県立博物館では、東日本大震災後、来館者の意識の変化が観測されている。たとえばかつての海岸線の写真パネルを見て、現在どう変わったのか、という感想が寄せられるようになった。地域の記憶の記録・継承という歴史系博物館の役割が確認された例である。

　次に館園廃止等の例について述べる。平成の市町村合併や地方自治体の財政難に際し、21世紀に入って館園の統廃合が顕著になった。統廃合に伴い資料が放置・廃棄される、という問題も起こった。地域の歴史資料の保存・継承という歴史系博物館の公共的機能について考えさせられる例である。先に指定管理者制度採用如何に関する議論に触れたが、そもそも休館・廃館するより指定管理者制度を採用してでも存続するほうがまだよい、とも考えられる。

　関連する例を示す。滋賀県立琵琶湖文化館は2008年から休館している。県によれば、施設老朽化が理由であり、2020年にリニューアル予定の県立近代美術館へ機能継承する、としている。休館後も資料の寄贈・寄託があり、また、収蔵資料の他館出展、ウェブサイトでの情報提供、収蔵資料点検調査・県内資料調査、市町や寺社の依頼による文化財修理監督・保存環境調査、各種照会への対応などを行っており、展示外の事業で忙殺されるようになった、という。博物館事業の核が資料に即した調査研究であることを逆説的に示す例である。

　休館・廃館までいかなくとも、予算削減や休館日増など事業が縮小された例は多い。歴史館いずみさの（大阪府泉佐野市）は2004年、市の財政健全化計画のなかで「市民生活に直接的影響の少ない施設は休館日を多くする」対象になった。この例は、市民生活に直接的影響が少ないというのであれば、そもそもなぜ博物館を設立したのか、という問題をはらむ。

（7）館園組織（運営論）

　歴史系博物館の学芸員の公募条件となる研究分野は文献史学、考古学、民俗学、美術史学等が多い。なお研究能力は必要条件であって十分条件ではない。1館平均学芸職1人程度という現状では、行政事務能力を含むジェネラリスト的素養が求められる。

まず、外部組織・協力関係となりうるアライアンスの広がりについて述べる。博物館として求められる役割すべてを一つの館で担う必要はなく、地域の文化施設総体として利用者の多様な需要に対応すべし、との提言がある。「多様な需要」を明確に定義せず、博物館で行う必然性がない事業を実施することを懸念・反省する文脈でも、この言説は支持しうる。

その点で近年は同行政組織内の博物館・図書館・文書館（などアーカイブ部局）の連携（いわゆる MLA 連携）がしばしば話題にあがる。その他公民館などの社会教育機関、自治体史編纂部局、埋蔵文化財担当をはじめとする文化財保護行政部局等との研究・展示・教育普及等各種事業での連携が実践されている。特に文書館は文献史料を扱うという点で、文化財保護行政部局は文化財の活用という点で目的が重複しており、積極的連携が望まれる。

次に他の博物館との連携について。展覧会実施のための資料貸借や展覧会共催といった次元を超えた、事業共催・協働の実践例が蓄積されている。歴史系博物館の広域連携の近年の例に、大和川水系ミュージアムネットワーク（2004年、大阪府柏原市立歴史資料館、大阪府立狭山池博物館、大阪歴史博物館、堺市博物館、大東市立歴史民俗資料館、松原市民ふるさとぴあプラザ、八尾市立歴史民俗資料館）、中川泉三没後 70 年記念展（2009 年、米原市教育委員会章斎文庫資料調査室、長浜市長浜城歴史博物館、愛荘町立歴史文化博物館、滋賀県立安土城考古博物館、栗東歴史民俗博物館）、などがある。前者は大和川付け替え 300 周年を記念したもので、調査研究の協力が図られ、関連の企画展・シンポジウム・講演会が開かれ、スタンプラリーなどを梃子とした広報に効果があったことなどが報告されている。

なお、社会的にことさら否定・批判しにくい概念である「連携」事業に際し、定義が不明瞭なままその語がただ標榜され、連携事業の実施自体が目的化し、その具体的内容が軽視され、公益・住民サービスの向上に必ずしもつながらない、という問題も指摘されている。具体的な目的意識に基づき現場学芸員が企画・主導した連携事業のほうが公益・住民サービスの向上に成功することが往々にして多い、という。その背景には、たとえば先にあげた博物館横断的連携事業では、資料調査・開催準備に相応の時間が確保されていること、学芸員の努力と高い士気、学芸員間に以前から交流・信頼関係があり意思疎通が円滑

だったこと、などが指摘されている。実際に連携するのは人である、ということがよくわかる。

(8) 教育的・社会的役割
a. 教育的役割

　初等・中等教育での利用については、2017年現行の学習指導要領で、社会科・歴史的分野の学習にかかる博物館活用の促進がうたわれている。『小学校学習指導要領』第2章各教科第2節社会第3指導計画の作成と内容の取り扱い1. (2) に、「博物館や郷土資料館等の施設の活用を図るとともに、身近な地域及び国土の遺跡や文化財などの観察や調査を取り入れるようにすること」、『中学校学習指導要領』第2章各教科第2節社会第2各分野の目標及び内容〔歴史的分野〕3 (1) カに、「日本人の生活や生活に根ざした文化については、政治の動き、社会の動き、各地域の地理的条件、身近な地域の歴史とも関連付けて指導したり、民俗学や考古学などの成果の活用や博物館、郷土資料館などの施設を見学・調査したりするなどして具体的に学ぶことができるようにすること」、同3 (2) イに、「内容の (2) 以下と関わらせて計画的に実施し、地域の特性に応じた時代を取り上げるようにするとともに、人々の生活や生活に根ざした伝統や文化に着目した取り扱いを工夫すること。その際、博物館、郷土資料館などの施設の活用や地域の人々の協力も考慮すること」とある（下線、筆者）。

　実際これまでも、公立歴史系博物館であれば小学校の郷土学習（民具の活用等）・歴史的分野の授業へ貢献してきたし、中学校以上との連携であれば郷土学習に限定されない日本史一般に関するコンテンツを提供してきた。たとえば資料の学校への貸出や学校での出張展示などのアウトリーチがある。

　また歴史系博物館といえども、社会科・歴史的分野に限らない、開かれた利用可能性がある。たとえば産業史のコンテンツは理科学習で利用できよう（陶器—窯業、刀剣—製鉄・金属加工、など）。科目横断的な例もある（たとえば八尾市立歴史民俗資料館における木綿在来種の栽培と綿摘み・綿繰り・糸紡ぎ・染め体験学習事業）。ともかく、資料が存在するという博物館の強みを活かしたコンテンツの提供が望ましい。

　社会人利用・学校教育外利用については、レファレンスサービス、すなわち

利用者からの照会への対応が近年重視されている。歴史系博物館の場合、展示に関する照会対応だけでなく、資料鑑定（古文書判読等を含む）や地域史に関する自由研究相談など、多くの実践がある。これら双方向コミュニケーションを実現するためにも学芸員の配置が必要である。

　b．社会的役割

　中央型・観光型・地域型という博物館分類がある。あくまで相対的な分類概念であり、現実の活動で相互に排他性を持つわけではないが、公立歴史系博物館は、納税者への還元という文脈から、一般に後二者の役割が（学芸員の認識はともかくとして）社会から期待されている。実際、歴史的観光地（伝統的建造物群や史跡など）にはそれに関する博物館がしばしば付設されているし、歴史的建造物そのものが博物館として活用されることも多い（城郭など）。単に観光収益・交流人口確保のための施設として位置づけるだけでなく、地域・国民の共有財産たる文化財を次世代へ継承するという目的の自覚、すなわち地域振興と資料・環境保存との両立という目的意識が求められる。

　エコミュージアム、すなわち人文・自然環境すべてを含め地域すべてを博物館と認識し、文化財だけでなく景観など環境を含めて保護と活用を図る活動がある。博物館にはそのコア（中核施設）としての機能が期待されている。歴史系博物館は主に人文・社会環境に関する情報ハブとして機能できよう。

　さて公立歴史系博物館は調査研究活動等で地域住民の協力が不可欠なので、地域連携への動機は一般に強い。歴史的な地縁・血縁は現在の行政区域を越えて存在する。そういったことを対象とする地域史研究は、しばしば現在の行政区域を越えることになる。

　地域史等の研究とその成果の公開、それによる地域住民の地域に対する認識の深化という回路の形成はすでに各地でなされている。展覧会を契機に構築された地域との協力・信頼関係が別の事業へ発展する例もある。2003年の和歌山県立博物館の展覧会「天野の歴史と芸能」は、丹生都比売神社（天野社、かつらぎ町）の宝物や当該地域の文化財を展示したものであり、これを機に新たな社史編纂の機運が高まり、県立歴史博物館学芸員も執筆に参加、2009年に『丹生都比売神社史』刊行に至った。

　地域連携は私立館でも実践がある。たとえば2012年の渋沢史料館の展覧会

図1　佐賀県立名護屋城博物館

「澁澤倉庫株式会社と渋沢栄一」の開催は、館・企業・地域(澁澤倉庫本社が所在する江東区深川地域)との連携の契機となった。具体的には、深川観光協会深川東京モダン館の企画展への史料館・澁澤倉庫からの資料貸出や、澁澤倉庫による小学校児童の見学の受け入れ、そして江東区内の小学校へ史料館・澁澤倉庫が出張事業を実施するに至った。

博物館外からの働きかけで卓越した成果をあげた例もある。紀の川市は、2008〜2009年度の農業用水水源地域保全対策事業に際し、棚田学会の現地見学会の開催を受け入れ、これを契機に棚田や歴史的農業用水施設(用水路・溜池など)に関する一般向け普及冊子を市農地課が中心になって作成した。棚田学会の現地見学会に関連したシンポジウムに和歌山県立博物館学芸員が参加し、ひいては市農地課が市教育委員会へ働きかけて、当該冊子をもとにした中学校の地域学習・郷土学習の副教材を作成するに至った。執筆には市内中学校の社会科教員と県立歴史博物館学芸員が参加した。

地域住民の活動の場を提供するにとどまらず、また博物館協議会などの形での住民参加だけでなく、地域住民、特に地域史・地域文化に関する知識や技能を持つ人(地域史や民具使用方法などの知見を持つ高齢者など)や、当該地域に所在する大学の学生の活用、ならびに彼らによる事業運営そのものへ参画も進んでいる。また、2006年の吹田市立博物館「千里ニュータウン展」は、地域住民により展示シナリオの策定や運営が行われ、展示終了後には市域を越えた住民連携を生み、隣接する豊中市・吹田市でスピンオフ展覧会が地域住民主体で開催されるに至るという、卓越した例である。

留意すべきが、歴史系博物館の地域的固有性とその地域連携活動の地域性である。各地域が固有である以上、地域連携を標榜する活動もまた固有性を持つ。標準化は困難であり、一般論・万能論は存在しない。このことは、歴史系

博物館学芸員の即戦力を大学教育で養成しにくいことを意味する（研究方法論の教育はできるが）。結局のところ歴史系博物館の運営は、地域の個性に応じて現場で地道に業務に取り組む学芸員の努力に依存する。

　国際化の点では、公立歴史系博物館は地域—ローカル問題への対処が求められるため、グローバル指向を必ずしも持たない、という構造的問題がある。その点で、当該地域と対外交流との関係を事業の中心に据える歴史系博物館の活動が注目される。たとえば佐賀県立名護屋城博物館は、戦争を含む日本・朝鮮半島間交流の歴史をテーマとし、日韓交流支援を事業の核としている。

参考文献
三浦定俊ほか　2016『文化財保存環境学』（第2版）朝倉書店。
歴史学と博物館のあり方を考える会編　2005〜『歴史学と博物館』。

　　　　　　　　　　　　　　　　　　　　　　　　　　　　　　（高木久史）

2 考古と博物館

(1) 考古学に関する博物館

　考古学に関する博物館で取り扱う資料は、文化財保護法にあるとおり「考古資料」という名称がある。考古資料は、歴史博物館等と同じように、社寺等が所蔵する「伝世品」、好古家等の個人が所有する「蒐集品」等があり、これらの博物館では、こうした考古資料を管理あるいは所蔵している。1950（昭和25）年、文化財保護法が制定され、とくに、地中に埋蔵された文化財、すなわち「埋蔵文化財」を保護する施策が推進されることになった。また、1954（昭和29）年、同法の改正によって、埋蔵文化財が所在する場所は「周知の埋蔵文化財包蔵地」すなわち「遺跡」として保護されることになった。そして、これらの保護にかかる法的な対応として、発掘調査が実施されるようになり、考古学に関する博物館では、発掘調査を通じて、出土品が圧倒的多数を占めるようになった。周知の埋蔵文化財包蔵地は、全国46万ヶ所を数えるとともに、発掘調査は、近年、年間8,000〜9,000件前後で推移しており（文化庁HP等）、考古学に関する博物館と専門職員の役割は、量的・質的ともに年々、業務の困難さが増しているといってよい。

a. 歴史博物館

　考古資料を取り扱う博物館は、まず、歴史博物館があげられ、主として、地史・古生物の展示に続き、初期の人類史の展示として、旧石器時代や縄文時代等の考古資料が展示を構成している。また、歴史が文字で記述されるようになってからは、歴史の記述を裏付ける物的証拠として、あるいは、文字で記述されることが少ない生活文化の痕跡として、考古資料が展示に用いられている。また、地域や博物館によっては、古文書や美術工芸品等で展示を充足できず、積極的な出土品の活用を図っているところもある。このように、歴史博物館では、歴史時代以降、考古資料を補完的に組み合わせながら、通史やテーマ

別の展示を構成している。

b. 考古博物館

次に、歴史博物館の範疇であるものの、考古資料を中心とする考古博物館がある。特定の発掘調査や遺跡をテーマとする博物館であり、第Ⅱ部第3章で取り上げている釈迦堂遺跡博物館等があげられる。わが国では、高度経済成長期以降、国土開発に伴って、数多くの遺跡が破壊されてきた。大規模な土木工事を伴う開発事業は、建物基礎や地下構造の構築、上下水道等のインフラの引き込み等が行われるため、土地の表層破壊に留まることがない。ほとんどの場合、切り土に伴って、遺跡が埋滅することになる。釈迦堂遺跡博物館のような考古博物館は、遺跡の破壊の代償、代替のための施設として建設されるケースが少なくない。また、学術的、歴史的価値が高いと判断された遺跡に関しては、「現状保存」が実施されることになる。また、発掘調査の中途において、遺跡の価値が顕在化すると、全域あるいは一部が現状保存に切り替わり、史跡整備が実施されることがある。こうした場合、遺跡の価値を顕現させるために、景観復元等が実施され、これに伴って、遺跡のビジターセンターとしての役割を持たせた展示施設が設置されることがある。

c. 埋蔵文化財センター

こうした開発に伴う遺跡の破壊に対処するため、地方自治体には、埋蔵文化財調査部門があり、調査担当者として、学芸員有資格者を任用しているところがほとんどである。そして開発事業を滞りなく進捗させるための対応として、とくに、都道府県や開発の頻度が高い市区町村（とくに政令指定都市）を中心として、記録保存のための発掘調査を実施する埋蔵文化財センター等が設置され、この中において、出土品を活用した展示が展開されるようになった。

d. 出土文化財管理センター

一方、高度経済成長期以降、全国において、開発に伴う発掘調査が頻発したことによって、博物館や埋蔵文化財センター等の収容能力を大幅に超える大量の出土品が保管されることになった。そのため、国庫補助金等を得て、収容施設としての出土文化財管理センター等を設置した地方自治体も少なくない。また、少子化に伴って、学校施設等の統廃合が進んだこともあり、遊休施設活用の一環として、廃校を収蔵施設に用途変更する地方自治体が増えてきている。

表1　発掘調査の種類と内容・費用負担（柏市教育委員会 2012）

	確認依頼の段階		発掘調査の段階	
	現地踏査	試掘調査	確認調査	本調査
目的	(1)遺跡の所在の有無の確認 (2)遺跡の保存状態の確認	(1)遺跡の所在の有無の確認 (2)遺跡の保存状態の確認	(1)本調査の必要性の確認。 (2)本調査にかかる範囲決定 (3)本調査費用・期間の積算根拠となる資料の収集。	確認調査結果に基づく協議の結果、現状保存が難しい場合、記録保存として本格的に実施する発掘調査。
方法	(1)遺物の散布の確認 (2)地形や現況の確認	表土（黒土）を関東ローム層（赤土、地山）まで掘り下げ、遺構・遺物の確認、遺跡の保存状態の確認を行う。	法に基づく届出の必要性「有」回答範囲に均等に幅約2m×長さ10～20m程度のトレンチを設定し、重機により表土を掘削する。	本調査範囲の表土を重機により全面除去する。
模式図				
面積	確認依頼地全域	確認依頼面積の約1%	法に基づく届出の必要「有」回答面積の約10%	確認調査の結果通知する協議範囲
備考	現地踏査や過去の調査結果により、遺跡の所在の有無が判断できる場合は、試掘調査を実施せずに回答する。	確認依頼地内に均等に（確認依頼面積×0.01÷試掘坑の面積（4m²））箇所の試掘坑を、重機または人力で掘削する。	遺構や遺物の確認作業、写真撮影や図面作成などの記録作業を行う。	遺構の確認、遺構の掘り下げ、遺物の取り上げ作業や写真撮影や図面作成などの記録作業を行う
費用	市費		補助金*1	原因者負担*2

*1　民間の開発に係る調査全般について補助金の対象となる場合があります。
*2　以下の事業などの調査費用は補助金の対象となる場合があります。
　　●個人専用住宅の建築に係る調査
　　●零細なため費用負担を求めることが困難と判断される事業者の開発に係る調査
　　●土地区画整理に係る調査のうち個人換地分の一部
　　●農業基盤整備事業及びその関連事業に係る調査のうち農家負担分
＊なお、補助対象となる場合には、事前に千葉県教育委員会との調整や、予算措置などが必要となるため、詳細については担当職員にご相談ください。

また、発掘調査後、遺跡の上に建設された建物の一部において、開発によって埋滅した遺跡や出土品に関する小規模な展示室、あるいは、展示コーナー等が設置されることがあり、これらの日常的な管理や展示更新等も業務の一つとなっているところがある。

e. 考古学に関する博物館と発掘調査組織

　このように、考古学に関する博物館は、歴史博物館や考古博物館に加えて、埋蔵文化財調査部門から多様な形態の組織と施設が派生し、結果として、機能的な分館化とネットワークが形成されているところが少なくない。これらの施設を総合すると、考古学に関する博物館は、最も多くの館数（施設数）を有している。また、埋蔵文化財調査部門に学芸員有資格者を擁するとおり、辞令上の職名はともかくとして、考古学に関する博物館は、最も多くの学芸員が任用されている。

　また、博物館における学芸員の専任規定が廃止されたことによって、埋蔵文化財調査部門、そして、博物館における専門職採用が一般職採用に切り替わった地方自治体も少なくない。とりわけ、教育委員会内では、博物館と埋蔵文化財担当部門、そして、学校教育等との人事交流が進むようになった。こうした異職種従事に伴う弊害もあるとされるが、近年では、人事異動を通じて、埋蔵文化財の発掘調査、そして、考古学に関する博物館のよき理解者が生まれるという肯定的な見方もでてきている。

　埋蔵文化財調査部門は、これまで、文化財保護法に規定されていたとおり、地方自治体の中の教育委員会が所管してきた。首長への権限の集中を防止するとともに、議会党派等からの影響力を排除するため、教育委員会の独立性と中立性が担保されてきた。しかしながら、文化財保護法及び地方教育行政の組織及び運営に関する法律の一部を改正する法律（平成30年法律第42号：平成31年4月1日施行）では「景観・まちづくり行政や観光行政など他の行政分野も視野に入れた総合的・一時的な取組を可能とする」（文化審議会文化財分科会企画調査会中間まとめ：2017年8月31日）ため、埋蔵文化財を含めた文化財一般にかかる保護の所管を首長部局に移管できるとともに、これまで国が担ってきた文化財の現状変更を許可する権限を市区町村に委譲することになり、今後、これまでと異なる組織に再編されることが見込まれている。

（2）出土品の種類と調査研究
a. 人工遺物と自然遺物

　考古資料は、旧石器時代から近世、近現代にかけての人類活動の痕跡、また、陸上（地下と地上を含む）に限らず、近年では、沈船をはじめとして、海底のものまでが含まれるようになってきた。考古資料の区分としては、主として、人間の文化的所産としての人工遺物と自然利用の残渣である自然遺物に分けられてきた。このうち、人工遺物に関しては、人間が編み出した道具としての石器、土器、木器、そして、青銅器、鉄器をはじめとする金属器等があげられ、主として、製作された年代や地域をはかる指標として用いられてきた。また、精神的、宗教的意識のもとで製作されたさまざまな製品等があるものの、具体的な機能や用途等をはかりかねるものが多く遺されており、踏み込んだ解説になじまないものも含まれているが、むしろ、一見わかりづらい出土品を通じて来館者の興味関心を引き寄せる工夫を図る必要がある。また、自然遺物に関しては、衣食住という人類の具体的営為の痕跡であり、とりわけ、食料の獲得と消費に伴う活動の残渣として、さまざまな動植物遺体が遺されている。このうち、植物に関しては、土中の炭化種子等に加えて、土器や金属器の錆化部分において、種子や織物繊維等の圧痕が遺されていることがある。これらを資料化するためには、肉眼観察による熟覧以上の実体顕微鏡等を用いた精査を併進させる調査が望ましいといえる。

b. 人骨

　さまざまな状況下で、各時代の人骨が見出されている。主として、出土人骨は、形質やDNA等の分析によって、日本人の成り立ち等をめぐる系統学的な人類学研究が行われるとともに、骨格等の解剖学的特徴や疾病・傷病等の病理学的特徴から当時の具体的な生活の様子が明らかにされつつある。ただし、第Ⅱ部第3章で詳述されているとおり、出土人骨をめぐっては、近年のアイヌ人骨の問題に象徴されるとおり、調査研究の目的、すなわち、来歴等を整理するとともに、保管及び展示上の取り扱いに関して、倫理的な配慮が必要であることに留意する必要がある。

c. 動産化資料

　記録保存が前提とされる発掘調査において、炉跡、墳墓、窯跡等の現状保存

が望ましい遺構等が検出されたとしても、これを現状保存に変更することはきわめて難しい。こうした場合、遺構を切り出し、遺跡から持ち出せる状態に加工することによって、移築することがある。表面に樹脂を吹き付けて、型枠をはめることで固定化する。移築先は、屋外と屋内の場合があり、屋外の場合、雨水や草木・苔等の発生に伴う浸食が懸念されることから、含浸や吹き付け等による外形の補強、ガラス等による外気の遮断、そして、覆い屋の設置が必要になる。また、深層調査に伴う基本層序や貝塚等の堆積土層の断面が剝ぎ取りの対象となることがある。剝ぎ取りは、裏打ち等の装丁が必要であり、展示上の効果も考慮して、館内で壁面展示される。しかしながら、こうした移築や剝ぎ取り等が館内展示される場合、遺構の一部が土壌であることから、燻蒸等の事前の虫菌害の対策とともに、日常的な温湿度管理に注意を払う必要がある。

d. 自然科学的分析の試料

発掘調査では、土地利用の痕跡である遺構が検出されるものの、出土品以外の年代の根拠として、火山灰や炭化物等を利用した年代測定が実施されることがある。また、これらの遺構が営まれた気候条件や植生等の古環境を復元するために、堆積物に含まれる微化石を利用して、花粉分析等の土壌分析が実施されることがある。また、出土品に関しては、材質分析、産地同定等が実施されることがある。表2のとおり、考古学的な方法だけで解明することが難しい課

表2　自然科学分析項目（パリノ・サーヴェイ株式会社HPより・抜粋一部改変）

遺跡立地環境解析	放射性炭素年代測定、火山灰分析（テフラ検出・重軽鉱物組成、火山ガラス比分析、火山ガラス形態分類、屈折率測定）、堆積物微細形態（軟X線分析・土壌薄片作製観察）、珪藻分析、粒度分析、粘土鉱物分析、土壌化学分析
古環境解析	花粉分析、花粉イネ属同定、珪藻分析、植物珪酸体分析、種実分析、材同定、葉同定、水質分析、貝同定、昆虫同定、植物遺体分析
遺構解析	植物珪酸体分析、土壌化学分析（P2O5、C、N、Ca、K、S、Fe他）、寄生虫卵分析、脂肪酸分析、灰像分析、赤外分光分析、種実分析、花粉分析、花粉イネ属同定、材同定
遺物分析	胎土分析（重鉱物組成、薄片作製観察、蛍光X線分析、電子顕微鏡観察）、材同定、骨（人骨・獣骨・鳥骨・魚骨）同定、貝（陸産・淡水産・海産）同定、岩石鑑定（肉眼鑑定、薄片作製鑑定、化学分析）、赤外分光分析、脂肪酸分析、X線回折、蛍光X線分析（非破壊法・瓦他破壊法）

http://www.palyno.co.jp/item.htm より作成

題については、自然科学分野からのアプローチや協働によって、新たな知見がもたらされることがある。また、出土品の一部を切り取るような破壊分析試料では、破壊の代償としてプレパラートやタブレット等の試料が遺されることになる。自然科学分析は、新たな分析方法が日進月歩で開発されており、とりわけ、分析機器は、性能や精度等の向上によって、これまでの分析結果の修正や新たな発見が見込めるようになる。また、別の観点から見ると、原因者の費用負担や税負担によって、多額の自然科学的分析が実施されていることを踏まえると、今後、追試や検証作業が可能となるように、将来的な再利用や活用を見越して、出土品と同様に試料を保管しておく必要がある。また、展示上、こうした学際的な分析結果を取り入れることによって、多額の費用が費やされる自然科学的分析の必要性や有効性が理解されることに繋がり、結果だけに留まらず、分析の方法等の丁寧な解説が必要である。

（3）出土品の保管

　出土品の保管に関しては、まずは、遺跡単位、調査単位の「一括」という概念をもとに収蔵されてきた。また、これらの中でも、遺構や包含層等の出土分布のまとまりを単位として、収納箱、いわゆる「テン箱」に収納されている。しかしながら、開発や事業の規模が大きくなると、これに比例して、多量の出土品が収蔵されるようになり、当然のことながら、こうした原則を維持することが困難になってきた。かなりの地方自治体において、収蔵スペースが逼迫しており、すでに、飽和状態に達しているところも少なくない。必要な資料が必要な時に引き出せなくなる恐れがあり、いくつかの基準に基づいて、考古資料が「仕分け」されるようになってきている。学術的価値を最優先としながら、将来における活用の可能性を念頭に置いて、いくつかの仕分け基準が策定され、保管方法が選択されるようになってきている。埋蔵文化財発掘調査報告書では、遺跡、ないしは、調査区における出土品の組成を図上表現するとともに、点数や重量等による数量的な比率や総量の把握が行われる。出土品の組成と量比にあわせて、「登載」資料と「非登載」資料に分別され、「登載」資料は、実測図等が表示されることになる。主として、この登載資料が学術上、教育上の価値が高いものと見なされることになる。また、完形個体、復元可能個体、

破片資料という基準、また、破片資料に関しては、有文、無文、そして、部位判別可能性等の基準が用いられ、登載資料に準じる学術上、教育上の活用の可能性が見出されている。こうした基準は、地方自治体によってさまざまであり、それぞれの地域の事情もあり、一般論として整理することが難しい。いずれにしても、出土品に関しては、発掘調査に伴って、膨大な資料が蓄積され、すべての資料化や発掘後の有効活用が難しいことから、何らかの基準に基づいて、博物館に収蔵するべき資料とそうでない資料の線引きをする方策が考えられている。

考古学に関する博物館は、すでに触れたとおり、分館化とネットワークが達成されており、それぞれの資料の個性的属性を尊重しながら、仕分け基準に基づいて、発掘調査部門である埋蔵文化財センターから博物館、そして、出土文化財管理センター等に対して、階層的に移管していくワークフローやルールが早急に整備される必要がある。

こうした検討を早急に進めなければならない背景としては、出土品の利活用が大きな社会問題にまで発展していることがあげられる。

a.「出土品の取り扱いについて（報告）」

こうした慢性的な収蔵スペースの不足に関して、「現在、地方公共団体で保管されている出土品は約459万箱（出土品量を60 cm×40 cm×15 cmのプラスチックコンテナ箱に換算。以下同じ）に上り、ここ数年毎年約30万箱ずつ増加している。保管・管理の状況としては、暫定的な保管施設に保管されているものが246万箱で半数近くを占め、屋外に野積みされているものも約15万箱ある」（平成9年2月埋蔵文化財発掘調査体制等の整備充実に関する調査研究委員会）とあるとおり、残念ながら、「非登載」資料に関しては、あまりに膨大すぎることから、屋外でブルーシートをかけた状態で野ざらしになっているところもある。

b.「出土品の取り扱いに関する指針」

この報告を受けて、出土品の保管・管理等として、「三　出土品のうち前項の規定により将来にわたり保存・活用の必要性・可能性があるとされたものについては、その種類、性格、活用の状況等を総合的に勘案して、文化財としての価値が高く活用の機会が多いもの、文化財としての価値・活用の可能性が比

較的低いもの等に区分し、それぞれの区分に応じた適切な方法により、適切な施設において保管し、管理するものとする。保存・活用の必要性・可能性がないとされた出土品については、廃棄その他の措置を執ることができるものとする」（平成9年8月文化庁長官裁定）という指針が示された。これにより、地方自治体の中には、あまりに膨大な出土品の保管する体制を維持できない、あるいは、困難になってきた場合、「廃棄」という選択が可能であるという指針が示されることになった。

  c. 出土品の廃棄をめぐる問題

その結果、奈良県香芝市では、「管理上の安全性が確保できないという理由のみで、同市教育委員会遺物調査室周辺で保管・収納されていた国史跡尼寺廃寺跡出土の飛鳥時代の瓦等の20t以上の大量の出土品が同廃寺跡に隣接する水田に投棄された」（「出土遺物に関わる適切な取り扱いを求める声明」2009年12月日本考古学協会）という事件や愛媛県上島町遺物廃棄未遂事件が発生した。出土品の廃棄に関する指針が示されたにもかかわらず、これらの事件以降、社会問題化を恐れて、廃棄等の措置に踏み切った地方自治体はないものの、莫大な公費を投じて収蔵し続けなければならないことに加えて、実際に廃棄できないことに対する丁寧な説明が求められている。

  d. 図表やフィルム等の記録

埋蔵文化財の発掘調査では、記録保存を目的としているとおり、大量の図面、写真等（発掘調査報告書作成に伴う版下等も含めて）が遺される。そして、これらは、遺跡が破壊されることによって、出土品と同等の扱いを受けることになる。これには、埋蔵文化財の発掘調査担当者の調査所見が記載されたフィールドノートも含まれる。また、発掘調査後の整理作業では、出土品の実測図・トレースを作成し、写真撮影を実施することになる。このように、埋蔵文化財に関しては、発掘調査、整理作業、そして、発掘調査報告書の作成にわたって、出土品とともに、膨大な図面や写真等が積み上がることになる。これらの記録媒体である紙やフィルム等は、実物に準じる価値をもつことから、長期保存と劣化対策を念頭に置いて、収蔵環境に配慮する必要がある。しかしながら、多くの場合、これらは、出土品と同じような環境のもとで保管されており、とりわけ、紙やフィルムに関しては、経年変化に伴う劣化が懸念されてい

る。近年では、高解像度のスキャナー等を用いたデジタル複写技術が活用され、これらの再情報化、すなわち、2次資料化が進められるようになってきた。ただし、これらを格納する情報メディアに関しては、1次資料と同じように、情報メディアの寿命と磁性の劣化に伴う断片化を引き起こすため、長期保存にかかる磁性等の耐用年数を踏まえる必要がある。また、これまで数多くの情報メディアが交代してきたように、フロッピーディスク（FD）や光磁気ディスク（MO）同様、媒体を読み出す装置がなくなり、読み出しができなくなることが予測される。こうした経年変化や情報技術の進歩を念頭に置いて、将来にわたって、定期的な情報メディアの更新と変更を継続することが必要不可欠である。また、情報機器の高度化は、これまでの複写情報を読み出すと、画像解像度等が不足するようになり、中長期的には、複写情報のリマスター化を行う必要が出てくることが考えられる。また、これらと併進して、これらの遺跡の情報の閲覧やダウンロード等を認めるオープンアクセスが試行されつつあり、今後、新たなかたちでの保管と活用の方策が探られ続けることにもなる。

e. 埋蔵文化財発掘調査報告書の保管問題

全国の地方自治体等から送付される発掘調査報告書は、受贈図書であり、部数限定の非売品だけに、出土品以上に取り扱いに苦慮している地方自治体が少なくない。しかも、その数が膨大であることから、これらを適切に管理・保管することは難しく、それは「日本考古学協会図書問題」に現れている。近年では、多少の利便性を犠牲にしても、自治体内の公立図書館に発掘調査報告書を移管し、中には、これらの受贈を辞退するところも出てきている。その背景には、収容スペースが有限で、持続的な管理が困難であることと、国立文化財機構等において、発掘調査報告書のデータベースが構築され、Web上で閲覧・検索できるようになり、発掘調査報告書そのものを参照しなくて済むような状況が生まれていることがあると考えられる。

（4）出土品の活用

a. 収蔵環境

出土品の場合、地中に埋蔵されていたものが掘り出されており、そもそも泥土等で汚損されている。まずは、大胆な水洗洗浄が行われるとおり、ほとんど

の出土品は、他分野と比較して、温湿度等の収蔵庫の環境にさほど神経質になる必要がない。また、こうした由来にある出土品は、きれいに洗浄されたとしても、他分野の資料と同じ収蔵庫に保管することを嫌うところもあることに注意を払う必要がある。

b. 保存処理

縄文時代草創期等の非常に脆弱な土器に関しては、水に浸して行う洗浄、採拓や実測が困難なものがある。これらは、バインダー等を含浸させて、固化処理を施すことがある。ただし、含浸等に伴って、表面に着色や光沢を帯びることがあり、保存処理後の仕上がりに注意を要する。また、鉄製品等の吸湿性材質、木製品等の放湿性材質は、土中に埋蔵されていた環境から解放されることで、酸化や放湿が急激に進んで、腐食膨張や収縮に伴う亀裂や損傷が生じることがあり、格別の注意を払うべき資料といえる。鉄製品等は、錆の進行を抑える脱塩処理後、パラロイドB72等の樹脂を含浸させて、恒久的な保存処理を実施する。ただし、保存処理後、空調やシリカゲル等を用いて、乾燥した環境を維持しないと、再度吸湿し、腐食膨張が進行することがある。一方、木製品等に関しては、時間とコストがかかることから、展示に用いられるものを除いて、保存処理が行われない傾向にある。ほとんどの木製品は、冷暗所で水に浸した状態で保管されている。そのため、収蔵庫の湿度を下げることで、虫菌の侵入と発生を抑制し、虫菌害対策として、水の防腐処理やこまめな入れ替えという日常管理が重要になってくる。

c. 修復復元

出土品のうち、土器に関しては、ほとんどが破片であり、そのままでは、展示上、本来の形状等を表示することができない。そのため、学術上、鑑賞上、重要な資料、すなわち、発掘調査報告書の「登載」資料を中心として、接合・復元作業が行われる。まず、それぞれの破片を熟覧し、個体識別や部位判別を実施し、実測図をもとに、「復元」案を策定する。セメダインCや木工用ボンド等を用いて、それぞれの破片を接着し、破片が欠失している部分には、石膏やエポキシ樹脂等の充塡材を補塡・彩色し、本来の形状等を「復元」する。また、土器の破片がほとんど揃わないとしても、学術上、希少な出土品の場合、数少ない破片から欠失した部分を推測し、同じような手順で本来の形状を「復

原」することで、展示上、その学術的価値を顕現させようとすることがある。

d. 複製

　きわめて希少な出土品に関しては、毀損や隠滅等の恐れを考慮して、実測図や写真等による記録とともに、レプリカ等の複製を製作することが望ましい。こうした複製は、ハンズオン等の展示、館外貸し出し等の幅広い活用が見込まれる。オリジナルが優品であるほど、複数製作され、館内外の複数の場所で利活用されることになる。これまでの複製は、シリコーン等を用いた型取りによる印象材レプリカであったものの、こうした型取りは、印象材から離型する際、オリジナルの繊細な部分を損傷する恐れがあり、慎重な取り扱いや熟練した技術者が従事する必要があった。近年では、さまざまな分野の先端技術が汎用されることによって、写真やレーザーを用いた非接触の3次元計測が比較的安価に行えるようになってきた。こうした計測データをもとに、3次元プリンターを用いたデジタルモックが作出され、今後、これを原型として、複製や模型等の複製等資料の製作が行われるようになることが予測される。

（5）教育普及活動と市民参加

a. 遺跡見学会

　埋蔵文化財の発掘調査において、遺跡見学会は、きわめて重要な行事である。発掘調査の途中、あるいは、締め括りとして、遺跡の特徴や全体像を見学できる段階、すなわち「見ごろ」において、主として、地域住民を対象とする説明会を開催することが少なくない。発掘調査で検出された遺構は、その場所の土地利用の歴史であり、中近世、近現代の遺構の場合、現在の土地利用に繋がるものも少なくなく、住民の関心も高くなる傾向がある。また、発掘調査は、土木工事に伴う騒音、振動、砂塵飛散等の迷惑行為が発生することから、調査期間中の生活環境の悪化を受忍してもらうことになり、周辺に居住する住民の理解が欠かせない。見学会を通じて、発掘調査という事業全体に関する説明責任を果たすとともに、発掘調査の意義を理解してもらう必要がある。

　なお、遺跡見学会では、場内の安全通路の確保のために、足場や出土品の簡易な展示を設営することがある。子どもからお年寄りまでが来場すること念頭に置いて、可能な限りバリアフリーが心がけられるべきである。また、来場者

による渋滞や迷惑駐車、拡声器による騒音等、近隣住民の迷惑に配慮する必要がある。こうした見学会に関しては、事業の性格上、教育委員会等に負担を求める事業者が少なくなく、トラブルを避けるために事前に費用に関する取り決めをしておく必要がある。

b. 遺跡速報展

歴史博物館、あるいは歴史民俗資料館等における歴史部門、あるいは民俗部門の展示と異なり、考古部門、あるいは埋蔵文化財調査部門の展示は、1年間の発掘調査の事業報告としての「遺跡展」等を年中行事として実施するところが少なくない。遺跡見学会と同じように、これらの展示を通じて、破壊された遺跡の内容を可能な限り多くの住民に周知する努力が求められることに留意する必要がある。また、文化庁では、1995年から「近年発掘され特に注目された出土品を中心とした展示を構成し、全国を巡回することにより、国民が埋蔵文化財に親しみ、その保護の重要性に関する理解を深めることを目的」(文化庁HP)として「発掘された日本列島 新発見考古速報」展を開催している。

c. 交流展示

考古資料の展示は、地域の普遍的な生活文化の所産である「道具」が頻出する傾向がある。とりわけ、衣食住等で構成される考古資料は、地域、そして、比較的広い範囲での変異に乏しく、来館者にとっては、同じような考古資料ばかり陳列・羅列しているようにしか見えないという弱点がある。そのため、広域間の比較展示、すなわち、交流展等が積極的に展開されるようになってきている。例えば、岡山県(吉備)と島根県(出雲)では、「岡山・島根文化交流事業」として、相互に巡回展示を行っている。

d. 国際交流

国境を越えた交流展示であり、比較文化、異文化交流としての展示が行われることがある。近年では、日仏友好160周年にあわせて、「世界にまだ知られていない日本文化の魅力」を紹介する複合型文化芸術イベント「ジャポニズム2018：響き合う魂」が開催された。歌舞伎や能・狂言等とともに、日本文化の原点としてフランス・パリ日本文化会館において、「『縄文』展」が開催された。

また、東京国立博物館では、2014年から「博物館でアジアの旅」という展示を開催している。東洋館の所蔵資料を活用し、文化財を通じたアジア文化の紹

介と異文化理解の促進を目的としている。2018年度は、日本とインドネシアの国交樹立60周年にあわせて、「海の道ジャランジャラン」を開催した。

e. 体験学習

考古資料に関しては、廃棄の議論があるとおり、同じような資料が数多くあるからこそ、ハンズオンに提供する材料に事欠かないという事情がある。また、ほとんどの資料が発掘調査を通じて獲得されるとおり、出土した状態において、すでに汚損している。そのため、児童・生徒を対象とする体験学習等では、破損に対してあまり神経質にならなくて済むことから、発掘作業や洗浄、注記、個体識別、接合等の基礎整理作業は、学校や地域住民の参加を許しやすいという側面があり、歴史や民俗の部門と比較して、住民参加の垣根が低いことに特長がある。また、こうした業務は、単純作業であるものの、地道な作業の積み重ねの上に遺跡、考古学、歴史の理解があるという意義を理解してもらうよい機会でもある。

（6）フローさせる情報とストックする情報

a. 広報媒体

考古学に関する博物館において、まず、フローさせる情報とすれば、発掘調査の実施及び遺跡見学会の開催等に関する告知であり、遺跡速報展をはじめとする展覧会の開催情報等が上げられる。これらは、地域の住民に広く周知する必要があるものの、これまでの「市政便り」のような紙媒体、すなわち、取材・編集・印刷・頒布という経過を辿るような従来型のフライヤーは、適時的な情報発信が難しいという課題があった。とりわけ、埋蔵文化財の発掘調査は、事業規模によるものの、短期間で終結するものが少なくない。近年では、博物館や埋蔵文化財センター等のホームページ、あるいは、メーリングリスト等による同報配信によって、速報性が担保されるようになってきた。また、地方自治体によっては、ケーブルテレビやインターネット等の広報番組を通じて、これらを紹介する動画が制作・公開されるようになり、発掘調査の周知や遺跡見学会の見学者の動員に大きな役割を果たしているところもある。

b. 周知の埋蔵文化財包蔵地の照会

文化財保護法では、計画規模の大小にかかわらず、事業計画地が周知の埋蔵

文化財包蔵地に該当する場合、着工の60日前までに届出を行う必要がある。東京都新宿区の場合、埋蔵文化財取扱要綱として、事業計画地が周知の埋蔵文化財包蔵地内の土地、周知の埋蔵文化財包蔵地に近接（50 m以内）している土地、対象敷地面積1,000 m^{2}以上の土地のいずれかに該当する場合、試掘調査等の埋蔵文化財保護に関する事前協議を行うことになっている。そのため開発事業者は、まずは、事業対象地における埋蔵文化財包蔵地の有無を照会する必要がある。しかし国土交通省によると、2015年4～6月期に140,000件に達するとおり、こうした照会・回答の業務は繁忙をきわめており、開発事業者が周知の埋蔵文化財包蔵地を事前に照会できるように、地方自治体では、埋蔵文化財が所在する位置とその概要を照会できる地理情報システムを構築するようになってきた。例えば、岡山県の場合「おかやま全県統合型GIS」（http://www.gis.pref.okayama.jp/pref-okayama/Portal）が提供されている。

c. 所蔵資料データベース

　博物館の基幹システムであり、従来、冊子体としてまとめられてきた「目録」が電子化され、これに画像やさまざまな情報を付帯させたものである。外部から検索した場合、文化遺産オンライン等のように、Web上で画像データベースが検索し、優品を閲覧・鑑賞できるような高精細画像を提供しているものもある。一方、内部向けの管理ツールとしての役割をもつものがある。資料の来歴や属性等を整理した基本的な台帳であるとともに、学術的な調査研究情報を統合し、修復や貸し出しの履歴、あるいは、写真や図面等の複製等資料との紐付けや収蔵場所を照会できるような日常業務にかかわる管理ツールとなっているところがほとんどである。とりわけ、考古資料に関しては、数量が膨大なこともあり、データベースの活用度が高いことから、歴史博物館、埋蔵文化財センター、出土文化財管理センター等のネットワークの中で、横断的な利用ができるようにすることで、業務の効率化と軽減を図ることが期待できる。

d. 全国遺跡報告総覧

　全国遺跡資料リポジトリ・プロジェクトで構築された発掘調査報告書データベースを国立文化財機構奈良文化財研究所が運用している。全国遺跡報告総覧（http://sitereports.nabunken.go.jp/ja）は、発掘調査報告書を電子化し、Web上で検索・閲覧できるようにしたものである。テキストデータの全文検索機能

を活用することによって、膨大な報告書の中から必要な資料や情報を獲得することができる。2017年度の実績を見ると、864の参加機関から21,154の登録件数があり、977,737件のダウンロード利用があった。

（7）災害に対する備えと対応

a. 安全衛生管理

　埋蔵文化財センター等では、屋外での発掘調査が中心的な業務であるものの、埋蔵文化財担当者だけで実施することができない。土木建築事業と同じように、バックフォーやダンプトラック、ベルトコンベアーなどの重機類が発掘現場で用いられるとおり、これらのオペレーターや労働安全衛生管理にかかる担当者が従事することになる。また、発掘調査では、深度掘削やこれに伴う掘削面及び法面の掘り方に注意が必要であり、横穴墓や窯跡等の横穴、井戸や室等の竪坑の掘り下げには、転落、落盤等の危険を回避する対策を施す必要がある。また、作業従事者の健康管理は、きわめて重要であり、夏場であれば熱中症、冬場であれば寒冷曝露等に対する予防的対策に留意する必要がある。とりわけ、地域住民や子どもを場内に迎え入れる遺跡見学会や体験発掘等では、日常的な労務管理以上に細心の注意を払う必要がある。

b. 広域災害と生活再建

　地震に伴う出土品の被害や事前対策においては、第Ⅱ部第1章で触れているとおり、阪神・淡路大震災での「歴史資料ネットワーク」、東日本大震災での「東北地方太平洋沖地震被災文化財等救援委員会」等の当該研究者の専門的知見を活かした取り組みが、被災後の復旧を加速させることになる。一方、埋蔵文化財センター等の考古学に関する博物館にとっては、被災後の復旧だけでなく、地域の復興に伴う緊急対応が重大な業務となる。これは、復旧・復興の進捗、すなわち、市民生活の再建に関わる最優先事項であり、ライフラインの復旧や被災地域の復興事業を円滑に進めるため、埋蔵文化財の発掘調査が遅滞することなく、また、可能な限り迅速な完了を目指す必要がある。阪神・淡路大震災、東日本大震災では、全国の地方自治体から埋蔵文化財調査担当者が派遣され、復旧・復興と埋蔵文化財保護の両立が図られることになった。近年では、地方分権の流れにあるものの、こうした大規模な広域災害では、緊急の予

算措置や体制整備が求められることから、国、都道府県、市区町村の連絡調整を図り、文化庁等が高次の判断を行うための司令塔的な権限と役割を果たす機関がきわめて重要と考えられる。

（8） 専門職の職掌と組織

　考古学に関する博物館は、分館化とネットワーク化が進んでいるものの、実態としては、地方自治体によって、施設や組織の整備状況が大きく異なる。一般論としての解説が馴染まず、また、あるべき姿としての組織論は、あまり現実にそぐわない。近年の傾向としては、全国における開発事業が縮小傾向にあるとおり、埋蔵文化財の発掘調査件数が減少している。一方、学校では、少子化が深刻さを増し、学校の統廃合が進んでいるとおり、教員配置の見直が必要になってきている。こうした中で、博物館法にあるとおり「学校教育を援助しうるように」するため、考古学に関する博物館では、博物館学芸員、発掘調査担当者、そして、教員等を含めて、柔軟に組織を運営することが現実的になってきている。こうした専門外任用の弊害が指摘されることもあるが、博学連携、学社融合を実践するために、むしろ、こうした人事交流が不可欠な段階に入ってきている。博物館学芸員の採用試験として、教員採用試験が課される地方自治体も少なくない。換言すると、博物館学芸員を志望する学生は、教育職員免許と博物館学芸員資格をともに取得しておくことが望ましいといえる。

　また、最近は、地方行政改革に伴う公務員の定数削減が進められているとおり、民間委託が推進され、派遣人材の活用や業務の外製化が図られるようになってきた。とりわけ、資料保存や展示制作に関しては、専門人材を雇用しないで、外部委託する自治体がほとんどである。これらを内製化できるのは、国立博物館や規模の大きな都道府県立の博物館の一部に限られている。近年では、博物館の施設管理をはじめとして、資料の保存処理、修復、復元製作、展示製作、教育プログラムの策定等において、多くの専門業者がかかわるケースが増えてきており、博物館学芸員有資格者の就職の裾野も広がっている。

（9） 発掘調査及び考古学に付帯する資格制度

　考古学に関する博物館では、当然のことながら、博物館学芸員の有資格者が

任用されてきたものの、このうち、埋蔵文化財調査担当者は、担当者としての能力を測る明確な基準や資格制度がなかった。これまで、ほとんどの地方自治体では、主として、大学で考古学等の専門教育を受けていることや埋蔵文化財の発掘調査から報告書作成までの経歴等で判断してきた。また、地方自治体によっては、こうした経歴等を審査基準にもつ有限責任中間法人日本考古学協会会員であることを要件とするところもあった。近年では、文化庁において、資格制度創設の検討が進められているものの、まずは、民間認定資格が先行し、埋蔵文化財の調査にかかる能力を測る資格認定が行われている。

(10) 考古学に関する博物館と埋蔵文化財保護の密接な関係

考古学に関する博物館は、さまざまな課題と問題を抱えるものの、他館種・他分野と比較して、調査や資格に関する制度が整備されている。一方、制度や基準に縛られている側面もあり、原因者負担を背景とする定型的な発掘調査にならざるをえなくなっている。そのため、これらの博物館では、石器や土器など、判で押したような展示が展開されている。出土品の多様性が失われ、自然科学的な分析をはじめとする他分野との協働が活かしきれていないことにこれらの主な原因があると考えられる。今後、展示の出発点となる発掘調査のあり方の見直しやドローンや3次元計測等のさまざまな革新的技術を取り入れながら、新たな展示の材料を見出し、展示の構成や形態を案出していくたゆまぬ努力が求められることはいうまでもない。

参考文献
内川隆志　2004『博物館資料の修復と製作』雄山閣。
柏市教育委員会　2012『埋蔵文化財のしおり』平成24年9月。
幸泉満夫　2014「博物館資料学の新たな可能性：地域に眠る出土文化財の新たな活用システムの構築に向けて」『愛媛大学法文学部論集』（人文科学編）vol. 37。
和田勝彦　2015『遺跡保護の制度と行政』同成社。

(徳澤啓一)

3　人類と博物館

(1) 人類学とは何か

　人類学は、「生物としてのヒト」を総合的に研究する学問で、研究主体である「ヒト」を考究し、科学的に人間観を確立することを目的とした学問である。その研究対象とする局面はきわめて広い。たとえば日本人類学会の場合、人類学研究に必要な3つの観点として、①人類の本質（他の生物種との共通性と異質性、人類の独自性・特質）、②人類の変異（集団や個体ごとの違い・ばらつき、及びその意味）、③人類の由来（起源と進化・変遷）をあげている。

　人類学に関連する学問分野には、考古学、民族学、民俗学、霊長類学、遺伝学、解剖学、生理学、古生物学、第四紀学、年代学もあげられ、これらの広範な学際領域を包括する学問ととらえることができる。さらにその研究対象の空間的広がりは、人類が生活してきた地球全域にわたり、時間的な広がりは、人類誕生以降現在あるいは人類が生存を想定される未来までである。具体的研究内容には、過去及び現在の人類の解剖・生理・発育・運動機能・遺伝・行動・生態・文化、地球における人類の出現と変遷に関わる場所・時代・環境などと、それらに関する人類と近縁な動物との比較などがある。人類学の学問的立場は、自然史のような自然科学分野と社会学・歴史学・人間行動学のような人文科学分野の二つが存在している。自然史は文字通り自然科学に依拠する歴史で、その一部である人類史は自然史のみならず文献史学の援用もあわせて記述される歴史である。

　現代の人類は「発達した文化を持つ生物種」という特徴を有するため、人類の身体形質を主対象として自然科学的観点を中心として「ヒト」を探求する自然人類学と、人類の文化・社会を主対象とし人文科学的観点を中心として「人間」を探求する文化人類学とに大別される。

　一般的に人類学博物館や博物館中の人類学部門は、自然人類学と文化人類学

を総合的にとらえたものと、自然人類学を主として扱っているものが見られる。館種では総合博物館に含まれ、その一部に人類学部門があるものや、専門博物館として自然史博物館あるいは歴史系博物館に人類学部門を含むもの、芸術系の美術館で人類学資料を有するものがある。

（2）博覧会と人類学

　万国博覧会とも呼ばれる国際博覧会は、博物館の発達と結びついていたが、さらに政治や世相を反映させつつ、人類学史とも密接な関係を有していた。たとえばパリの万国博覧会で初めて実施され、その後も継続的に展示が見られた人間動物園や植民地博覧会がそれを明確に示す例であり、現在の価値観や倫理観からは許し難い動機や手段で人々が展示され、人類学コレクションが形成されたという問題を有している。資料採集や記録法から見て非学術的な興味が、同時代の人間社会に社会進化の段階を投影する自民族中心主義[2]、帝国主義、植民地主義を正当化する考え方が背景に存在したために行われたことは見逃せない。

　1903年の大阪博覧会で発生した「人類館事件」[3]は、その問題点が露呈したもので、その内容と姿勢について複数の非難が寄せられ、人間自体の展示が一部中止されたが、その非難の内容さえ現代的視座からは問題が指摘される。

　その後、文化相対主義 Cultural relativism や機能主義 functionalism の影響を受けた人類学研究の進展によって、このような他民族への姿勢は批判されたが、その後も繰り返し人間動物園に似た試みが繰り返され、その都度議論が起こされている。人類のあり方をいかに見せるのかということは、古くて新しい問題といえる。

　人類学は学際的な研究分野であるため、考古学系博物館や歴史学・美術工芸系の博物館にも展示が見られる。以下に日本に設置されている人類学系分野を有する博物館を紹介し、その特徴を論じる。

（3）自然人類学系博物館

　自然人類学に関する博物館のうち、展示でも積極的に自然人類学をテーマとしている博物館に国立科学博物館（東京都）があげられ、また多数の人骨資料

図1　国立科学博物館　スクラッチタイルが印象的な「日本館」　人類学資料を含む自然史展示をする現役の施設であり、かつ「旧東京科学博物館本館」として重要文化財の指定を受けている。

を保有する東京大学の総合博物館（東京都）に自然人類系の展示が見られる。それ以外には、考古学的調査で多数のヒトの遺体が出土した遺跡に併設された考古学系博物館に自然人類学系の展示が見られ、土井ヶ浜遺跡・人類学ミュージアム（山口県）、福岡市金隈遺跡展示館（福岡県）があげられる。

a. 国立科学博物館

　国立科学博物館（略称、科博）は、独立行政法人国立科学博物館法により運営される機関である。科博は、1877（明治10）年創立の教育博物館にルーツを有し、国立としては唯一の総合科学博物館である。自然史及び科学技術史研究に関する中核的研究機関で、人類学研究部を有している。

　博物館としての構成は、1931（昭和6）年、上野公園内に完成した日本館（重要文化財指定）と、それに隣接して建設された地球館、また筑波地区の実験植物園や最新の研究棟と標本棟、さらに港区白金台の自然教育園（天然記念物指定）の三地区に基盤を置いている。

　人類学研究部の歴史は1972年に始まった。東京大学理学部人類学教室から鈴木尚が人類研究部の初代室長として就任し、人類学研究部と東京大学理学部人類学研究部が協約を締結し、東大より多数の骨格が移管され、基礎資料となった（国立科学博物館 1977）。

　国立科学博物館は、人々の科学リテラシーの向上に資する事業を実施しており、特に自然人類学（physical anthropology 形質人類学とも呼ぶ）の展示では、常に先端的な内容を提供してきた。特に、人類の進化・拡散・変異、そして日本人の形成過程を、海外と国内での調査を踏まえ、形態及びDNAの分析から実証的に研究し続けていることは特筆される。

b. 土井ヶ浜遺跡・人類学ミュージアム

　国史跡土井ヶ浜遺跡に設置された下関市立の人類学系専門博物館。この博物館の収蔵品と展示の中心となっている土井ヶ浜遺跡からは、300体以上の弥生人骨と装身具、土器が出土した。本博物館の「常設展示」では、土井ヶ浜弥生人の墓制、形質、日本人の成立に関連した内容を展示し、「弥生シアター」では遺跡に関連した3D映像の映写を行っている。特別展では、人類学・考古学関係の内容を展示することが多い。また、「土井ヶ浜ドーム」では復元人骨約80体を用い、弥生時代の埋葬を展示している。湿生花園や赤米が植えられる水田という野外展示施設を有し、博物館疲労(4)にも対応できる休息所「ほねやすめ」も設置されている。

c. 福岡市金隈遺跡カメ棺展示館

　国史跡金隈遺跡に設置された博物館相当施設。この場所から、弥生時代前期中頃から後期前半に形成された348基の甕棺墓と119基の土壙墓、2基の石棺墓が発掘され、合計136体の人骨が出土した。

　その人類学的研究成果と甕棺や人骨の出土状況を見学できるようにするため、1985年に発掘域に屋根をかけた形で展示館が建てられ、迫力ある発掘状況が展示されている。近くには福岡空港や住宅が迫り、市街化が進みつつあるが、付近にある福岡市埋蔵文化財センターや板付遺跡弥生館等と連携して、弥生文化の学習・研究に活用されている。

（4）民族学・文化人類学系博物館

　民族学・文化人類学系博物館の分類は難しく、隣接する歴史系博物館、民俗博物館、考古学系博物館、民芸館、民族美術館と分かち難い部分が存在する。研究の関連学会も相互の分野を跨いでいる。このカテゴリーを主分野とする博物館には、国立民族学博物館（大阪府）をはじめ、南山大学人類学博物館（愛知県）、天理大学附属天理参考館（奈良県）等が存在する。

　さらに2015年には文化庁により「国立のアイヌ文化博物館（仮称）基本計画」がまとめられ、2016年には設立準備室が設置され、2020年の東京オリンピックイヤーに『民族共生象徴空間』において国立アイヌ民族博物館の設置がなされることとなっている。この博物館の開設によって、文字通り日本におけ

る民族学をめぐる大きな画期が訪れることと期待される。

a. 国立民族学博物館

国立民族学博物館（略称、みんぱく）は、渋沢敬三の収集した民族資料と、1970年に開催された日本万国博覧会（大阪万博）で収集された資料が基礎となって、1974年に創設され、1977年に開館した大学共同利用機関法人人間文化研究機構に属する博物館である。そのため、大学をはじめとする外部研究機関との共同研究が盛んであり、教育部門として総合研究大学院大学の文化科学研究科が設置されている。博物館施設は、大阪府吹田市千里万博公園にある。

図2　国立民族学博物館　黒色を基調とした外壁面の四角いユニットで構成される建物
大正時代以来蒐集されたコレクションを基礎に整備し、大阪の万博公園の中央に建設された。

研究・展示内容の中心は民族学・文化人類学が中心で、常設の地域展示は世界各地を総覧する形式で、特別展示館では本博物館の研究者の研究成果が公開されている。研究組織は、人類基礎理論研究部、超域フィールド科学研究部、人類文明誌研究部、グローバル現象研究部等から構成されている。コンピュータを利用した情報管理にも積極的な取り組みが行われ、ビデオテークを含めた博物館情報機器の内容も常に世界トップレベルの取り組みが行われており、貴重なデータが保有・活用されている。

b. 南山大学人類学博物館

1949年に名古屋市昭和区五軒家町の南山大学附属人類学民族学研究所に設置された陳列室が、この博物館の前身である。1979年より南山大学人類学博物館となった。愛知県名古屋市昭和区山里町の南山大学名古屋キャンパス内に設置されている。

2013年に「すべてのヒトの好奇心のために」を合い言葉に、展示の移転と全面リニューアルが行われ、ほとんどの展示室内では、資料を触って学ぶことができるハンズオン展示となった。さらに多言語や点字による解説に取り組んで

いる。

収蔵資料は、ラテンアメリカやアジア・オセアニアの民族資料、ヨーロッパの考古学資料、地元名古屋を中心とした考古学資料や昭和時代の現代生活史資料であり、2016年時点で「信仰と研究」「南山大学の人類学・考古学研究」「南山に託す」「昭和のカタログ」「企画展示」に展示室が区分されている。

（5）民俗学・芸術系博物館

主に民俗学・芸術学の視点から収集された人類学資料を有する博物館・美術館は、代表的なもので国立歴史民俗博物館（千葉県）、東北福祉大学芹沢銈介美術工芸館（宮城県）、日本民藝館（東京都）、大阪日本民藝館（大阪府）、静岡市立芹沢銈介美術館（静岡県）、大原美術館工芸・東洋館（岡山県）、熊本国際民藝館（熊本県）等があげられる。

a. 国立歴史民俗博物館

国立歴史民俗博物館（略称、れきはく）は、歴史学・考古学・民俗学の調査研究の発展、資料公開による教育活動の推進を目的に千葉県佐倉市に1981年に設置された大学共同利用機関法人日本文化研究機構であり、国立民族学博物館と同じく、外部の研究者との共同研究が活発である。さらに、総合研究大学院大学文化研究科で大学院教育を行っており、日本歴史文化研究専攻が置かれている。歴史・考古・民俗・情報資料の書く研究系が相互に連携して、研究・教育・収集活動を行っている。

b. 東北福祉大学芹沢銈介美術工芸館

1989年に開設された大学博物館。型絵染で重要無形文化財保持者（人間国宝）であった芹沢銈介によって収集されていた世界各地の美術工芸品と芹沢銈介の作品を母体として収蔵・展示・学習支援を行っている。

芹沢銈介の息子、東北大学名

図3 大阪日本民藝館 1970年に日本万国博覧会のパビリオンとして建設された。現在は、万博公園内で国立民族学博物館に面している。

図4　静岡市立芹沢銈介美術館　芹沢銈介の作品と、彼の審美眼で選択的に蒐集された世界各地の民族資料を展示する博物館。遺跡公園である登呂遺跡公園の一角に設置された。

図5　日本民藝館　哲学者柳宗悦によって創設され、民芸運動の美術品のみならず、日本はもとより、柳らの審美眼に適った世界各地の民族資料が展示されている。

誉教授芹沢長介が資料を寄贈し開館し、その後東北のやきもの等の資料収集活動も実施している。美術的視点から人類学系コレクションが収蔵・活用されている。

仙台駅東口の東北福祉大学駅前キャンパスへ移転が計画され、さらに市民に開かれた博物館としての活動が期待されている。

c. 日本民藝館

思想家柳宗悦のコレクションを母体とした日本、朝鮮、中国、台湾、欧米の工芸資料が収蔵・展示されている博物館で、1936年に東京目黒区に開設された。これに先立つ1924年のソウルでの朝鮮民族美術館の開設、1931年の静岡県での日本民藝美術館の開設（1933年閉館）、1934年の日本民藝協会の発足を含めた日本近代の思想的運動であった民藝運動が本館の設置の背景に存在する。この民藝運動は、1926年に始まり現在も継続している工芸運動であり、積極的に異文化と対峙する姿勢を有することから、その活動は文化人類学的側面を持っている。

なお、旧館と石塀は国の有形文化財に指定されている。

註

(1) 民族学はEthnorogyの翻訳語で、民族の文化・社会・生活をさまざまな資料によっ

て研究する学問である。一方、民俗学は伝承や民具・民家等を中心に自国を中心に研究する学問という特徴を有する。
(2) Ethnocentrism の翻訳語。ある民族の文化や価値観で、他の集団を評価する考え方。
(3) 大阪博覧会事件とも呼ばれる。最後にして最大の内国勧業博覧会となった第5回内国勧業博覧会は、1903（明治 36）年に大阪天王寺・今宮で開催され、大阪博覧会とも呼ばれた。この博覧会において民間の設置した「学術人類館」が、アイヌ民族・台湾高砂族（生蕃）・琉球人・朝鮮人・中国人等の 32 名の人々を集め、民族衣装で起居させて、日常生活を見せたり、歌舞音曲を披露させたりする形の展示を行った。これに対し清国（中国）、大韓帝国（朝鮮）、沖縄県から非難の声があがり、展示の一部を中止したことを、このように呼称する。
(4) Museum fatigue の翻訳語。博物館や博物館類似施設等で、展示や催し物を見学・体験することで起こる精神的かつ体力的疲労を指す用語。博物館等では、見学者のために展示室や近接する施設に休憩・休息、滞在時間が長い場合は食事が可能な場所を設置する必要がある。

参考文献

国立科学博物館　1977『国立科学博物館百年史』国立科学博物館。
小谷凱宣　2003「明治時代のアイヌコレクション収集史再考—国外アイヌ・コレクションの調査結果から—」『国立歴史民俗博物館研究報告』第 107 集。

（富岡直人）

4　民族と民俗の博物館

　本章では、博物館に展示される民族学的資料及び民俗学的資料、いわゆる「有形資料」を対象に、その特性、取り扱い方、展示、教育について論じる。有形資料とは人間によって加工された物質を指し、物質文化（material culture）の象徴である。まず前提として、有形資料の質が博物館展示の意義を決定するため、展示される有形資料にさまざまな情報を埋め込む必要がある。たとえば、誰が、いつ、どこで収集したのかに加え、フィールドでの用途、加工技術、素材など、有形資料に関する情報の効果的な展示が求められ、有形資料が所属していた文化や社会や環境を再現しなければならない。その要件を満たしたうえで、見る人々の想像力を奪うのではなく、かき立てる展示形態を模索する義務がある。こうした取り組みによって、ようやく有形資料の真価を展示することが可能となる。

　展示では、加工した人々やその社会文化など有形資料に内在している情報以外にも、有形資料を収集した人々（本章では、以下、学芸員とする）の研究・収集・保存に対する姿勢を示すことによって、有形資料及び有形資料に関する情報の信頼度が高まる。質の高い有形資料を展示しても、これらの情報が埋め込まれていないと、有形資料の価値が正しく伝わらない可能性がある。

　また、有形資料は脆弱な側面があり、資料が有形である以上、経年劣化は避けられない。博物館には有形資料を加工した人々の技術や文化など、有形資料が持ち合わせる情報を後世の社会に伝わるように再現可能な形で保存する使命があるため、有形資料は研究や収集の段階で、有形資料及び有形資料に関する情報が正確に伝わる形で適切に記録する必要がある。そして、有形資料は単に博物館に展示されているだけでは意味がなく、研究者のみならず一般の人々の生涯教育や社会教育など広く活用されることが求められる。

　本章は、有形資料が博物館展示に至るまでの過程を実例とともに示し、学芸

員が来館者に対して実施するべき教育について扱う。

(1) 民族学的資料と民俗学的資料

a. 民族学と民俗学

　民族学（ethnology）は文化人類学とほぼ同義であり、人類のグループごとの文化的違いを調べる学問である（梅棹 1977）。ただし、民族学は、近代の西欧諸国による未開や原始など自然民族の文化の研究を起源としているため（石田 1976）、植民地主義や帝国主義と関係が深く、西欧のエスノセントリズム（自文化中心主義）の影響を強く受けてきた。

　一方、民俗学（folklore）は、常民や民間伝承を主に調査する学問である（井之口 1977）。常民とは庶民や民衆を指し、その衣食住や消費生活・生産生活・信仰生活などが民俗学の研究対象である（宮田 1985）。

　民族学は主に他の民族文化を研究対象にするのに対し、民俗学は自文化を研究対象にする流れが認められる。

b. 民族学的資料の特性

　民族学的資料に類する有形資料の中心は一般に「道具」と呼称される。道具とは狭義においては人類が発明・使用してきたものであり、有形資料である。道具には、そこに住む人々の工夫、暮らしぶり、歴史が表れており（小林 1988）、人工物だけでなく、生物や自然物などを含み、技術や身体技法の研究などと結びつくほか博物館展示とも関連する（床呂 2018）。

　このように民族学に類する有形資料の範囲は広く、収集可能な対象すべてが有形資料となりうるが、文化と関わりがあることが肝要である。有形資料は文化的情報を内在しているため、対象の地域の有形資料が充実することで当該地域の文化の様態をより具体的に把握することができる。

　民族学的資料は、日本を含め世界中の有形資料から構成され、有形資料を比較することで地域間の文化の共通性と相違を調べることを可能にし、ひいては人間の本質に迫るという民族学における最大の目的に貢献する。

　民俗学的資料もまた有形資料であるが、古典定義上、自国の有形資料を対象とする。日本民俗学では有形資料のなかでもとりわけ「民具」を中心に収集する。「民具」とは 1920 年代に実業家である渋沢敬三によって作られた造語で、

常民の生活用具を指す。

（2）民族学的資料の取り扱い方

a. 資料の研究

　民族学的資料の研究は、有形資料によって世界の諸民族の文化を説明しようとする試みで、常民の民具の研究であり、その地域の生活文化の特質に迫ろうとするものである（犬塚 1997）。ここでは筆者のこれまでの調査研究及び学芸活動を中心に紹介しつつ、研究において肝要な視点についても散りばめながら、民族学的資料の研究における方法論と有形資料の取り扱い方について論じる。

　では、研究における有形資料の取り扱いについて、フィリピンの鳥の狩猟罠（辻 2016）の実例を紹介する。

　フィリピン・パラワン島先住民の間では、自然素材を用いた狩猟罠を使った野鳥の狩猟が行われてきた。こうした鳥の罠や狩猟具は世界中で見られることがわかっている。調査研究を開始する前に、博物館などで実物を確認し、罠や狩猟具の形態や機能について事前調査を行った。そして、先行研究や文献、資料を収集し、国内外の罠の分布や種類についても検討を行った。フィールド・ワークでは罠の使用に精通した人々に過去の作成方法や利用方法を再現してもらい（図1）、その技術、素材、工程について記録した。そして、罠とその情報が一致するようにした。素材は植物由来であったため、植物の同定をした。その場で同定ができない場合や生物資源の持ち出しが禁止されている場合は、カメラで細部に至るまで撮影し、帰国後同定を行うか、専門家に依頼する。また、罠の機能についても可能な限り映像で記録した。罠で捕獲される鳥の種類については鳥類図鑑などを活用したり、聞き取りによる同定を行った。さらに、捕獲された鳥の利用価値（食用、飼

図1　鳥の跳ね罠を調整するパラワンの男性（フィリピン・パラワン島）

育、鳥害駆除など）についても聞き取り調査を行った。

　さて、研究ではフィリピンと世界の狩猟罠を比較することで、その独自性や世界との関連性を明らかにしているのだが、そもそも人類はなぜ知恵を駆使して罠を作成し、わざわざ哺乳類などと比して肉量の少ない鳥を捕獲するのかという、滑空する小さき生命に対してあくなき探究心を抱く人類の狩猟の心理に迫ることができた。さらに、狩猟罠が鳥類をはじめとする生物の保全にも貢献可能であるという新たな見地も浮かび上がった。

b. 資料の収集

　民族学的資料の収集は、研究を遂行するうえで基礎的な作業である。民族学的資料が手元にないと、研究はずさんかつ思弁的になりかねず、その根幹を揺るがしかねない。民族学的資料の収集こそ、研究活動を盤石に進めるうえでの重要な基盤なのである。

　民族学分野の博物館にとって民族学的な有形資料はかけがえのない財産である。輸送経費などを考慮すると収益面ではマイナスになることも珍しくない有形資料だが、その博物館にしかないという希少性や、他の有形資料の価値を補強する重要な役割を担っていることがある。

　たとえば、民俗学博物館にとって社会が近代化するなかで急速に失われつつある民具の収集は急務の課題である。古い民具は廃棄の対象になりやすく、体系だった民具は離散しやすい。

　一方で、博物館は民具の保護を目的として、有形資料の収集を行う場合もある。たとえば、戦争などで不安定になった地域の民具を保護することで、戦禍から有形資料を守ったり、民俗学的意義が薄れてきた古い民具を廃れないように収集する役割がある。

　民族学・民俗学的資料を保護した事例として、渋沢敬三による「アチック・ミューゼアム（「屋根裏部屋の博物館」の意）」がある。渋沢敬三は日銀総裁であった渋沢栄一の孫で、実業の傍ら民族学・民俗学に精を出した。渋沢は特に若い学者たちを物心両面で支援しながら、主に民具を収集させ、邸内の屋根裏部屋に作ったアチック・ミューゼアムに収蔵した（佐野 1998）。この活動は1921（大正10）年、つまり戦前に始まり、結果的に戦前の民具を収集し、戦禍から守ることとなった。有形資料は脆弱性が高いため、それを収集する博物館

の役割はたいへん重要である。

　また、有形資料は人から借りる場合もある。その場合、有形資料の所有は特定の取り決めがない限り貸主に属し、博物館は注意深く展示、保存する責任がある。戦後の混乱期には大量の歴史資料が、学者によって借り出され、返却されなかった記録が数多く残っている（網野 1999）が、こうした資料の取り扱い方は繰り返してはならない。

　そもそも、なぜ博物館に有形資料を集める必要があるのか。この問いに回答するには有形資料の経緯と性質を理解する必要がある。

　有形資料は、時代ごとに収集することで、有形資料の素材や技術の変化だけでなく、それを実際に使用した人々の暮らしぶりや人となり、当時の世相などが見えてくる。また、同時代の有形資料を比較した場合、民族や文化の違いだけでなく、地域、環境、技術などの違いを明らかにすることができる。実際に他国に行かなくても、有形資料は異国の民族の暮らしぶりを説明する。つまり、人々は博物館に足を運ぶことで、他国の文化を知ることができる。そうした民族や文化に関する知の集積と情報提供こそが、民族学的博物館の役割であり、期待されるところである。

　以上のことからわかる通り、民族学的資料の収集は、他国の文化を展示し、自国の文化などとさまざまな角度から比較することを目的に行われる。他国に行かずに、自国で他国の民族や文化に親しめる環境は、動物園のように他国の動物を自国で飼育・観賞するというエゴが見え隠れする面もあるが、人々の要望や欲求に根ざしている。博物館がそのような欲望のもとに発達してきたのは事実であり、批判の対象となる場合もあることを留意しながら資料を取り扱う必要がある。

c. 資料の保存

　民族学的資料は、入手に手間がかかるうえ、同一の有形資料を再度入手することは容易ではない。また、加工の技術を持つ人が亡くなれば、その有形資料は取り扱い方が不明になったり、途絶えてしまうこともある。内戦などで入国が困難になると、有形資料が入手できなくなるばかりか加工技術の存続にも関わる。つまり、民族学的資料は手に入るうちに入手し、保存する必要がある。

　たとえば、フィリピン・マクタン島では竹製の筌を用いたウツボ漁やカニ漁

が盛んである（辻 2007、Tsuji 2013）。漁に使用される筌は世界に幅広く確認され、筌の特徴や分布を見ることで人類の有形資料利用の文化や生態についてとらえることができる。マクタン島では筌の形状が3種類あり、捕獲魚介類の違いによって使い分けられ、加工は主に老齢の男性が担っていた（図2）。ある村に2人の老齢の兄弟がそれ

図2　ウツボ筌を編む男性（フィリピン・セブ州）

ぞれ異なる種類の筌を加工して生計を営んでいた。しかし、立て続けにその兄弟が亡くなり、それまで彼らに筌の加工を依存していた人々は、自分で筌を加工するか、村の外で購入しなくてはならなくなった。

　このように有形資料のなかには、利用されている技術がさまざまな原因で失われてしまう危険にさらされているものもある。聞き取りも同様で、生き証人は貴重な情報を保存しているが、寿命によって失われてしまう可能性がある。民族学的資料の保存には、そうした技術を継続的に記録しておく役割と意義が認められる。

(3) 民族学・民俗学的資料と展示

a. 文化別展示

　文化別展示には、有形資料の共通性や相違だけでなく、有形資料自体のネットワークを示す目的もある。有形資料は人の移動による伝播や環境要因などにより、異なる文化間で形状や素材の共通性が確認される場合がある。

　たとえば、紀元前1000年頃の有形資料と推定されるオセアニアの土器片（ラピタ土器）の事例があげられる（図3）。土器が食料の煮炊きのために用いられるという用途を知る一方で、人類のオセアニアへの拡散を解明するうえで重要な物証となった。この過程では、土器を編年（前後関係を配列）し、有形資料の移動や製作に関わった人類の足跡をたどる作業や、土器を製作する文化

図3　ラピタ土器の破片（バヌアツ・エスピリトゥサント）

と製作しない文化の環境や技術などの相違に関する議論が行われていた。

　人類学者や考古学者が土器にこだわる大きな理由がそこにある。民族学上において、土器は単なる煮炊きの道具ではない。また、博物館の土器の陳列にはこのような意味や意図が込められており、博物館を訪れる場合は、展示の意図を汲むことが望ましい。

b. 地域別展示

　次に地域別展示について述べる。地域別展示とは、世界をアフリカ、アジア、ヨーロッパ、アメリカ、オセアニアなどの地域に分割し、特定の地域について展示を展開する展示方法である。

　地域別展示は、地域ごとの有形資料の特質や類似性の把握や比較を目的に行われる。ここでは、民具のなかでも漁撈具である「タコツボ」の事例について検討する。

　大阪湾や瀬戸内海では素焼きの土器を使ったタコツボ漁が古くから盛んに行われており、大阪湾では弥生時代のタコツボの出土が確認されている。

　タコツボの形状や素材は地域やそれを使用する漁民によって違いがあり、タコツボにはタコがタコツボから出られないよう蓋付きのものやプラスチック製のものが見受けられる（図4）。タコ漁は、タコツボだけでなく、突き漁や貝殻を用いて、日本だけでなく、ポリネシア、南インド、北アフリカ、イタリアなどでも行われていることがわかっている（奥谷ほか 1994）。

　地域別展示では、日本各地のタコツボを展示するか、世界のタコ捕り漁具を合わせた展示とするかが考えられるが、最も尊重されるべきは、その展示に

図4　蓋がついたタコツボ（兵庫県淡路島）

よって当該地域の文化や地域性が表現されているかどうかである。また、タコツボ及び他のタコ捕り慣行を地域的あるいはより広い観点から評価することも視野に入れる必要がある。

以上、タコツボを例に地域別展示について論じたが、地域別展示は当該地域の文化の特性を表現することを主な目的とするが、同時に当該地域から世界を見ることも求められる。

c. テーマ別展示

最後にテーマ別展示について述べる。テーマ別展示とは、有形資料をある特定のテーマに沿って、関連のある有形資料を展示し、相互あるいは全体的な関係性を見ようとする試みである。ここで、筆者が最近研究しているフィリピンのスイギュウの事例に触れる。

スイギュウは日本では稀だが、世界各地で確認でき、運搬用、農耕用といった基本的な利用のほか、婚資やいざという時の換金源、闘牛、レースなどの娯楽にも使われる。さらにはミルクを絞り、チーズやヨーグルトなどに加工する文化圏もある。フィリピンでもスイギュウが広く利用されてきたが、乳利用に関しては局所的にしか行われてこなかった（辻 2018、辻ほか 2017）。

スイギュウは生き物であるが、有形資料として展示可能である。剥製や骨格標本、そしてスイギュウ文化にまつわる物質文化や写真・映像などの展示を、ウシをテーマに民俗学的に行っている博物館が岩手県にあることを紹介しておく。つまり、スイギュウに関する展示を行った場合、東南アジアを対象にした地域別展示ではフィリピンの特異性が明らかになり、文化別展示を実施した場合は東南アジア圏でのスイギュウの乳利用を明らかにすることができる。

（4）民族学・民俗学的資料と教育

a. 博物館の責任

博物館は、そこに属する学芸員のたゆまぬ研究の努力によって、膨大な民族学的資料を蓄積し、それらを通して一般の人々を啓蒙してきた。また、展示された民族学的資料はエキセントリックな魅力を人々に見せつけてきた。つまり、博物館は、学芸員の学術のためだけでなく、生涯教育やレジャーにも開放されている。今日、博物館の社会的役割はますます増している。

そのため、博物館は展示に関して倫理的責任を負う立場にある。なぜなら、有形資料のほとんどが、原住民や第三世界の人々から収集されているからだ。現在、そうした人々から博物館に異議申し立てが行われつつある。博物館は展示される側の人々にとって、帝国主義の象徴であり、研究の意義やそれに伴う現地社会への利益還元について問われている。博物館が未開と見ていた人々は今やしっかりとした文化的アイデンティティを身に付けていることを学ばねばならない（ボック 1977）。

民族学・民俗学的資料は、略奪や収奪の結果であることが少なくない。これらの資料に対する返還運動が日本をはじめ、世界中で起きている。我々が好奇の眼差しで博物館の資料展示を見る時代は終焉に向かいつつあるのかもしれない。少なくとも、資料を見ることでその来歴を知り、収集過程を省みる謙虚さが求められる。

以上の反省に立ち、本章では有形資料に込められた負の経験をさらしながら、資料と教育について検討する。その枠組みとして、文化相対主義、フィールド・ワーク、モラルについて取り上げ、これらの見地から博物館における有形資料の教育的側面を提示する。この3つのテーマは、有形資料をはじめ文化の略奪や収奪ととりわけ大きく関わってきたため、有形資料に携わるうえで十分に理解しておく必要がある。

b. 有形資料と文化相対主義

博物館の有形資料を通して我々は古い時代の風俗や他文化・多文化について理解を深めることができる。しかし、有形資料によっては現代人にとって理解し難いものが存在する。

たとえば、人を呪う呪物、首狩りの風習で狩られた生首、武器などは展示対象の文化を適切に表現している一方、野蛮で残酷であるといった判断を招きかねない。我々は自らが受容できる文化を相対的に見ることができる反面、我々の範疇にない文化は受容できず、負のレッテルを貼ってしまいがちである。これは我々の文化と他の文化との価値観の衝突によって起こる。特に、文明化の進度によって、より程度の低い文化は未開で劣ったものと見なされがちである。このようなものの見方を「自文化中心主義」と呼ぶ。

自文化中心主義は欧米の文化を最も進化したものととらえ、それ以外の文化

は進化の途上にある劣ったものとしてとらえる考え方であり、人種差別とも結びついてきた。20世紀初頭に問題となりはじめたこのような考え方に対し、すべての文化はそれぞれ固有の価値を持っているのであるから、これを外部から批判・評価することはできない。それぞれの慣習をそのまま尊重すべきであるという「文化相対主義」の考え方が出てきた。文化相対主義は、自分の属する文化を至上のものと理解する自文化中心主義的態度を超越し、どの文化もそれぞれ等しい価値を持つとする立場をとる。

この文化相対主義の台頭によって、どの文化も等しい価値を持つということが宣言され、博物館展示においても応用されている。有形資料の洗練の程度が未開と文明の違いを区別するのではなく、文化や環境の違いを比較することで、世界の普遍性や地域間の共通性を学びとして展示を行う博物館もある。ただし、文化相対主義的な教育は、民族や文化に対する偏見を和らげるうえで一定の効力があるものの、首狩りなどの殺人を許容しかねない点で、すべてを文化相対主義で見ようとする立場は支持されていない（祖父江 1979）。

有形資料を文化相対主義的に見ることは、たとえば同じ用途の有形資料がある場合、文化や地域によってデザインや素材などの違いを知ることができ、学びのうえで有用である。さらに、有形資料を通して当該文化と自文化を比較して、公平な視点からとらえる視座の涵養も期待できる。究極的には、有形資料の背景にある文化に対する偏見の解消に貢献する。博物館教育は、有形資料を介して、我々の他文化や他地域に対する思い込みを是正する役割を担っている。

c. 有形資料とフィールド・ワーク

博物館教育において、有形資料は人々を教育するうえで重要なツールとなる。そのため、一般的には有形資料を調査するフィールド・ワークが必要不可欠である。フィールド・ワークとは、国内外の調査地で行う調査のことである。長期にわたる調査を要する場合、数年かけて現地に滞在し、現地語を習得し、現地の人々と信頼関係を築いたうえで調査にあたることもある。そして、調査で得た情報は、論文や民族誌として公表する。

学芸員は現地に赴き、有形資料の調査を行い、収集・保存に従事する。しかし、一般の人々がフィールド・ワークを行える機会はごく限られているため、

近年、博物館では展示された有形資料を用いて、館内でフィールド・ワークができるような試みが普及しつつある。

博物館は疑似フィールドと見なすことができる。世界の各地域の有形資料が展示場内の各所に展示され、たいていは文化別や地域別に空間が設けられ、展示テーマに関連する有形資料が配置されている。人々は配置された有形資料を自身の目的や関心に応じて見て回り、有形資料に関する情報を収集する。現代では有形資料に実際に触れられる博物館も少なからずあり、学芸員により詳しい情報を聞くこともできる。この一連の作業こそフィールド・ワークであり、博物館においてフィールド・ワークが実践可能な行為であることがわかる。博物館はフィールド・ワークの楽しみを一般の人々にも伝え、有形資料から世界を垣間見ることを可能にする教育機関ともいえる。

d. 有形資料とモラル

博物館の有形資料は、有形資料に関わる人々や地域の人々との交流が必要になることがあり、その場合、提供された有形資料についての報告書や図録と、その意義について認めた礼状などを送ることがある。

一方で、有形資料は強引に、身勝手に、盗まれ持ち出される場合もある。そのような学芸員のモラル（倫理）に欠けた収集は、現地の人々を傷つけ、怒らせ、しまいには関係を破綻させてしまい、最悪の場合、裁判に発展したケースもある。最も罪深いのは、調査被害を引き起こしていないという思い込みによって、実際の調査被害に気がつかないことである。こうした被害を防ぐため、有形資料の収集に関して倫理委員会を立ち上げている博物館もある。

有形資料とモラルとの関係は、博物館のモラルとも関連してくる。ここで、博物館の有形資料の由来について知っておくべき必要がある。博物館は「博物学」に由来する施設である。博物学は15世紀半ばに始まった欧米人らによる大航海時代から盛んになった学問であり、大航海時代は、欧米人らによる未開の地での香料貿易、宣教活動、植民地支配に端を発する。18世紀には世界中に博物学者のネットワークが形成され、博物学の黄金時代となる。大英博物館も1753年に設立された。博物館には世界中の珍しい有形資料が集まるようになり、博物学ブームに火がついた（松永 1992）。

博物学ブームは欧米列強が植民地化した地域で拡大していき、博物学の蒐集

の対象は被植民地の人々の有形資料や文化にまで及んだ。博物学は植民地支配のための手段でもあった。被支配者の言語や文化を理解することは、宣教あるいは植民という支配を有利に進めるうえで重要であった。帝国日本もまた、植民地とした台湾、中国、朝鮮半島に博物館を設立し、日本国内でもこれらの地域の文化財や民族資料を展示した（石井編 2016）。

現在、博物館は有形資料を通して人々を教育するうえで有益な施設であるが、このように植民地支配とも結びついてきた暗い歴史がある。

以上、博物館展示における民族学的資料及び民俗学的資料について、有形資料を対象に、その特性、研究・収集・保存・展示・教育の各段階での扱い方について見てきた。

本章では民族学的資料及び民俗学的資料としての有形資料の特性はほぼ同義であり、前者は異文化、後者は自国文化を対象にしている傾向が強いことを述べた。資料の特性として前者はあらゆる有形資料を対象とするが、比較の視点から有形資料と有形資料の関係性を抽出し民族や文化の関係性を明らかにしようとする。後者は、常民が使う民具を対象とし、有形資料から世相や人々の心意を探ろうとするものである。

有形資料は民族や文化などさまざまなことを物語るが、所定の手続きをとり、適切な情報を正しく展示しないと有形資料は何も語らない。言い換えれば、博物館の有形資料は人々の見方によってその価値が変わるものであり、人々は有形資料の評価を決定する際に、それらが重要な役割を果たす。

一方、人々も多様であるため、有形資料の見方もそれぞれ異なり、学芸員の意図が伝わらないこともある。学芸員は有形資料の展示の改善に、人々の声を反映させる必要がある。そして、人々が有形資料の価値を通して、偏見にまみれやすい文化や社会や歴史、そして他者や他文化を正確に理解できるよう導かねばならない。それが、民族や民俗の博物館に課せられた継続的な役割であり、博物館展示等における有形資料を活用した教育も含まれる。有形資料は文化相対主義の問題を考えるうえで有用であり、有形資料の比較によって、文化の違いは優劣でなく個性の違いであることがわかる。また、有形資料はフィールド・ワーク教育にも利用され、博物館内の有形資料を活用した教育が実践さ

れている。

　こうした博物館や有形資料を取り巻く一連の活動を通して、博物館と人々が知的かつ社会的につながり、民族学や民俗学といった斜陽の学問の本質や楽しみが評価される健全な社会が理想であろう。本章では、有形資料に終始して論を展開してきたが、目指すところは上述の理想の実現であり、本章で紹介した有形資料も学術と社会をともに活性化させるうえで大いなる未来可能性を秘めているといえる。

参考文献

網野善彦　1999『古文書返却の旅―戦後史学史の一齣』中央公論社。
石井正己編　2016『博物館という装置―帝国・植民地・アイデンティティ』勉誠出版。
石田英一郎　1976『文化人類学入門』講談社。
井之口章次　1976『民俗学の方法』講談社。
犬塚幹士　1997「民具の民俗学」『AERA Mook　民俗学がわかる』朝日新聞社。
梅棹忠夫　1977「民族学入門」梅棹忠夫・端信行・祖父江孝男・加藤九祚・大給近達・和田祐一・竹村卓二・伊藤幹治・藤井知昭・石森秀三『社会と文化―世界の民族ゼミナール』朝日新聞社。
奥谷喬司・神崎宣武編著　1994『タコはなぜ元気なのか―タコの生態と民俗』草思社。
小林繁樹　1988『世界一周道具パズル―これ、なんに使うのかな？』光文社。
佐野眞一　1998『渋沢家三代』文藝春秋社。
祖父江孝男　1979『文化人類学入門』中央公論社。
辻　貴志　2007「フィリピン・セブ州マクタン島におけるウツボ漁に関する調査ノート」『人間文化』第22号。
辻　貴志　2016「フィリピン・パラワン島南部の焼畑漁撈民パラワンの鳥の狩猟罠」野田研一・奥野克巳編『鳥と人間をめぐる思考―環境文学と人類学の対話』勉誠出版。
辻　貴志　2018「フィリピン・ラグナ州におけるスイギュウの乳利用―乳加工と行商の事例」『佐賀大学農学部彙報』第103号。
辻貴志・Honorato Baltazar・Roland Vasquez　2017「フィリピンにおけるスイギュウの乳利用に関する調査報告―ルソン島中部のスイギュウ研究所の取り組み」『ビオストーリー』第27号。
床呂郁哉　2018「「もの」の人類学」奥野克巳・石倉敏明編『LEXICON―現代人類学』以文社。
ボック、フィリップ（江淵一公訳）1977『現代文化人類学入門（四）』講談社。
松永俊男　1992『博物学の欲望―リンネと時代精神』講談社。
宮田　登　1985『日本の民俗学』講談社

宮本常一・安渓遊地　2008『調査される側の迷惑―フィールドに出る前に読んでおく本』みずのわ出版。

Tsuji, T. 2013. The Technique and Ecology Surrounding Moray Fishing―A Case Study of Moray Trap Fishing on Mactan Island, Philippines―, Rintaro Ono, David Addison, Alex Morrison（eds.）. *Prehistoric Marine Resource Use in the Indo-Pacific Region*. Australian National University Press.

（辻　貴志）

コラム②

地理を学んで博物館で働く

（1）博物館と地理学の希薄な関係

　日本を例にした事情しか把握していないが、博物館と地理学の関係性は現在でも薄い。しかし、近年ではジオパークの活動が活発化しており、関連施設で地理学を学んだ研究者が勤務していることが多くなってきた。さらに、博物館と地理学という関係についての議論はとても少なく、情報は限定的である。ちなみに、筆者は滋賀県立琵琶湖博物館（以下、琵琶湖博物館）に勤務する前までは、博物館と地理学に関わる情報をほとんど持っておらず、大学の教育システムのなかでも地理学の役割を積極的に教授される制度はなかった。

　小さな時から、遺跡や古墳などが大好きな考古少年だったので、考古学を通じて博物館の「学芸員」という職業についての知識はあったが、地理学を学びはじめた頃は、旅先の選択肢に博物館はあっても、職業の選択肢の一つとして博物館学芸員を意識することはなかった。

　しかし、博物館で働くことは人気らしいということを琵琶湖博物館に就職して初めて知った。たとえば大学で教えていると、学生から博物館で働くにはどうしたらいいでしょうか？　という相談を幾度も受ける。世間的には、優雅な解釈を武器にした学芸員（キュレーター）というイメージがあり、世間から隔絶された（浮世ばなれ？）した世界への憧れもあるのだろう。しかし、実際は泥やホコリにまみれたフィールド・ワークにあけくれ、本や資料にあふれた汚い研究室でパソコンに向かって悶えているのが現実である。

　社会的に認知度が高い領域の考古学や民俗学や、化石を研究する地質学であれば、博物館との関係をつかみやすいのだろうが、「専門は地理学です」と返答すると、相手は「博物館と地理？」というように、困った顔になる。

　以上のことを踏まえ、博物館と地理学について検討する。

（2）地理学と博物館

　1980年代頃から日本各地で博物館や資料館が建設されるとともに、「地域博物館」という言葉が提唱され、一定の市民権を得るようになった。また、これまで博物館を実質的に支えてきた考古学や歴史学、民俗学などの分野と博物館との役割や課題についても、議論の対象になってきた。しかし、地理学と博物館の関わりについての蓄積は少ない。また、そのなかでの議論は、学芸員としての処遇改善などの

議論が多く、学問のディシプリンと博物館や学芸員という議論は、ほとんどなされてこなかったといえる。[4]

やはり、「博物館と地理学」というテーマは少なくとも日本においては、なじみが薄く、人々もイメージしにくいのだろう。しかしながら、結論からいうと、地理学は博物館ととても相性がよく、博物館においてよりいっそう活躍できる学問領域であると考えている。自然や人文社会現象の多様な領域をカバーする地理学は、多様な博物館活動の需要を満たすのである。したがって、地理学と博物館との具体的な関わりのなかで両者の役割を見出す必要がある。

（3）異分野の交差する場としての博物館

琵琶湖博物館で働くようになって知ったことだが、各学問分野間の垣根は意外に高く、共通言語自体さえも違う別世界だった。

博物館では資料収集保存の活動が重要だが、その中心となっている分類学者は、何とか虫の権威や、世界でその虫を研究しているのは数人、もしくは一人という世界だった。当然、このような研究者は、昆虫少年の大人版という感じで、研究対象そのものを非常に愛し、その人のキャラクターこそが、博物館的といえるような個性の強さを持っている。

このような、異分野が交差する博物館において、多様な領域を対象とする地理学は、異分野を「つなぐ」ことが得意な領域ともいえよう。

（4）博物館活動と地理学

先に述べた個性の強い分類学者を中心とした資料の収集・保存活動の他にも、博物館の活動は多岐にわたる。資料収集の他には、展示活動、各種観察会・講座イベントの企画や実施、研究講演などである。

琵琶湖博物館の場合、30名近くの研究職の学芸員が勤務しているが、同じ分野はいない。[5]自然史博物館として設立が進められた経緯もあり、自然科学系の割合が多いが、人文・社会系の研究者も含めた陣容になっている。残念ながら、地理学と冠するポストはない。

このような雑多な分野が住みつく博物館という場では、異分野での交差が頻繁に発生する。特に、筆者の勤務した琵琶湖博物館の場合、専門性を活かした博物館活動が行われているが、展示や資料保存などは共同で行う機会が多く、何を行うにも未知の「異分野」が目の前に広がっていた。

数年前、年1回行う企画展示に参加することになり、打ち合わせが始まった。その中心となる素材は魚で、当然中心となるのは魚類生態を専門とする生物学の研究者だった。その展示内容の議論では、当然のように魚の研究を行っている研究者は、生き物自体の重要性を中心軸におきたいと主張し、もう1人の担当者である人

文社会系の担当者は、生き物をみつめる人の重要性を指摘し、平行線の議論が継続していく。そのような日常のなかで、筆者は自然地理学が専門であることから、淡水魚といえば、フナ、コイ、ナマズくらいの知識しかなく、生物学者が発する専門用語の世界は衝撃的でもあり、しんどい日々だった。

　しかし、魚の保全や生態のおもしろさだけの展示では、あまりにも一般的で通りいっぺんになるので、魚という生物と人をどう結びつけるのかを考えた結果、魚と人が出会う場・空間の重要性に焦点を絞った展開を皆で思い浮かべた。ちなみに、その生き物とは「ナマズ」で、産卵の場として、また人にとっての生業の場であった「田んぼ（水田）」を中心軸に置くことになった。

　この流れのなかで、展示の担当者が、生き物だけの研究者であれば、淡水の生物に絞った展示で構成されたであろうし、人文・社会学系の研究者であれば、歴史などに焦点をあてようとした展示に収束したであろうが、そこにたまたま、地理学を専門とする筆者がいたことによって、「水田」という空間が両者にとって折り合いのつく場に落ち着き、結果として「つなぐ」機会となった。今から思えば、この水田という場の設定は、異分野の交流の場として格好の素材だった思う。

　その後、このナマズの展示は、地震、瓦版、鯰絵、活断層、シーボルトのオランダのナマズ標本、アフリカ……といつの間にか拡大し、全国のナマズ食調査のため、生まれて初めてナマズを何度も食すような大変なことになったが、何とか一定の成果を得た。[6]

（5）地理学を学んで博物館

　地理学では、研究素材としてモノを扱うことがそれほど多くはない。自然地理学の場合、専門によっては、化石や堆積物を試料として扱う機会があるが、人文地理の場合、歴史地理（絵図など）以外の領域では、統計資料やGISデータなどが中心で、博物館の収集資料としてのモノを扱う機会が少ない。

　このことが、博物館と地理学を結びつける糸を細くしている要因の一つになっている。博物館の場合は、どのような場面においてもモノを扱うことが求められる。琵琶湖博物館の場合は例外的に、社会学などの採用枠があるが、日本の博物館業界でこういった需要はほとんどない。つまり、博物館活動の実際場面においてはモノを扱うことに長けた歴史学、考古学、民俗学等の領域の学芸員の採用が優先され、地理枠での採用は皆無といっていいだろう。

　しかし、地理学枠がないからといって、採用の可能性がないわけではない。歴史学や民俗学の公募領域で地理学出身者が応募することは可能であるし、古生物の領域においても自然地理学研究者がその範囲に入ることは可能である。そのような意味において、モノを扱う研究を行っている場合は、博物館と地理学は大いに接点が

ある。

　ちなみに筆者の採用枠も微古生物学で、たまたま花粉化石を扱う研究を行っていたため地質学枠で採用された。残念ながら、地理学の採用枠ではなかった。

　また近年では、文系学部に限らず理学部でも学芸員の資格が取得できるように整備されてきたが、近年の博物館の公募条件として必ずしもこの「学芸員の資格」の有無は問われないようになってきている。琵琶湖博物館の場合も、分野以外の応募条件として大学院の修士課程修了を条件とし、資格は可能な限り採用後取得するように明記されている。また、他の博物館でも大学院修了は条件で、博士の学位を応募条件としているところが増加してきている。さらに、これまでは公務員試験と専門試験というペーパー試験で採否が決定されていたが、公務員試験を行わず、研究業績を重視して採用している博物館が増加しており、より高度な専門性が求められる段階になっている。

　このように、地理を学んで博物館で働く場合、他の研究職同様に大学院で研究業績を蓄積し、モノを扱う研究を行っている場合には、必ずしも地理学を冠した採用枠でなくても十分アプローチ可能だろう。

（6）博物館で「つなぐ」地理学

　地理学には、系統地理学の自然地理学、人文地理学という大枠があるが、教育段階では、地誌も含めて、自然や人文社会現象についての一定の教育を受ける。筆者自身も、出身学部が文学部で大学院が理学部だったので、文系と理系の空気のようなものは学んだ気がする。この広く学んだ一定の知識は博物館での地理学の有効性につながった。

　先にも述べたように、博物館は、激しく異分野が交差する現場である。そのような状況で、地理学を専門とする者ができることは、異分野同士を「つなぐ」ことであろう。

　先に述べた私の経験では、生物学と社会学のハザマでの仕事だったが、地理学が本来的に持つ「自然と人間との関係性（関わりあい）」に興味を持つならば、博物館で地理学を活かす場面や機会はたくさんある。前述のように、異分野の集合の場である博物館活動における地理学の役割の一つは、「関係性」をキーワードに、異なる関心や興味を「つなぎあわせること」である。このような関係性を重視した地理学の視点があれば、「異種の研究分野のマネジメント」[7]さえも可能だろう。つまり、地理学という学問は、文系・理系にかかわらず、自然や人文・社会科学にある一定の分野を有している。博物館においては、多様な領域がさまざまな場面で交差するが、地理学はこの領域をつなぐことができる。そして地理学の研究者は、土台（基礎）となるような研究や活動を行うことができる。しかし、ある特定の研究テーマ

や対象、地理というディシプリンに固執し、異分野との関わりを得意としない場合や、楽しめない場合は、残念ながら雑多な領域が交差する博物館という場で地理（学）を活かすことはできないだろう。

　これまで博物館活動における地理学の役割の一つとしては「地図を使った展示」、「空間を意識化する事業」等が指摘されてきたが、GIS（地理情報システム）等の技術的な進展から、空間を扱うことは地理学の専売特許ではすでになくなっている。たとえば、筆者は、海外調査において他の分野との研究者とフィールド・ワークをともにする機会が多いが、生態人類学や文化人類学を専攻する研究者は、対象とする村落周辺などのマッピングや、GISを使った作業を当たり前に駆使するようになってきている。このような状況で、技術的な意味における地理学の独自性は明瞭でなくなってきているが、関心の領域において、「自然と人間の関係性」という本来持つ地理学らしさの必要性はより高まってきている。[8]

　しかし、残念ながら社会における地理学の認識は、ほとんどが暗記科目としての地理である。社会との接点を持つ場が多い博物館において、地理学が少しでも活躍できる場を増やすことによって、結果として社会における地理学への認識度は高まり、地理学を学びたい、学んでよかったという人が多くなる。そのためには、①フィールド・ワークによって一次資料を自らが紡ぎだす方法を重視した、地域研究における具体的な方法論の検討、②社会環境変化を見据えた将来展望のための積極的な検討とアピール、③地理学内にとどまらない関連分野との積極的な意見交換、以上の3点が必要である。[9]

（7）日常のなかの博物館と地理学

　今の博物館の現状は決して明るいとはいえない。琵琶湖博物館のように30人近くの学芸員を要する博物館はわずかで、日本の博物館の実態を反映していない。ほとんどの地域博物館は、数人、場合によっては一人しか学芸員を置いていないのである。運営費等の削減なども行われており、財政的に厳しい博物館は増加している。また、指定管理者制度の導入などから、研究や資料蓄積よりも入館者数を重視した運営をせざるを得ない状況が発生してきている。このような厳しい状況下でも、地道に博物館活動に奮闘している博物館・学芸員は少なくない。地理学を学んだ人たちにも、博物館での活躍が求められている。

註
(1) 柚洞一央・新名阿津子・梶原宏之・目代邦康　2014「ジオパーク活動における地理学的視点の役割」『E-journal GEO』9-1.
(2) 本コラムは、宮本真二　2010「博物館と地理学」『地理』55-10を素材として加筆・修正した。

(3) 額田雅裕　1996「地域博物館・学芸員の現状と博物館活動の地理的分野」『立命館地理学』6。
(4) 宮本真二　1997「博物館における自然地理学の役割」『立命館地理学』9。
(5) 宮本真二　2011「インタビュー　博物館の地理学者10　滋賀県立琵琶湖博物館　宮本真二さん」『地理』56-9。また、琵琶湖博物館の活動内容についてはホームページでその概略がつかめる。http://www.lbm.go.jp/
(6) 前畑政善・宮本真二編　2008『鯰（ナマズ）イメージとその素顔』八坂書房。
(7) 牧田　肇　1991「生態学の視点を地理学はどうとらえるべきか？」『地理』36-3。
(8) 宮本真二　1999「私の考える地理学」『地理』44-11。
　　宮本真二・野中健一編著　2014『自然と人間の環境史』海青社。
(9) 前掲（4）。

（宮本真二）

第Ⅲ部
地域の博物館資源

1　天然記念物と自然遺産

　産業革命が本格化した18世紀以降、経済活動が広い地域に及ぶようになると自然保護の意識が芽生えることになる。ヨーロッパやアメリカなどの牧畜を伴う社会では、森林の牧野化が進み、山岳地帯にまで放牧地などの利用が広がることになった。このような時代背景のもと、天然記念物や国立公園として自然を保護しようとする動きが高まってきた。

　世界最初の国立公園はアメリカのイエローストーン国立公園であり、指定は1872年のことであった。アメリカではこれに先立つ1869年に大陸横断鉄道が開通しており、広い地域で急速な開発が進行していたことがわかる。ヨーロッパでははるかに以前から農地あるいは放牧地・採草地としての利用が進行しており、多くの動物が絶滅してしまうなど、保護すべき自然すら存在しない状態となっていたことを踏まえての新大陸開発であったが、アメリカのみならず、オーストラリア、ニュージーランドなどにおいても自然の保護は常に開発の後追いとなっているのが実態である（波田 2017）。

　日本においては1919（大正8）年に史蹟名勝天然紀念物保存法が制定され、各地で巨樹や学術上重要な動植物などが天然記念物に指定された。天然記念物に関しては、当時このような活動の先進国であったドイツに留学した三好学によってその概念が日本に紹介され、広まることとなった。三好学は植物の分類体系などを研究し、天然記念物として指定されることになる巨樹・巨木などに関する書籍も著している。

　当時の状況を見ると、江戸時代が終了して世界に開かれた明治時代以降、広域に鉄道などの交通網が整備されるに伴って開発が本格的となっていった。江戸時代における封建的な社会では、限られた生活空間のなかで完結する経済圏であり、自然の酷使と疲弊は地域生態系の破滅を招いてしまう。自然との調和なくしては継続が困難な経済社会であったといえよう。村社会では、巨木や鎮

守の森、巨岩などの優れた自然資産は、崇拝すべき自然あるいは先祖のシンボルとして畏敬されていたわけであり、特別に天然記念物として指定するなどの行政的施策を行う必要がない社会であったといえよう（篠原 1990）。

経済圏・生活圏の拡大と開発の規模拡大に伴って日本人の自然との関係も変化せざるを得なかった。史蹟名勝天然紀念物保存法の制定は、日本人の自然観が変化しはじめた時代背景に呼応したものであろう。

（1）天然記念物・国立公園・自然遺産・ジオパーク

自然の保護に関しては、文化財保護法による天然記念物の指定とともに、自然公園法による国立公園や県立公園などのように、広く地域を指定することも行われてきた。巨樹・巨木のような個体を対象としたものは別として、尾瀬ヶ原湿原のような広大な面積を持つ優れた自然は、天然記念物に指定されていると同時に国立公園にも重ねて指定されている場合が多い。このような場合には文化庁と環境省が所管していることになり、保護・保全に対するスタンスが微妙に異なる部分がある。

天然記念物に特別記念物があるように、国立公園にも保護に関する区分がある。陸域に関しては、たくさんの人々が生活しており規制が緩やかな普通地域、指定動植物の採取や建物の色の変更などに許可が必要な特別地域、特に厳しい保護が必要であり、学術調査等以外では動植物の採取が認められないなどの規制がある特別保護地区に区分されている。自然公園法には各県において保護保全すべき自然が県立自然公園に指定されている。

自然公園法の目的は「優れた自然の風景地を保護するとともに、その利用の増進を図ることにより、国民の保健、休養及び教化に資するとともに、生物の多様性の確保に寄与する」であり、保護と同時に利用が強く意識されている。したがって、登山道の整備や避難小屋の建設なども自然公園の事業として重要な柱となっている。文化財保護法に基づく天然記念物は、保存が最重要課題である点でやや方向性が異なっている。

自然遺産は国際自然保護連合が事前審査を行い、ユネスコが認定するものである。1972 年に制定された比較的新しい世界的な制度であり、指定には「顕著な普遍的価値」が求められている。すなわち、世界的な視野に立った、素晴ら

図1　大正13年に国指定となった天然記念物誓願寺のソテツ（香川県小豆郡小豆島町）

図2　尾瀬ヶ原湿原　特別天然記念物に指定されていると同時に尾瀬国立公園特別保護地域に指定されている。

しい自然であることや、生物的あるいは生態的に最上級に優れていることが必要である。対象が高度なレベルで永続的に保護・保全されることが求められており、厳密であり包括的な条件を完備していることが求められる。富士山は当初、自然遺産に申請されたが、ゴミの不法投棄や過剰利用などの問題もあって認められず、文化遺産として再チャレンジして認められた。自然遺産は素晴らしい自然とともに、その自然を保全していく文化と方針を完備し、継続する必要があり、6年ごとに報告し再審査を受ける必要がある。日本における自然遺産は知床、白神山地、小笠原諸島、屋久島の4か所となっている。

　世界ジオパークは2000年にスタートした新しい制度であり、現在はユネスコの認定事業となっている。自然遺産でも地質や地形を対象とした指定がなされているが、ジオパークは名前の通り、地質や地形などの大地を指定するものである。地質学的な年代、あるいは地球的なスケールに着目したものであり、一連の火山活動や造山運動などが対象となっている。したがってそのスケールは衛星からの俯瞰レベルであり、大地形のなかをうごめく人間にとっては、解説なくしては認識できないほどのものである。ジオパークの活動の一つに教育があるが、このような簡単に実感しにくい世界を知覚・理解するためには教育が必須である。日本におけるユネスコ世界ジオパークは洞爺湖有珠山、糸魚川、島原半島、山陰海岸、室戸、隠岐、阿蘇、アポイ岳の8か所の地域が認定

されている。また、日本ジオパーク委員会によって43か所が日本ジオパークとして指定されている（20017年現在）。

（2）天然記念物と博物館

　天然記念物は巨木や鍾乳洞など、存在する立地と切り離せない場合も多い。このために館内展示物としてそのままでは取り込めないことも多く、博物館においては画像や諸元情報などの提示にとどまることが多い。スケールの大きな天然記念物や自然遺産では、地域そのものがミュージアムであり、その入り口となる建物が博物館あるいはビジターセンターであるといえよう。すなわち「フィールドミュージアム」である。特にスケールの大きなジオパークでは博物館やビジターセンターなどが複数ある場合も多く、活火山ではシェルターの役割も担っている。

　大スケールの天然記念物や自然遺産に関しては、土器や鉱物標本などの展示解説と異なり、フィールドに出た際に役立つような要素も必要となる。もちろん天然記念物そのものに関する詳細情報とともに、交通機関に関する情報や安全に関する情報なども提供することが望まれる。具体的には、探索ルートの種類と距離・必要時間、到達するための公共交通機関の有無と時刻表、駐車場の有無、避難施設の有無・位置、緊急時の連絡先などであり、これらの情報の提供が出発口である博物館として準備されているべきである。

　広大な自然を舞台とするフィールドミュージアムでは、博物館における学芸員の役割は、自然のなかで自然を解説する案内人である。日本ではそのような役割を担うネイチャーインタープリターの制度は十分に発達しているとは言い難いが、インタープリターの熟練度がフィールドミュージアムの質に大きく影響する。今後の発展に期待したい。

（3）天然記念物各論

　自然の保護に関する制度は文化財保護法による天然記念物以外にも多数あり、近年の制定になるものほど厳密かつ広域となる傾向があるが、ここではこれらの基礎であり、貴重な自然の保護・保全に大きく貢献してきた天然記念物について解説し、具体的な事例の特徴と問題点などをあげることとする。

ただ単に天然記念物といえば、国が文化財保護法のもとに指定するものを指しているが、県や市町村などの地方自治体も文化財保護条例を制定し、これに基づいて天然記念物を指定している。これらを区別するために、地方自治体の指定する天然記念物は、岡山県指定天然記念物などのように自治体の名称を冠するのが普通である。

1919（大正8）年に現法のもととなる史蹟名勝天然紀念物保存法が制定されたが、同法は1950（昭和25）年に廃止され、保護の対象となっていたものは、同時に制定された文化財保護法に引き継がれ、より充実した保護・保存が可能となった。この際、一旦すべての天然記念物などは指定解除され、改めて文化財保護法の下で調査され、審査・指定されることとなった。このため、現在の天然記念物には昭和20年代後半以降に指定されたものが多い。

天然記念物は「動物（生息地、繁殖地及び渡来地を含む）、植物（自生地を含む）及び地質鉱物（特異な自然の現象の生じている土地を含む）」の分野からなっており、我が国にとって学術上価値の高いものなどを指定している。それらのうち、特に価値の高いものを特別天然記念物として指定している。

a. 動物

動物の天然記念物指定は194種であり、そのうち21種が特別天然記念物である。種指定と生息地の指定動物には哺乳類、鳥類、両生爬虫類、魚類、貝類や昆虫類などの無脊椎動物など多様である。

地学的なものを除けば、天然記念物は生物であり、日々成長して繁殖し、年老いて死亡していく。このような変化のために継続的な保護は容易ではない。すでにカワウソなどのように絶滅してしまった可能性が高い生き物もいくつかある。農薬の使用や人類の生活のあり方の変化、都市化などが大きな影響を与えている。指定の方法には大きく分けて種指定と地域指定があり、種と生息地域の両方を指定する場合もある。

食物連鎖の上位に位置する大型の鳥類は、農薬の普及や農業形態の変化などによって大きく個体数を減らしてきた歴史がある。トキやコウノトリは国内に生息していたものは絶滅してしまった。タンチョウも同じような経過をたどり、絶滅したと考えられていたが、1924（大正13）年に釧路湿原において再発見された。その後ナショナルトラストや給餌活動などが功を奏し、1935（昭和

10）年に繁殖地とともに国の天然記念物に指定、1952（昭和27）年に特別天然記念物に、1967（昭和42）年に地域を定めない特別記念物に指定された。ツル類など、渡りを行う大型の鳥類は長い時間飛翔することは得意であるが、飛び立つのに助走を必要とし、急激な旋回が苦手な傾向がある。タンチョウもキタキツネなどの被害を受け、電線に衝突して死亡する例

図3　国指定特別天然記念物に指定されているタンチョウ　岡山県自然保護センターで飼育されている個体。

が少なからずあった。釧路湿原の個体群は渡りを行わなくなり、行動に変化が生じたことは手厚い保護の結果であるとはいえ、留意が必要である。

　岡山県自然保護センターでは比較的自然に近い形でタンチョウを飼育・増殖しており、県内の数か所にも飼育施設を設け、全国の動物園などにもタンチョウを譲渡している。野生での保護と人工的な環境での保護と繁殖が完備している少ない例であろう。

　生きている化石として特別天然記念物に指定されているオオサンショウウオは、1927（昭和2）年に岡山県真庭市の蒜山・湯原地域そして郡上市、九州の院内町、由布市などが生息地として指定された。その後、1951（昭和26）年に種として天然記念物に指定され、さらに1952（昭和27）年特別天然記念物に指定されたが、生息地の指定から種の指定までの25年間は、種としては天然記念物ではないので、採取が可能であった。河川は氾濫しないなどの安全性が重視される。天然記念物であるオオサンショウウオに対しては、自然に影響を与えにくい工法や構造物とするなど、配慮がなされてきたものの、ダムや砂防堰堤、堤防の整備などによってオオサンショウウオの生息環境は次第に不連続となり、営巣環境が減少しつつある。

　種指定と生息地指定の矛盾は多くの種で見られる。カブトガニは繁殖地が1928（昭和3）年に国指定の天然記念物に指定されたが、カブトガニそのものは種指定とならなかった。カブトガニそのものは漁網を損傷させることがある

図4　オオサンショウウオ

など、漁業への配慮があったものと推察される。カブトガニ繁殖地は水深の浅い海域であり、1947（昭和22）年から干拓事業が進行し、1966（昭和41）年からは大規模な干拓が実施されて繁殖地は干拓され、陸化されてしまった。その後、1971（昭和46）年に代替え地として神島水道が天然記念物に指定されたものの、大きく環境が変化したことと水質の悪化などによって自然繁殖は困難な状況となっている。現在は笠岡市のカブトガニ博物館が増殖に尽力している。繁殖地としては、佐賀県伊万里市が国指定天然記念物、愛媛県西条市に県指定の天然記念物に指定されている。開発優先時代における天然記念物の指定事例の一つであるといえよう。

　動物の天然記念物に関する問題の一つとして移入種との交雑があげられる。動物の移入に関しては、国内の地域個体群間の移入や国外からの移入がある。上記のオオサンショウウオでは中国産のオオサンショウウオが導入されて飼育されたことがもととなり、日本のオオサンショウウオとの交雑による雑種が増加していることが報告されている。魚類でも同様なことが発生しており、天然記念物に指定されてはいないが、ニッポンバラタナゴと中国産のタイリクバラタナゴが交雑し、雑種が生まれている。タイリクバラタナゴは日本全国に広がっており、遺伝子汚染を引き起こしている。

　動物の天然記念物には自然性の高いものの他に鑑賞用の特別天然記念物であるオナガドリや鳴き声を楽しむ東天紅鶏、闘鶏のための軍鶏（シャモ）、さらに比内鶏などの食用の地鶏の系統が天然記念物に指定されている。日南海岸の都井岬には古い系統の野生馬が放牧されている。これらの種は飼育個体数も少なく、近親交配が長期間続いて系統の保存が困難になっている事例も多い。種の保存の難しさが感じられる。一方、柴犬や紀州犬などの日本犬も天然記念物に指定されており、犬種系統保存のために基準が設けられている。最も身近な天然記念物である。

サルの生息地は大分県の高崎山をはじめとし、6か所が天然記念物に指定されている。岡山県高梁市の臥牛山ではニホンザルの群れが餌付けされ、ふもとに自然動物園が開設された。やがて個体数が増えることになったが、観光客が減少したために動物園は閉園し、餌付けは中止された。サルの生息地そのものは継続的に存在しているが、環境は大きく変動することになった。サルは個体としては天然記念物ではないので、農業被害が発生する状況になると駆除の対象となる。天然記念物の位置づけを明確にする必要がある事例である。

b. 植物

548件が指定されており、そのうち30件が特別天然記念物である（2017年現在）。特別天然記念物には、阿寒湖のマリモ、屋久島スギ原始林、大山のダイセンキャラボク純林、香川県小豆島の宝生院のシンパク、白馬連山高山植物帯などがある。

天然記念物全体で見ると、最も多い指定は特定の樹木等に関するもので、約半分を占めている。特定の樹木に関するものでは、最も多いのはスギの単独木や並木であり約50件を占める。次いで多いのはサクラであり、群落を含めると36件となっている。このためにかなりの巨木・老木のサクラでも県指定にとどまっている例が多い。イチョウとクスノキも大木になる樹種であり、お寺や神社に多い。スギは屋久島の縄文杉で象徴されるように、長寿であり、幹の心材に防腐性のある樹脂を蓄積するので腐敗しにくいことも巨樹となりやすい要因の一つである。神社では先祖が帰ってくる時の目印として、高くそびえる針葉樹が当て木として植栽されることが多い。スギやモミが使われることが多かったが、スギがより長寿で巨木となるので結果的にスギが多くなったのであろう。

クスノキの巨木が多いのは防虫剤としても使用される樟脳を含

図5 国指定特別天然記念物に指定されている宝生院のシンパク（香川県小豆郡小豆町）

図6　たくさんの気根を出している国指定天然記念物の菩提寺のイチョウ（岡山県奈義町）

み、腐朽しにくいためであると考えられる。広島の宮島、海上に立つ鳥居はクスノキで作られている。材が遺跡から出土しないことなどから史前帰化植物であると考えられ、中国から台湾の原産と考えられる。中国のお寺の社叢には、よく生長したクスノキ林が見られることがある。九州から四国の沿岸域に多いのもこのような状況を反映しているものと考えられる。根系の発達は広葉樹のなかでも屈指であり、よく発達した根が地上部を支えている。クスノキは西日本の太平洋岸などの温暖な地域では自然更新して林を形成することがある。

　イチョウも社寺境内に植栽されていることが多く、痩せ地でも強健であり、良好な立地では巨木に生長する。中国原産であり、生きている化石である。地下にはよく発達した根系があり、根が発達できる立地で大きく生長できる。大きくなってやや生長が衰えると枝の基部から気根を形成する。気根が発達して地上に達すると気根の上部から勢いのある枝が形成される。この気根を乳房に見立てて乳イチョウと呼んで安産のシンボルとされることもある。雌雄異株でギンナンが実るが、実に葉が付くものがあり、お葉付きイチョウとして天然記念物に指定されている例も多い。伐採や風倒害などで主幹が損傷すると主幹の周囲から多数の幹が再生し、千本イチョウと呼ばれる樹形となる。

　シンパクやソテツなど、崖などの痩せ地に生育することが多い植物は大きく育ったものは少ないが、香川県小豆島の宝生寺の境内に生育するシンパクは国の特別天然記念物に指定されている。

　これらの巨樹・巨木に関しては、樹勢の衰えたものも多く、台風などの強風で大枝が損傷するなどの被害にあいやすい。巨樹・老樹の生育する社寺は、そ

れなりの歴史があり、建築物も高く評価されている場合も多い。両者の保存を行う必要があるジレンマである。

　自生地・発生地・産地が指定されているものが85件あり、そのうち北限あるいは南限が14件ある。基本的には見事に、あるいは典型的に生育している自生地を指定しており、特に分布の南限や北限の典型的な生育に関しては、厳重な保護を行っていることになる。しかしながら、特定の種の自生地を保護・保全するには十分な知見が集積されているとは言い難い場合も多く、学術的な調査が必要である。

　社叢・原生林・湿原植物群落などの植物群落としての指定は130件を上回っており、貴重なあるいは特徴ある自然が面積を持った状態で指定されている。原生林などの指定は、巨樹・老木などの指定とは異なり、一つの生態系を指定することとなり、本質的な自然の保全であり、地域の生物多様性にとって重要な機能を果たしている。

　アポイ岳高山植物群落のように、亜高山から高山帯にかけての植物群落は多数指定されている。また、石灰岩地域や蛇紋岩地域などの特殊立地の指定は、天然記念物の趣旨に沿ったものであり、次項の地質とも関連している。尾瀬ヶ原や霧ヶ峰湿原植物群落などの湿原植生は重視されており、厳重に保護されている。温暖な中国四国地域では湿原に関する指定は岡山県新見市の鯉ヶ窪湿生植物群落のみである。九州以南では、亜熱帯性の森林やマングローブ林などが指定されている。

　これらの生態系を対象とした指定は、継続的な調査が実施されている例は少ない。主体が生き物の集団であるので次第に変化する宿命があり、定期的な調査が必要であるが、天然記念物であるがゆえに立ち入り調査が容易ではないなどの問題もある。

c．地質鉱物

　地質鉱物の項目では、246件が指定されており、そのうち20件が特別天然記念物である。特異な岩石や顕著な地質の露頭など、比較的小規模なものから広大な火山地帯などが指定されており、広大なスケールの場合にはジオパークにも指定されている事例が多い。

　昭和新山は有珠山の寄生火山であり、特別記念物に指定されている。昭和新

図7　八ヶ岳中信高原国定公園の一部である国指定天然記念物「霧ヶ峰湿原植物群落」

図8　国指定の特別天然記念物に指定されている昭和新山

山は1943年から2年ほどの短期間で隆起した山であり、変動が沈静化した後の1952年に指定された。この地域は現在でも活発な火山活動が行われており、多くの火山にちなんだ地形が存在しているが、天然記念物に指定されているのは昭和新山のみである。一方、巨大カルデラである洞爺湖と有珠山、昭和新山などを含む地域は世界ジオパークに指定されており、天然記念物と世界ジオパークの考え方の違いが表れている。

秋吉台や秋芳洞、龍河洞、平尾台など石灰岩台地や鍾乳洞の指定も特徴的である。石灰岩の風化・浸食によるカルスト地形や鍾乳洞が陥没し、一部が残った陸橋なども指定されている。このような特殊な地質と地形は景観そのものの価値も高いが、石灰岩に特有な植物が見られる場合も多く、鍾乳洞には洞窟特有の昆虫などの固有種が生育することも多い。地学的な観点のみならず、生物学的な観点も合わせて保護・保全が必要である。

d．天然保護区域

保護すべき多数の天然記念物が存在する地域は、天然保護区域として指定される。23件が指定されており、そのうち大雪山、黒部渓谷附猿飛ならびに奥鐘山、上高地、尾瀬の4件が特別天然記念物である。山塊や渓谷、湿原、島嶼などが天然保護区域に指定されており、厳正に保護されている。

大雪山は北海道の中央にそびえる山系であり、最高峰は標高2291 mの旭岳である。天然保護区域の特別天然記念物に指定されていると同時に、大雪山国立公園でもある。中央アルプスなどに比べて標高は低いが北海道に位置しているために高山の特性がよく表れている。高山植生は豊富であり、土壌の凍結融解によって形成される階段状の構造土も発達している。高山特有の地形や生物が多いのは、北に位置することと高山域が広いことによっている。

図9　大雪山国立公園の中核である旭岳　天然保護区域の特別天然記念物に指定されており、高山植生が典型的に発達している。

　尾瀬は福島県、群馬県、新潟県の3県にまたがる盆地であり、その中心部に尾瀬ヶ原湿原が広がっている。周辺の燧ケ岳や至仏山などを含めて特別天然記念物に指定されているとともに、国立公園の特別地域でもある。地域は多様な湿原植生が発達しており、尾瀬特有の植物が生育している。

参考文献

篠原　徹　1990『自然と民俗―心意のなかの動植物』日本エディタースクール出版部。
波田善夫　2017「世界から見た日本の自然と文化」『岡山の自然と文化』36、岡山郷土文化財団。

（波田善夫）

2 史跡の整備とその活用

(1) 史跡とは

　私たちの生活文化・歴史は、過去の人々の活動や、自然との相互作用の積み重ねでできている。そうした過去の人間の活動の痕跡をとどめている場所が「遺跡」であり、日本の文化財保護法では、貝塚・古墳・都城跡・旧宅等の遺跡のうち重要なものを「史跡」として指定し、特に重要なものは「特別史跡」として保護している。史跡は、今生きる私たちのたどってきた過去（歴史）に直に触れ感じることができる唯一の空間であり、重要な学びの場である。

　そして遺跡は、構築物の痕跡である遺構（不動産）と、出てきたモノ＝遺物（動産）の２つからなるが、過去の人々が利用した、あるいは意識した自然環境も、重要な構成要素となっている。そもそもなぜそこに人が関わったのか、住み着いたのかという立地や選別に大きく関わるため、遺跡・史跡を考えるうえで、地下からでてきた痕跡のみならず、周りにある景観・自然環境も含めて、理解し保護する必要がある。

　遺跡については、日本では古くから自然と歴史を含めた「風土」として関心が払われてきた。江戸時代には『新編風土記』などにより各地の名所・旧跡等が紹介され、名庭園や景勝は幕府によって修復・維持が行われている。しかし明治時代以前においては知識を醸成させる段階にとどまり、今日のような遺跡という捉え方で保護されることはなかった。

(2) 史跡に関わる法制度の成立と変容

　明治時代に入ると、明治維新や欧化主義による廃仏毀釈の動きが強まり、文化財の廃棄と海外への流出が相次いだ。その対抗措置のため、日本の文化財保護は、まず有形の文化財（建造物や宝物（美術工芸品）のような形のあるもの）から始まる。1871（明治5）年の太政官布告「古器旧物保存方」により、社寺や

名家にある宝物のリストアップおよび保存が試みられた。また遺跡に関しては、1874（明治7）年の太政官達第59号「古墳発見ノ節届出方」布告により、初の保護措置が出されたが、古墳のみを対象とする限定的なものであった。そして1897（明治30）年に、日本で最初の文化財保護に関する法律「古社寺保存法」が制定されることとなった。この法律は社寺がもつ建造物と宝物類を守るために、内務省が管轄・格付け（特別保護建造物または国宝に指定）し、その保存修繕費を国家が支援するというものである。ここでは、守るべき対象に建造物を含めた点で大きな意義をもつが、指定をうけた大半は社寺に限定され、多様な史跡を守るという視点には至っていなかった。

　時を同じくして、明治30年以降、日本では急速に近代化が進み、鉄道や工場が各地に建設され、国土開発がさかんに進められた。そして土地と結びついた数多くの遺跡や自然が破壊されるなかで、三好学らが提唱した、各地域における勝景や古建築・自然等を調べて保護する郷土研究の思想が、社会に広まってゆく。そして動植物等の自然をふくめた保護措置として、1919（大正8）年に「史蹟名勝天然紀念物保存法」が制定された。本法は、重要な遺跡（史蹟）に加え、庭園・橋梁・山岳など風致景観がすぐれた名勝地と、動植物・地質鉱物などを天然記念物として広く対象としていることが特徴である。そして保存要目において、都城跡・古墳・貝塚等々と史跡に関する理念が初めて定められた。この史蹟・名勝・天然記念物という3つのカテゴリーの大半は、その後制定された文化財保護法に、「記念物」に総称され受け継がれていく。

　1945（昭和20）年以降、戦後の経済的な混乱と疲弊、財政の逼迫、政治体制の構造変革が続くなかで、文化財の保護に関しても行政・制度の改正が不可欠となった。そして、戦中に出された有形文化財を保護する「国寶保存法」「重要美術品等ノ保存ニ関スル法律」と、上述した「史蹟名勝天然紀念物保存法」の3法が一本化され、1950（昭和25）年に「文化財保護法」が制定された（以下、保護法と略する）。本法では、有形（美術工芸品・建造物・民俗資料・考古資料等）、記念物（史蹟・名勝・天然記念物）および無形（演劇・音楽・工芸技術等）を、「文化財」の概念に含めて統一的に保護するとし、それを推進する外局として文化庁が設立された。そして、その保護する対象は改正を重ねて、民俗文化財や伝統的建造物等、時代の要請とともに広げつつ今日に至っている。

この法律が旧法と大きく違う点は、第一条（目的）に「文化財を保存し、且つ、その利用を図り、もって国民の文化的向上に資するとともに、世界文化の進歩に貢献すること」という活用という視点が新たに明示されたことである。つまり、文化財を「保存」するだけではなく、「活用」と合わせて「保護」とする考え方が提唱され、「後世に文化財のもつ価値を守り伝える（保存）」と、「その価値を社会・市民へ公開する（活用）」という2つの作用が、表裏一体となって進められるべきであるという方向性が示されたのである。

　遺跡は保護法第2条に定められている文化財の6つの類型の1つ「記念物」にあり、そのなかに「遺跡」「名勝地」「動植物・地質鉱物」の3つの分野が含まれている。各分野に属するもので重要なものが、それぞれ「史跡」「名勝」「天然記念物」に指定され、特に重要なものは「特別史跡」「特別名勝」「特別天然記念物」に指定される（和田 2015）。史跡の指定基準として、遺跡の類型リストは以下の9種類に分けられる。①貝塚、集落跡、古墳その他この類の遺跡、②都城跡、国郡庁跡、城跡、官公庁、戦跡その他政治に関する遺跡、③社寺の跡または旧境内その他祭祀信仰に関する遺跡、④学校、研究施設、文化施設その他教育・学術・文化に関する遺跡、⑤医療・福祉施設、生活関連施設その他社会・生活に関する遺跡、⑥交通・通信施設、治山・治水施設、生産施設その他経済・生産活動に関する遺跡、⑦墳墓および碑、⑧旧宅、園池その他特に由緒ある地域の類、⑨外国および外国人に関する遺跡（和田 2015）。このような幅広い範囲の遺跡のなかで、歴史・学術上において重要な遺跡を、調査を行ったうえで国（文部科学省・文化庁）が史跡として指定し、現状変更を規制することで人為的な破壊を防ぎ、管理・修理をしつつ現状維持を図り、整備を行い公開・活用を目指すということである。

　遺跡を守るには、①国や地方自治体が指定するこの「史跡」となるか、あるいは②「登録記念物」へ登録されるという2つの方法がある。まず①の史跡の指定については、上記の国指定以外でも、地方自治体（都道府県・市区町村の教育委員会）が文化財保護に関する条例により行うものがあり、地方自治体による指定は、国指定のもの以外に限り、各地域にとって意味を持つものを保護することができる。次に②については1996（平成8）年の保護法改正によりできた文化財の「登録制度」によるもので、持ち主が「後世に残す価値がある」

と国に申請し、裁可を経て登録するというボトムアップ式の文化財である。多くは近代以降の建造物が占めるが、登録されると緩やかな保護措置のもと多少の現状変更（内装等）が可能であり、地域において活用し役立てることが期待されている。

　しかし、戦後の復興や1960年代の高度経済成長期に至り、"列島改造"といった大開発事業が全国土で繰り広げられるなかで、次々と破壊の危機に瀕していく文化財に対して「保存」を優先せざるをえない、あるいは保存すらままならない現実があった。史跡に関しては、早い段階から遺跡破壊に対する危機感があり、地中にある文化財＝「埋蔵文化財（遺跡・遺物）」を保護するため、1954（昭和29）年の保護法改正では、遺跡のある可能性が高い「周知の埋蔵文化財包蔵地」に関する制度を設け場所を保護するなど、埋蔵文化財に対する制度が強化された（和田 2015）。その一方で、開発側との調整が不可欠となり、記録保存が前提の緊急発掘が急増していく。そして1997（平成9）年には緊急発掘が1万件を超える事態となり、現在でも年間8千か所近くが破壊される状態が続いている。こうしたなかで、1950年代後半から大阪府イタスケ古墳の保存運動を皮切りに全国的に文化財保存運動が展開し始め、また町並みに関しても1970年前後から保存運動が始まり（1975（昭和50）年保護法改正により、伝統的建造物保存地区制度により保存が開始される）、開発の荒波において各地の遺跡・町並みに対して高まる保存の要求に、政府は特定の文化財を選び整備・活用する方策——風土記の丘——を実施することとなった。

（3）史跡の整備へ——「面」的な保護に向けて——

　史跡を「活用」し、歴史・文化を理解してもらうため、1966（昭和41）年より国指定の史跡を環境整備する「風土記の丘整備事業」がスタートする。この構想の特徴は、遺跡を単体「点」として保護するのではなく、周囲の景観を含めて広く「面」として整備し保護すること、また出土品である埋蔵文化財の収蔵・保存を行うこと、そして整備・活用の中核に「展示施設の設置」を義務付けた点である（青木ほか 2015）。風土記の丘は全国16か所に設けられているが、この史跡という野外空間と博物館を合わせた保存・整備・活用は、現在においても重要な基本理念とされている。

図1　備中国分寺

図2　津島遺跡

岡山県では、1972（昭和47）年に岡山平野北西部・吉備高原南部にある古代吉備文化の中心地に吉備路風土記の丘県立自然公園が設けられている。広域な範囲を、普通地域（風土記の丘：吉備史跡）や特別地域（鬼城山や最上稲荷・吉備津神社等の地域）に分けて保護しており、五重塔がシンボルマークである備中国分寺（図1）やこうもり塚古墳、備中国分尼寺跡等の史跡と造山古墳などを線——サイクリングロードやランニングコースとしても人気である——で結び、総社吉備路文化館にてガイダンス展示が行われている。

　こうした遺跡を整備する取り組みは昭和50年代以後も続き、国指定以外の県指定の史跡でも、開発の際に遺跡公園として保護されたものも多い。例えば、四ツ塚古墳群（真庭市）は蒜山高原にある古墳群であるが、1987（昭和62）～1989（平成元）年に修景整備され、古代体験の森や古代米水田、竪穴住居が復元された史跡公園には、蒜山郷土博物館も併設されている（青木ほか 2015）。

　また平成に入ると整備が大規模化し、遺構の一部や建物の復元を行う例が増加する。標高約400mの山にある鬼城山史跡（総社市）では、西門や石垣、土塁の復元を行い、日本の古代山城の先駆的整備事業として注目された。また津島遺跡（岡山市）は、日本で初めて弥生時代前期の集落と川・水田が確認され、遺跡保存を求める声が高まり1971（昭和46）年に史跡指定された。現在、県総合グラウンド内に竪穴住居や高床倉庫や水田跡が復元・整備され（図2）、陸上

競技場1階に遺跡&スポーツミュージアムが設けられている。

　上述のように、整備された史跡には歴史・文化をわかりやすく理解するための拠点施設が併設され、活用が促されてきた。施設では、特別企画展や教育普及事業としての講演、ワークショップ（勾玉・土器づくり、遺跡散策など）や当地の民俗伝統を説明する参加・体験型イベント等が実施されている。その一方で、こうした施設の存在や活動はあまり知られておらず、また人口密集地から離れ交通が不便な場合もある。史跡・遺跡を長く守りかつ活かすためには、当該地域の住民の愛着や意識の高まりが欠かせない。そのため、観光分野など各種の機関と連携して、広報・情報発信しつつ、学校教育や生涯学習に役立て、スポーツやレクリエーションによる憩いの場にするなど、社会のニーズに応えてさまざまな価値を付加し、地域に定着し続ける試みが必要であると思われる。

　平成に入ると、竹下内閣による「ふるさと創生事業」のもと、史跡など文化財を地域の活性化・文化振興に役立てようという施策が全国で次々と着手された。例えば「歴史の道」事業（1978年〜）、「歴史ロマン再生」事業（1997年〜）、通称「ふるさと歴史の広場」事業（1989年〜）、「ふるさと文化の体験広場」事業（2003年〜）等があげられる。しかしその一方で、1994（平成6）年に風土記の丘事業が終了するなど、国が主導して行うトップダウンの施策よりも、地方の自治体が計画・策定を促し、それを国が支援するという姿勢へ転換していく。その背景には、1990年代のバブル景気の崩壊や社会状況の変化とともに、1995（平成7）年の地方分権推進法の制定や1999（平成11）年の地方分権一括法が公布され、国と地方団体の関係が上下から対等・協力へ——地方分権への転換があった。また1996（平成8）年の保護法改正により文化財関係の権限が地方へ委任され、規制緩和によって文化財の活用が積極的に促されるという大きな転換があった。

（4）文化財を活かしたまちづくりへ——歴史文化基本構想と歴史まちづくり法——

　さらに2004（平成16）年には、景観に関する国民の関心の高まりを受けて「景観法」が制定されるとともに、「文化的景観」が保護法に加わり保護対象の拡大・多様化が図られた。この背景としては、1992（平成4）年にユネスコの世

界遺産にも「文化的景観 cultural landscape」という新しいカテゴリーが加わるなど、人間の生活・土地利用と景観を総合的に保護する方針が示されたことが挙げられる。こうしたなかで、2008（平成 20）年には市町村が文化財をその周辺環境も含めて総合的に保存・活用することを目指す文化のマスタープラン＝「歴史文化基本構想」を定めることが、国によって推奨されることとなった。

　例えば 2014（平成 26）年に、岡山県備前市が策定した「備前市歴史文化基本構想」では、市内にある有形・無形の文化財を「地域文化資源」と呼び、それらを組み合わせて 7 つの「関連文化財群」、いわば"ストーリー"を作り出した。例えば、1 つ目の「学びの原郷閑谷学校と岡山藩主池田家の遺産」は、ストーリーに関わる 11 件の史跡（閑谷学校のほか防波堤や井田跡、墓所等）がピックアップされている（備前市教育委員会 2014、図 1）。国宝の講堂以外にも、備前焼瓦の窯跡や学校の経営基盤であった広大な学田・学林もあり、江戸時代における人材育成のための学校を支える風景が結ばれ、語られる。2 つ目の「備前焼を生み、栄えるまち」では、古代から近代にいたる窯業・煉瓦工業の変遷を 10 件の史跡から取り上げている。ほかにも近代漁業と食文化（カキオコ等）や、「映画と文学、「心象風景」の残るふるさと」（映画八つ墓村ロケ地や漫画『ハルカの陶』所縁の場所）など、娯楽文化にも焦点をあてている点も興味深い。各ストーリーはジャンルも年代も異なるため、市内の文化を一体的に理解することは難しいものの、各地域の多様な文化を再発見・再評価する意義を持つ。そしてストーリーと都市計画・エネルギービジョン等の各種施策とをすり合わせ、町づくりに強力にリンクさせている。

　歴史文化基本構想は現在 85 市町村が策定しているが、このような文化財活用プランを都市計画に生かすため法的に後押しするのが、同じく 2008（平成 20）年に制定された「（通称）歴史まちづくり法（地域における歴史的風致の維持及び向上に関する法律）」である。この法律では、核となる文化財を守るだけではなく、その周辺市街地を含めて歴史まちづくりを進める区域（重点地区）として広く環境設定し、伝統文化をもつ人々の生活と調和を図りつつ、都市・開発計画を行おうというものである。文化財行政とまちづくり行政（国土交通省）が連携した当法律は、全国 44 都市が認定を受けており（2014（平成 26）年 2 月段階）、要となる文化財は中世の寺社・城郭（史跡・重要文化財）が

3/4を占めるものの、震災や生業等の多様なテーマの史跡を生かして教育やまちづくりに役立てる事例も増えている(「文化遺産の世界」編集部編 2017)。

このように、文化財をまちづくりや景観作成の「資源」として積極的に活用する動きを後押ししているのが、近年存在感を増し続ける観光産業である。特に、人口減少や高齢化が進む地方においては、観光業は既存の産業にとってかわり主産業となりつつある。いまや日本は国を挙げて観光立国を目指し、「2020年に外国人旅行者数が4千万人」を目標としているが、より効果的な情報発信とブランディングを図るという期待のもと、創設されたのが「日本遺産」である。

(5) 加速する活用化――日本遺産とストーリー重視――

この日本遺産とは、日本各地の文化財(有形・無形)を"ストーリー"に基づいて再構成し、「面」としてパッケージ化して地域の魅力を発信するという目的のもと、文化庁が認定する事業で、"文化財版クールジャパン"とも呼ばれている。年に1回公募され、申請は市町村が行い、日本遺産審査委員会の結果を踏まえて文化庁が決定する。ストーリーの中核には、地域の魅力としてのテーマに見合った建造物・遺跡・名勝地・祭り等、地域に根差し継承されている文化財を据える(地方指定や未指定の文化財を含めることもできる)が、ただし必ず一つは国指定・選定文化財を含める必要がある。

現在67件が認定されており、2020年までに100件の認定を目指している。2020年といえば東京オリンピック・パラリンピックが開催される年であり、外国人観光客が大勢来訪すると予想されるなかで、まさに認定により知名度(ブランド力)を高めて、地方にも足を向けてもらい、観光業の促進・地場産業の振興につなげたいという期待をもとに、申請が年々増加している。しかしその一方で、史跡をめぐるまなざしが「活用」「観光」へと大きく変容するなかで、多様な価値を認め保存するという前提が困難になる可能性がある。

岡山県では2018(平成30)年に「『桃太郎伝説』の生まれたまち おかやま～古代吉備の遺跡が誘う鬼退治の物語」(岡山・倉敷・総社・赤磐の4市の共同申請)というテーマが日本遺産に認定された。岡山市の大森市長は「日本遺産のブランドを生かした情報発信や構成文化財の魅力アップ、受け入れの整備を関

係団体や地元と進めたい」と、交付金を活用したプロモーション活動を進めるコメントを出している（山陽新聞2018年5月25日）。この「『桃太郎伝説』の……」ストーリーは、吉備津神社（岡山市）や鬼ノ城（総社市）、両宮山古墳（赤磐市）等27件の文化財から構成され、桃太郎を連想させる桃やきびだんごといった特産品も組み込まれ注目が集まった。

　しかし構成資産の史跡をめぐると、桃太郎の鬼退治の面影よりも、古代吉備文化の魅力が主軸であることに気づく。実は、前年度に申請したテーマは「瀬戸内海の海上交通とともに繁栄した古代吉備王国の王の遺産」であり、ストーリーの主人公は岡山の地を治めた主——桃太郎のモデルとされる吉備津彦命（中央政権）に退治された鬼"温羅（うら）"——の方であった。しかしこのテーマでは認定されなかったため、知名度の高い桃太郎を前面に出しストーリーを練り直した結果、認定に至った。ストーリーの元となる史跡が表すのは、いわば桃太郎という旗印の陰に隠れた、温羅等の地域独自の豊かな歴史なのである。

　日本遺産の認定に際し、文化財・史跡に対して関心や情報が増し、観光を通して来訪者の関心・共感と、地元の住民らの誇り・保護への理解を文化財が結ぶことができるのであれば、活用の大きな成果と言えるだろう。しかしストーリーに重点がおかれるあまり、個々の史跡の評価がストーリー次第となりかねない懸念がある。ストーリーは一面にすぎない。年代・地域的まとまり・テーマ・構成要素等、さまざまな切り口や発想・くくり方次第で、史跡は幾重にもストーリーを生み出す可能性を秘めている。ストーリーは、元となる文化財があってこそ作り出されるものであるにもかかわらず、観光産業にとってアピール力の強いストーリーが限定的に選択されるのならば、多様な文化財を保護するという姿勢が脅かされることになる。史跡を誰が、どう保護し維持していくのか。地域住民との関わり、そして地域の特徴や文化を損なわない観光産業との関係とは——活用が求められる時代で、次世代にバトンを渡すために、さまざまな関係性をより深く慎重に検討する必要がある。

参考文献

青木豊・鷹野光行編　2015『地域を活かす遺跡と博物館　遺跡博物館のいま』同成社。

大河直躬・三舩康道編著　2006『歴史的遺産の保存・活用とまちづくり』学芸出版社。
川村恒明監修　2002『文化財政策概論　文化遺産保護の新たな展開に向けて』東海大学出版会。
備前市教育委員会　2014「備前市歴史文化基本構想」備前市HP上で公開（http://www.city.bizen.okayama.jp/）。
「文化遺産の世界」編集部編　2016『文化遺産の世界　日本遺産』26号。
「文化遺産の世界」編集部編　2017『文化遺産の世界　歴史まちづくり―歴史まちづくりとその効果―』29号。
和田勝彦　2015『遺跡保護の制度と行政』同成社。

（平野裕子）

3　遺跡の保護とその活用

　日本の考古学は遺跡の発掘を通して常に社会と接点を持ってきた学問である。その接点のあり方、つまり考古学と現代社会とのつながり自体もさまざまな角度から研究されるようになった。言い換えれば、日本の考古学にはパブリック・アーケオロジーの研究と実践が根付いている（松田・岡村 2012）。パブリック・アーケオロジーの実践の場として効果を発揮しているのが考古学博物館である。一般に考古学博物館とは歴史系博物館の一つの種類と位置づけられる。特定の遺跡に関わる遺跡博物館（青木・鷹野 2015）、風土記の丘（青木 2015）、埋蔵文化財センターに併設された資料館、考古資料の個人コレクションをもとにした博物館なども含め、考古学に関連するさまざまな種類の博物館が存在している。もちろん県や市町村立の総合博物館や歴史民俗資料館が、地域の考古資料を収蔵し展示する場合も多い。私たちの暮らしの身近に考古資料を収蔵し展示する博物館や遺跡公園があり、いにしえの祖先に思いをめぐらすための媒体となっている。

　今や考古学には市民の学びや憩いに貢献することが求められているのであり、研究の発展だけではなく、むしろ調査成果の「活用」が重視されるようになって久しい（埋蔵文化財発掘調査体制等の整備充実に関する調査研究委員会 2007）。考古学者による調査と研究は、活用を見越して、あるいは活用と並行して行われるようになっている。2018 年に改正された日本の文化財保護法も文化財の活用を重視し、地域における文化財の総合的な保存・活用を目指す仕組みが示されている（文化庁文化資源活用課 2018）。

　筆者は外国考古学を専門としているため、海外の考古学博物館や遺跡公園を訪れる機会があるが、そこで考古資料を活用する方法や目的に日本とは違いがあると感じることも多い。このような経験から、比較の視点を持ちながら、考古学と遺跡の活用について考察を深めることには意義があると感じている。現

代社会に生きる私たちが遺跡や遺物の何をどのように活用しようとしているのか。それに伴って、考古学に関連する博物館がどのような役割を担い、どのような活動を行っているのか。本章ではそのような問いについて、比較の視点を持ちながら、東南アジアと日本のいくつかの考古学博物館を取り上げて考えることとしたい。

（1）東南アジアの考古学博物館：マレーシアとタイを中心として

　東南アジア各国の主要な国立博物館には、考古学の成果を国民に伝える展示がある。たとえばベトナムの首都ハノイにあるベトナム国家歴史博物館では、博物館に入るとその正面に、ベトナム北部出土の大型銅鼓が展示されている。銅鼓は鉄器時代のドンソン文化の遺物であり、ドンソン文化はベトナム民族の祖先が残した輝かしい文化と位置づけられている。いわば民族の誇りを象徴する遺物であり、国立の歴史博物館の正面に据えられるに相応しい。しかし本章では、各国の首都に存在し、その国を代表するような大規模な国立博物館ではなく、地方の遺跡に建てられた博物館の例を取り上げたい。

　ところで、日本のユネスコ世界文化遺産を見ると、地中の遺跡つまり地上には目に見える構造物がほとんど残らない遺跡を構成資産に含む例は少ない。一方、東南アジアを見ると、ベトナムの首都ハノイ中心部で発掘調査されたタンロン皇城遺跡（「ハノイ・タンロン王城遺跡中心地区」）、タイ東北部で発掘された先史時代の居住かつ埋葬遺跡であり、学史上に重要な位置を占めるバンチェン遺跡（「バン・チアンの古代遺跡」）、旧石器時代を中心とする遺跡群からなるマレー半島のレンゴン渓谷遺跡群（「レンゴン渓谷の考古遺跡」）、ジャワ原人の化石を出土することで有名なインドネシアのサンギラン（「サンギラン初期人類遺跡」）など、考古遺跡が世界遺産に登録された例をいくつもあげることができる。これらの遺跡には、カンボジアのアンコールやジャワのボロブドゥールのように壮麗な建築物は存在していない。しかし、それぞれが国家や地域社会の要請のもとに顕著な価値を見いだされ、さまざまに意味付けされて、世界遺産に登録されるに至った。以下、マレーシアとタイで世界遺産となっている先史時代遺跡に焦点を絞り、その遺跡に付設された考古学博物館を中心として遺跡がどのように活用されてきたか、考察を行う。

a. レンゴン渓谷考古学ギャラリーとルンバ・ブジャン考古学博物館

　レンゴン（Lenggong）渓谷遺跡群は2012年にマレーシア2番目の世界文化遺産となった。半島マレーシアのペラ州内陸部に位置する、洞穴と開地遺跡の双方を含む先史時代の遺跡群である（図1）。世界遺産の構成資産の一つであるコタ・タンパン（Kota Tampan）遺跡の近くにレンゴン渓谷考古学ギャラリーがある。コタ・タンパン遺跡はマレーシア科学大学が1982年に発掘調査を実施した石器製作址である。世界の注目を集めたのは石器製作址を覆っていた火山灰であり、遺跡の年代を決める根拠となった。マレー半島の西方、スマトラ島のトバ湖が過去200万年で地球最大といわれる大爆発を起こした、その火山灰であり、約7万4千年前とされる。アフリカを出て東南アジアに到達したホモ・サピエンスが残した遺跡であるか否かを含め、さまざまな学問分野で議論の的となっている重要な遺跡である（Zuraina Majid and H.D. Tjia 1988、Zuraina Majid 2003、Mokhtar Saidin 2005・2012）。

　レンゴン渓谷考古学ギャラリーで訪問者の目を引き付けるのは、「ペラ人」と呼ばれる、今から約1万年前の屈葬人骨である。これもマレーシア科学大学によって1990年代初頭に調査された遺跡である、グア・グヌン・ルントゥー（Gua Gunung Runtuh）という洞穴から出土した（Zuraina Majid ed. 2005）。顔面の骨の残存状況はよくなかったが全身人骨が残り、しかも放射性炭素年代が得られた資料として価値が高い。

　さらにレンゴンでは2008年、マレーシア科学大学のモクター・サイディンによって調査されたブキッ・ブヌ（Bukit Bunuh）遺跡において、183万年前という年代が出された礫石器が出土した（Mokhtar Saidin 2012）。つまり、東南アジア最古の人類であるジャワ原人と肩を並べるような年代の遺跡が発見されたことになったのである。レンゴン渓谷考古学ギャラリーは、このように古い時代から続くレンゴン渓谷の先史

図1　レンゴン渓谷遺跡群の洞穴遺跡（Mokhtar Saidin 氏提供）

時代遺跡について、出土遺物を収蔵し展示する役割を担っている（Abu Talib Ahmad 2015）。

1980年代からレンゴン渓谷遺跡群の考古学的・地質学的調査を推し進め、その価値を世にアピールし、2012年の世界遺産登録にまで至らしめたのはマレーシア科学大学の考古学関係者であった。世界遺産登録当時のマレーシア国家遺産局の局長は、それ以前にマレーシア科学大学の教授を務めた考古学者ズライナ・マジッドであった。世界遺産申請への動きの背景には、国民統合の強化と観光産業の推進を目的に、文化遺産保護の促進が推奨されているという国家の政策（特に第8次ならびに第9次マレーシア計画）があった（Nurulhuda Adabiah Mustafa and Nuraisyah Chua Abdullah 2013、Aissa Mosbah 2014、井内・川島編 2015）。レンゴンはまさに、国家計画に沿って政府の国家遺産局が世界遺産登録を目指す、その対象となったのである。それ以前、マレーシアの先史時代遺跡が世界遺産になるほどのグローバルな価値を持つとは、ほとんどの国民はまったく予想していなかったであろう。

レンゴンが位置するペラ州の北にはケダ州があり、そこにはイスラムに先立つ時期のヒンドゥー教と仏教の寺院遺跡群がある。ルンバ・ブジャン（Lembah Bujang）遺跡群である。ここにはマレーシアで最初の考古学博物館として1980年に開館した、ルンバ・ブジャン考古学博物館がある（図2）。マレーシア観光・文化省の博物館局が所管する国立博物館22館のうちの一つであり、ブジャン地域に50か所ほど残っている寺院建築遺跡から出土した彫刻、碑文、建築部材、土器、青銅器、ビーズなど、多様な遺物を展示している。博物館のパンフレットを見ると、ブジャンの地が紀元後2世紀頃から14世紀まで、東南アジアはもとよりインド、中国、さらにはアラブ地域からの商人が往来する交易港を擁して繁栄したことが強調される。博物館の

図2　ルンバ・ブジャン考古学博物館

図 3　スンガイ・バトゥ遺跡の発掘現場

裏手では寺院遺跡の基壇を見学することができる。現在、連邦政府の国家遺産局から派遣されている若い局員が博物館館長と学芸員を兼ねている。

ルンバ・ブジャン遺跡群のなかでは数年前から、前述のマレーシア科学大学グローバル考古学研究センターが中心となって、スンガイ・バトゥ（Sungai Batu）遺跡の調査が進められている（図3）。その結果、ここに古代の大規模な製鉄センターがあったことが解明された。同時に、膨大な量のレンガを配した桟橋遺構と、東南アジアでは最古の宗教建築とされる、紀元後110年という年代が出されたレンガ基壇遺構も検出された（Chia, S. and Naizatul Akma Mohd. Mokhtar 2011、山形・深山 2012）。発掘調査は連綿と続いており、現場には発掘の経緯と成果を説明する展示施設もある。この成果に基づき、マレーシア科学大学と国家遺産局が主導して、ケダ州と地元住民などの協力のもと、スンガイ・バトゥ遺跡の世界遺産登録を目指す動きが活発化している。2016年には遺跡を中心として「古代ケダ王国フェスティバル」が開かれ、それにあわせて国際シンポジウムも開催された。フェスティバルの間、マレーシア科学大学の学生やスタッフとともに、スンガイ・バトゥ遺跡の発掘調査にボランティアとして協力しているという地元住民たちがイベントを盛り上げていた。このような活発な動きは、しかし、スンガイ・バトゥ遺跡のみに照準が合わせられており、同じルンバ・ブジャン遺跡群の他の遺跡には及んでいない。しかもルンバ・ブジャン考古学博物館は、世界遺産登録を目指す動きには積極的には関与していないようである。イスラム教を国教とするマレーシアにとって、プレ・イスラムの宗教遺跡群を中心とするルンバ・ブジャンは、宗教色が薄い先史時代の遺跡ほどには、価値の発揮が容易ではないという事情も考えられる（Abu Talib Ahmad 2015）。

世界遺産に登録されたレンゴンと、登録を目指すスンガイ・バトゥの2つの

例を見ると、どちらもマレーシア科学大学が重要な役割を果たしていることが注目される。

　今後、ルンバ・ブジャン考古学博物館には、大学と連携し、遺跡群の活用を目指すいくつかのステークホルダーと協力しながら、単一の遺跡ではなくルンバ・ブジャン遺跡群全体の価値を発揮していく役割が期待されるのではないだろうか。

　マレーシアでは影響力のある考古学者によって、マレーシアの歴史的価値が提示されてきた。すなわち、アフリカを出てアジアに到達し、オーストラリアに向かった初期人類の移動の回廊であったという価値、あるいは東南アジア最古の古代王国（ケダ王国）繁栄の地であるという価値である。そのなかで遺跡をどう活用するかという際に、世界遺産登録という方向で突き進んでいる。

b. バンチェン国立博物館：考古学のオーセンティシティと遺跡の価値

　バンチェン（Ban Chiang）遺跡は、東北タイの都市ウドンタニーから東に約50 km 離れた農村地帯に位置する。世界遺産に登録された名称は日本語で「バンチアン」と表記され、現地語の発音もそれに近いが、本章では日本の考古学界で昔から使われてきた表記である「バンチェン」を使用している。

　バンチェン遺跡は世界遺産となる前から有名であった。遺跡から出土する美しい彩文土器は美術史的にも価値が高く、アンティーク市場でも人気があった。一方、考古学的には1960年代から70年代にかけて、この遺跡から出土する青銅器の年代が紀元前3600年とされ、西アジアよりも中国よりも古い世界最古の青銅器とうたわれたことで名前が知られた（Gorman and Charoenwongsa 1976）。この、世界最古とされた誤った年代観を修正する議論は今も続いており、東北タイにおける青銅器の出現を前2000年頃とする説と、前1000年頃とする説の間で論争がある（White and Hamilton 2009、Higham and Higham 2009）。ちなみに、日本の考古学者も早くからバンチェンの年代観には疑問を呈し、バンチェンにおける青銅器の出現年代を前2千年紀末と考えていた（今村 1982、新田 1991）。

　バンチェン村にある考古学博物館が、バンチェン国立博物館である（図4）。タイに41館ある国立博物館の一つであり、1975年に開館し、2010年にリニューアルオープンした。4つの建物と9つの展示ギャラリーからなるという

図4　バンチェン国立博物館

図5　バンチェン遺跡の遺構展示（深山絵実梨氏撮影）

博物館で、バンチェン遺跡に関する情報の宝庫といえる。さらに、博物館に近いポーシーナイ寺院のなかには、発掘された遺構をそのまま展示している施設があり、バンチェン彩文土器が累々と出土する状況を実見することができる（図5）。バンチェンの村民は200年ほど前にラオスから移住してきたタイ系民族タイプアンの子孫であるため、国立博物館にはタイプアンの民俗を紹介する展示もある。

　この半世紀の間、バンチェン遺跡がタイで最も有名な先史時代遺跡であったことは疑いない。世界最古の青銅器文明が花開いた地とされ、1972年には当時のプミポン国王夫妻の行幸があり、タイ芸術局が実施していた発掘調査現場を見学された。1974年にはアメリカのペンシルベニア大学博物館とタイ芸術局が共同で発掘調査を実施し、最古の青銅器が紀元前3600年に遡るという年代観がますます声高に唱えられた。このような、バンチェンで進行したさまざまな事柄が、当時の東北タイがベトナム戦争を戦う米国の前線基地であったという背景と結びついていることも指摘されている（Peleggi 2016）。

　バンチェンが世界遺産に登録されたのは1992年であった。この、水田に囲まれた長さ1340m、幅500mほどのマウンドに立地する世界遺産を訪れたとしても、見ることができるのはバンチェン国立博物館と、ポーシーナイ寺院の遺構展示と、博物館の前に軒を連ねる土産物店と、村の日常生活である。タイ

国内の世界遺産としてスコータイやアユタヤの壮麗な仏教寺院遺跡を見てきた人がこの地を訪れたとしたら、バンチェンはかなり質素に映ることであろう。

バンチェンをめぐる長い論争は、青銅器の出現年代をめぐるものであった。世界最古の青銅器文明という、考古学の専門家によっていわばお墨付きを与えられたはずの価値が次第に失われていった時、博物館はどのようにその変化に対応したのであろうか。博物館で購入することができるガイドブックには、東北タイでは青銅器が今から4500年前から4000年前の間に利用されはじめた、とある（Ban Chiang National Museum 2009）。紀元前3600年という古さの世界最古の青銅器という記載はないが、バンチェンの地に新石器時代の人が住みはじめた年代として、紀元前3600年という年代が示されている（Ban Chiang National Museum 2009）。一方、ユネスコのホームページにはバンチェンが有する顕著な普遍的価値についての説明があるが、最近になってその記載が改訂された（http://whc.unesco.org/en/list/575　最終検索日2018年3月26日）。それはバンチェンに人が居住しはじめた年代を、紀元前1500年頃と述べている。

以上のように依然として意見が分かれる遺跡の年代観とはかかわりなく、バンチェン村の人々は遺跡と共存している。近年、バンチェンの村人たちの生活史を調査している中村真里絵は、興味深い指摘を行っている（中村 2016）。村人の一部はかつて、屋敷地から遺物を掘り出して仲買人に売って現金収入を得ていた。彩文土器をはじめとするバンチェンの出土品は、古美術愛好家によって高値で取引されていたのである。しかし現在では盗掘は止み、村人たちは遺跡保護の積極的な担い手となっているという。この変化の理由は何だったのか。

この村が一年で最も賑わうのは「バンチェン世界遺産祭り」の期間である（図6）。毎年2月上旬にバンチェン遺跡とバンチェン国立博物館で開催されるもので、タイ国政府観光庁ウドンタニー事務所が、地元のノン

図6　バンチェン世界遺産祭りの様子（中村真里絵氏撮影）

ハン県やバンチェン村の協力を得て主催している。実際に祭りに参加した中村によれば、博物館は無料開放され、移動遊園地と屋台もあり複数の特設ステージでは伝統音楽や舞踊が披露され、パレードも行われる。メインステージでは中高生たちが毎年決まって遺跡発見時から現在にいたるまでの村の歴史の再現劇を演じる。その最大の見せ場が1972年の国王行幸シーンである。国王は声のみで「このすばらしい遺産を後世に伝えるため、大切にするように」と説き、それを村人が跪いて聞く、という。

　この芝居が毎年繰り返し上演されることによって、世界最古という修飾語に沸いた時期があったことも、盗掘が行われたことも過去として包み込まれ、国王の言葉とともに遺跡の大切さを理解し、未来に向けて保護していこうと決意を新たにする。「タイ国家ならではの文化の継承のあり方」という中村の指摘は、考古学とは離れたところで遺跡の価値が再生される過程を映し出していてたいへんに興味深い。フェスティバルを楽しむタイの人々の姿を見るにつけても、考古学者が拘泥している真の年代など、市民はほとんど意に介していないのだと感じられる。考古学博物館が考古学のオーセンティシティをどのように市民に伝えるべきなのか、考えさせられる。

（2）日本の考古学博物館

　前章で見たマレーシアとタイの考古学博物館は、それぞれ独特の歴史的、文化的脈絡のなかにあって、その国の現代社会と考古学との関係性を反映している。ここで視点を日本の考古学博物館に移したい。日本の例として、本章では山梨県の二つの考古学博物館を取り上げる。山梨県甲府市の山梨県立考古博物館と、山梨県笛吹市・甲州市にある釈迦堂遺跡博物館である。

a. 釈迦堂遺跡博物館：地域に提供する参加型・体験型プログラム

　釈迦堂遺跡博物館は、釈迦堂遺跡群自体が山梨県笛吹市勝沼町と甲州市一宮町にまたがって存在しているため、組合立という組織になっている。釈迦堂遺跡群では1980年代初頭に、中央自動車道建設に先立つ事前調査として発掘調査が行われた（小野編 1986・1987、長澤編 1987）。調査区域は現在、中央自動車道の釈迦堂パーキングエリアとなっている。甲府盆地の東縁に京戸川が形成した扇状地があり、その扇央部に遺跡が立地している。1988年、遺跡の脇に

建てられた博物館が開館した（図7）。

釈迦堂遺跡群は集落遺跡であり、約22,000平方メートルの範囲が発掘調査され、縄文時代の中期を中心としながらも、早期から後期に至る竪穴住居址や土壙、土器捨て場などの遺構が検出された。何よりも注目された出土遺物は1116個体もの土偶であった。そのほとんどが頭

図7　釈迦堂遺跡博物館

部、腹部、腕、脚部など身体の一部の破片となって（あるいは、一部を欠いた形で）発見され、壊されることに意味があったと考えられた。土偶1116個体は1988年に一括で重要文化財に指定され、その後2005年には縄文時代の土器・土製品3410点、石器・石製品915点が追加指定された。よって釈迦堂遺跡博物館は総数5599点という数の重要文化財を収蔵しており、比較的小規模な考古学博物館としては稀有な例であるといえる。博物館が日本有数の桃の産地に位置することもあって、4月上旬に桃の花が開花する頃には博物館はピンク色の花に囲まれる。そのピンクの絨毯のかなたに雪をいただく南アルプスの連峰が望まれるという絶景にも恵まれている。釈迦堂パーキングエリアから博物館まで歩道が設置されており、ドライブの途中に館に立ち寄ることも可能なロケーションとなっている。

このようにさまざまな価値と魅力を備えた釈迦堂遺跡博物館であるが、開館から30年を経て、今や参加型・体験型のプログラムを地域に提供することが活動の重要な部分を占めている。注目される事業として、平成28年度文化庁「地域の特色ある埋蔵文化財活用事業」の一環として、子どもたちがより実践的に縄文時代を学ぶ教材となる縄文体験住居を館が独自に開発した。全国初ともいえる移動・組み立て・解体が可能な構造で、校庭などの平地であればどこでも設置できる。住居を構成する柱や梁は縄文時代と同じく石器を使用してクリの木を伐採し、加工した。組み立てや解体は子どもも参加できるように工夫

図8 「たて穴式住居組み立て体験」の様子 (甲州市立神金小学校にて釈迦堂遺跡博物館撮影)

されている (図8)。組み立て方を図解したパンフレットの表紙には「チャレンジ！！原寸大 たて穴式住居組み立て体験」とある。住居完成の跡には、縄文時代の生活体験メニュー（石器による木の加工、火起こしなど）も準備されている。

移動と解体を可能とする設計には博物館の学芸員と職員があたり、地元の大工が石器を使ってパーツの製作を行った。組み立て・解体のやりやすさと安全を確保するために、遺跡公園などに復元されている竪穴住居に比べれば真正性を犠牲にせざるを得ない面があったという。しかし自分の手で建物を作るという経験自体が初めての子どもばかりであり、小学校や幼稚園の教員や保護者も含め、地域の人々に貴重な体験を提供している。館としての究極の目的は、この出張プログラムによって地域の人々の関心を喚起し、釈迦堂遺跡博物館に来館してもらうということである。土偶や土器など顕著な価値を有する遺物の存在を基礎とし、その考古学的価値を発信し続けることはもちろん、多様なアプローチによって地域の歴史教育の核であり続けている。

b. 山梨県立考古博物館：市民参加を主眼としたイベント

山梨県立考古博物館は1982年に開館した。甲府盆地の南東縁、曽根丘陵のふもとに位置している（図9）。曽根丘陵一帯は旧石器時代から古墳時代にかけての遺跡が多い地域である。特に東山古墳群には県内最大の規模を誇る前方後円墳・銚子塚古墳（墳長169m、4世紀後半）、銚子塚に次ぐ古さの円墳の丸山塚古墳（墳径72m）、さらには丘陵頂部に位置する県内最古の前方後円墳・大丸山古墳（全長99m、4世紀後半）があり、これらの前期古墳はいずれも国の史跡に指定されている。丘陵一帯は山梨県によって甲斐風土記の丘・曽根丘陵公園として整備されており、県民の憩いの場となっている。中央自動車道の甲

府南インターに近いこともあり、首都圏や長野県方面からの車によるアクセスがよい。

山梨県立考古博物館には山梨県埋蔵文化財センターが併設されており、両組織が密接に関連しながら考古資料の活用が図られている。こちらから外に出向く活動たとえば県内の学校に出向いて行う土器作りや拓本など

図9　山梨県立考古博物館

の出前授業は埋蔵文化財センターが担当し、こちらに来てもらって行う活動、たとえば県内小中学生が夏休みの自由研究や総合的な学習の時間に取り組んだ研究成果を発表するコンクールは考古博物館が実施している。こういった事業に加え、近年は特に市民参加を主眼としたフェスティバルやイベントが重視されている。「古代人になりきって古代のマツリに参加しよう」「古墳時代へタイムスリップ！」というコピーのもとで行われた「古墳でマツリ」というイベントは、山梨県埋蔵文化財センターが主催し考古博物館が協力したもので、銚子塚古墳で執り行われたであろう古代の祭祀＝マツリを最新の研究をもとに再現した（図10）。市民は古代衣装を身に付け、実際に出土した木製品をもとに復元された笠や旗を持って行列に参加した。大王の役を演じた埋蔵文化財センター長によれば、出土した遺物の使い方にしても、マツリのなかで力士に扮した市民が演じた古代のスモウにしても、学術的な研究という裏付けがなければ復元できるものではない。また、現地でマツリに臨みながら、改めて銚子塚古墳の前方部の高さを威圧感とともに実感したという感想もあったという。市民参加の埋蔵文化財活用を目指したイベントから、学術研究にフィードバックされる成果もある。このようなイベントは準備に多大な労力が必要とされるが、市民の楽しみや学びとともに、博物館自体あるいは考古学自体がより親しみやすく楽しく発展していくという道筋が示されているようで興味深い。

山梨県立考古博物館の収蔵資料のうち、笛吹市一の沢遺跡から出土した縄文中期の土器・土偶・石器など107点が一括で重要文化財に指定されている。塩

図10　銚子塚古墳を登る「古墳でマツリ」の行列（山梨県埋蔵文化財センター撮影）

山市殿林遺跡の果樹園から偶然発見された縄文中期の曽利式土器も同じく重要文化財となっており、その優美な器形と紋様から縄文土器を代表する作例と認められ、何度も海外の特別展に出品されている。これらの土器を含む縄文時代の展示は圧巻であり、山梨を「縄文王国」と表現するに相応しいと感じさせる。

c.「縄文王国山梨」：考古学博物館の連携とネットワーク

　釈迦堂遺跡博物館と県立考古博物館について述べてきたが、一つの館の枠を越えて連携し、活動の幅を拡大しようとする動きも始まって久しい。山梨には歴史系の山梨県立博物館があり（中山 2012）、他にもいくつかの市が歴史系の博物館を有している。ここで連携の鍵となっているのが「縄文」である。2012年から始まったという「縄文王国山梨」プロジェクトは、県内の7つの館からなる縄文王国山梨実行委員会が運営している（http://www.kokumon.co.jp/jomon/　最終検索日 2018年3月26日）。山梨県立考古博物館・山梨県立博物館・南アルプス市ふるさと文化伝承館・北杜市考古資料館・韮崎市民俗資料館・ふじさんミュージアム（2014年に富士吉田市歴史民俗資料館がリニューアル）・釈迦堂遺跡博物館である。県内各地で縄文王国巡回ゼミ、縄文座談会などの行事を行っているが、2016年に初めて「JOMON FES―山梨縄文祭り―」というフェスティバルを開催した。平成28年度文化庁「地域の核となる美術館・歴史博物館支援事業」の一環である。甲府駅北口のよっちゃばれ広場を会

場とし、「さまざまな縄文の魅力を気軽に体感できる一大イベント」が開催された。フェスティバルの案内には「今回のイベントでは、縄文時代の生活を疑似体験できる各種ワークショップをはじめ、特設ステージでは縄文の魅力を知りつくした縄文のプロたちによるライブ演奏やトークショーを開催するほか、縄文フードが味わえる屋台販売や試食サービスなど、あなたの五感を満たす催し物が盛りだくさん！」とあり、秋の日曜日に多くの市民を集めて賑わった。このようなイベントが、地域の考古学ファンを増やすために有効であることはいうまでもない。

　「縄文王国山梨」プロジェクトは、考古学博物館のネットワーク形成の事例として興味深い。特定の博物館への集客が目的ではなく、博物館という玄関口から入った人々を地域（フィールド）へと誘導する仕組みが作られつつある（中山 2015）。各館の学芸員はプロジェクト始動前から連携しており、その基盤には山梨県考古学協会という学会もある。現時点では「縄文王国山梨」は博物館側からの働きかけが主であり、市民運動につながるような、市民の広い裾野を形成するには至っていない。ユネスコ世界遺産にせよ、文化庁が認定する日本遺産にせよ、文化財のネットワークに価値を見いだし、そこで歴史的なストーリーが語られる、そのような方向性がたいへん重視されている。ストーリーの構築あるいは再発見には、博物館側のネットワークによる努力だけではなく、市民の積極的な関与が不可欠であろう。考古学博物館と市民が一体となって紡ぐストーリーだからこそ、多くの人が共感できるものとなるからである。なお長野県と山梨県が共同で申請し、2018 年に日本遺産として認定された「星降る中部高地の縄文世界―数千年を遡る黒曜石鉱山と縄文人に出会う旅―」（http://www.pref.yamanashi.jp/gakujutu/bunkazaihogo/documents/story_jomon.pdf　最終検索日 2018 年 12 月 20 日）は、縄文時代の遺跡と遺物をストーリーの構成文化財としている。黒曜石を星のかけらと信じた縄文人に思いを馳せ、縄文の森の恵みと原始芸術に出会う。その旅を日本文化の源流へのタイムスリップになぞらえている。

　山梨の「古墳でマツリ」や「JOMON FES―山梨縄文祭り―」は、バンチェン遺跡とバンチェン国立博物館で年に一度行われる「バンチェン世界遺産祭り」

や、スンガイ・バトゥ遺跡で行われた「古代ケダ王国フェスティバル」を想起させる。遺跡があり、素晴らしい出土遺物があり、それらの学術的価値に関する情報をたくわえた考古学博物館がある。そのような空間に地域の人々や観光客が集まり、文化財をきっかけとしたフェスティバルが開かれる。フェスティバルには人々の関心と熱意を喚起する力がある。それが一過性のイベントではなく、博物館と地域との協働のなかで定着していくならば、博物館と地域社会の双方にとって有意義である（鷹野 2015）。

　考古学は本来、遺跡と遺物を通して地域に根ざす学問である。釈迦堂遺跡博物館がユニークな体験型プログラムを創出したように、考古学博物館が地域の学校教育や文化振興のために果たす役割は大きくなっている。本章では山梨県の例について述べたが、体験型プログラムやフェスティバルなどのイベントは全国各地の博物館で実施されている。パブリック・アーケオロジーは日本中の考古学博物館で、今や日常的に実践されているといえる。

　通信技術が劇的に変化し、人と人のつながり方も急激に変わっていく現代社会のなかで、考古学博物館あるいは考古学そのものに対して社会が求める役割もさらに変化していくことが予想される。考古資料の活用に関係する人々のネットワークが地域社会という尺度を越え、グローバルに広がっていく。このようなイメージのなかで考古学者は、考古学の調査研究能力だけではなく、多様な意見を活かすことができるファシリテート力やマネージメント力を今まで以上に高めることが望まれるであろう。

参考文献

青木　豊　2015「遺跡博物館の概念—法制度・保護思想の変遷と風土記の丘—」青木豊・鷹野光行編『地域を活かす遺跡と博物館　遺跡博物館のいま』同成社。
井内千紗・川島陶子編　2015『平成26年度協力相手国調査　マレーシア調査報告書』文化遺産国際協力コンソーシアム。
今村啓爾　1982「バンチェン文化の古さ」『東京大学文学部考古学研究室研究紀要』1。
小野正文編　1986・1987『釈迦堂Ⅰ』・『釈迦堂Ⅱ』山梨県埋蔵文化財センター調査報告書第17集・第21集、山梨県教育委員会。
鷹野光行　2015「遺跡博物館のこれから」青木豊・鷹野光行編『地域を活かす遺跡と博物館　遺跡博物館のいま』同成社。

長澤宏昌編　1987『釈迦堂Ⅲ』山梨県埋蔵文化財センター調査報告書第 22 集、山梨県教育委員会。
中村真里絵　2016「バンチェン遺跡ブームとその後」『月刊みんぱく』7 月号。
中山誠二　2012「博物館資料の活用―博物館整備を踏まえて―」青木豊編『人文系　博物館資料論』雄山閣。
中山誠二　2015「遺跡の保存整備と遺跡博物館の歴史　Ⅴ甲信越地域」青木豊・鷹野光行編『地域を活かす遺跡と博物館　遺跡博物館のいま』同成社。
新田栄治　1991「考古学の問題点」『講座東南アジア学 4 東南アジアの歴史』弘文堂。
文化庁文化資源活用課　2018「文化財保護制度の改革～文化財の確実な継承に向けたこれからの時代にふさわしい保存と活用の在り方について～」『文化遺産の世界』Vol. 33。
埋蔵文化財発掘調査体制等の整備充実に関する調査研究委員会 2007「埋蔵文化財の保存と活用（報告）―地域づくり・ひとづくりをめざす埋蔵文化財保護行政―」(http://www.bunka.go.jp/seisaku/bunkazai/shokai/pdf/hokoku_07.pdf　最終検索日 2018 年 3 月 26 日）。
松田陽・岡村勝行　2012『入門パブリック・アーケオロジー』同成社。
山形眞理子・深山絵実梨　2012「マレーシア、スンガイ・バトゥ遺跡の発掘調査成果」『東南アジア考古学』32。
Abu Talib Ahmad 2015 *Museums, History and Culture in Malaysia*. NUS Press, Singapore.
Aissa Mosbah 2014 A Review of Tourism Development in Malaysia. *European Journal of Business and Management* Vol. 6, No. 5.
Ban Chiang National Museum 2009 *Guide to Ban Chiang National Museum*. The Ban Chiang National Museum.
Chia, S. and Naizatul Akma Mohd. Mokhtar (eds) 2011 *Bujang Valley and Early Civilizations in Southeast Asia*. Department of National Heritage. Ministry of Information, Cummunications and Culture Malaysia.
Gorman, C. and Pisit Charoenwongsa 1976 Ban Chiang : A Mosaic of Impressions from the First Two Years. *Expedition* Vol. 18, No. 4.
Higham, C. F. W. and Higham, T. 2009 A new chronological framework for prehistoric Southeast Asia, based on a Bayesian model from Ban Non Wat. *Antiquity* 82.
Jarunee Incherdchai 2016 Politics for National Museum Management : Solutions and Development. Sonoda, N. (ed.) *New Horizons for Asian Museums and Museology*. Springer, Singapore.
Mokhtar Saidin 2012 *From Stone Age to Early Civilization in Malaysia*. Penerbit Universiti Sains Malaysia, Pinang.
Nurulhuda Adabiah Mustafa and Nuraisyah Chua Abdullah 2013 Preservation of Cultural Heritage in Malaysia : An Insight of The National Heritage Act 2005. *Proceedings of*

International Conference on Tourism Development.
Peleggi, M. 2016 Excavating Southeast Asia's prehistory in the Cold War : American archaeology in neocolonial Thailand. *Journal of Social Archaeology* 16 (1).
White, J. C. and E. G. Hamilton 2009 The transmission of early bronze technology to Thailand : new perspectives. *Journal of World Prehistory* 22.
Zuraina Majid 2003 *Archaeology in Malaysia.* Centre for Archaeological Research Malaysia, Universiti Sains Malaysia, Penang.
Zuraina Majid (ed.) 2005 *The Perak Man and Other Prehistoric Skeletons of Malaysia.* Penerbit Universiti Sains Malaysia, Pinang.
Zuraina Majid and H. D. Tjia 1988 Kota Tampan, Perak : the geological and archaeological evidence of a Late Pleistocene site. *Journal of the Malaysian Branch of the Royal Asiatic Society* 61 (2).

（山形眞理子）

4　無形文化遺産とその継承

　一般に「無形遺産」というと、ユネスコが指定した「無形文化遺産」を指すようである（「世界遺産」とはまた別である）が、ここではもう少し広い概念でとらえておきたい。それは、「無形文化遺産」だけだと、"世界の"文化遺産となり、日本国内のみで指定された文化遺産を含まなくなるからである。そこで本章では、まず基本的な概念について触れておこう。「形のない文化遺産」とはどのようなものだろうか。そして次に、その形のないものをどのように保存・展示できるのか、あるいはできないのか、その点を、具体例を見ながら考えてみたい。ここまで述べられてきた博物館や動物園、植物園に展示されているものは、基本的に皆「もの」であり、つまり形がある。それに対して、形のないものを保存したり展示したりすることなどできるのであろうか。

（1）無形文化遺産と無形文化財

　ユネスコが指定した「無形文化遺産」とは、2003年9月から開催された第32回ユネスコ総会で「無形文化遺産の保護に関する条約」が採択され、2006年に発効した条約によって定義されている。条約の第2条第1項で、次のように定義している。外務省が示した訳文を見てみよう[1]。「「無形文化遺産」とは、慣習、描写、表現、知識及び技術ならびにそれらに関連する器具、物品、加工品及び文化的空間であって、社会、集団及び場合によっては個人が自己の文化遺産の一部として認めるものをいう。（下略）」。

　少しわかりにくいが、さらに第2項で、以下のように示されている。

　　1に定義する「無形文化遺産」は、特に、次の分野において明示される。
　　（a）口承による伝統及び表現（無形文化遺産の伝達手段としての言語を含む）
　　（b）芸能

(c) 社会的慣習、儀式及び祭礼行事
　(d) 自然及び万物に関する知識及び慣習
　(e) 伝統工芸技術

　具体的に記されているので、これならば、イメージすることができるであろう。

　一方、日本も、ユネスコが無形文化遺産を指定するようになるずっと以前の昭和25年、つまり1950年5月の「文化財保護法」で「無形文化財」というものを規定し、保護を行ってきた。「文化財保護法」第1章総則第2条第2項で「無形文化財」について、演劇、音楽、工芸技術その他の無形の文化的所産で我が国にとって歴史上または芸術上価値の高いもの(以下「無形文化財」という)」としている。[2]

　ここで、ユネスコの「無形文化遺産」と日本の「無形文化財」の2つを比べると、日本の無形文化財で規定されているもののほうが、ユネスコのそれよりも少し種類が少ないことに気がつくであろう。無形文化財の「演劇、音楽、工芸技術」は、ユネスコ条約の第2項でいえば「(b) 芸能」と「(e) 伝統工芸技術」に相当するであろうか。実は、この他の「(a) 口承による伝統及び表現」「(c) 社会的慣習、儀式及び祭礼行事」「(d) 自然及び万物に関する知識及び慣習」に相当するものを、文化財保護法では、第2条第3項に、「衣食住、生業、信仰、年中行事等に関する風俗慣習、民俗芸能、民俗技術及びこれらに用いられる衣服、器具、家屋その他の物件で我が国民の生活の推移の理解のため欠くことのできないもの(以下「民俗文化財」という)」と、無形文化財とは分け、「民俗文化財」として規定しているのである。逆にいえば、日本の「無形文化財」と「民俗文化財」を合わせたものが、ユネスコの「無形文化遺産」の概念になるであろう。ただし、日本の民俗文化財はさらに、「有形」と「無形」に大別しているので、厳密にいうと、日本の民俗文化財をすべて無形遺産の範疇に含めることはできない。しかし、ユネスコの条約では「それらに関連する器具、物品、加工品」、つまり「有形」のものも「無形文化遺産」だとしているので、ユネスコの「無形文化遺産」及び日本の「無形文化財」と「民俗文化財」を合わせた概念を、ここでは「無形遺産」とすることにしたい。

（2）民俗学と歴史学・考古学

　図1を見てほしい。これは岡山県倉敷市矢部にある楯築遺跡である。2世紀後半～3世紀前半、古墳時代になる直前の弥生時代後期に造られたと考えられている、2つの方形突出部を持つ弥生墳丘墓である。以前は楯築神社と呼ばれ、亀石という人面と弧帯文が彫られた石のかたまりをご神体とした神社があったが、発掘調査の結果、弥生時代の墳墓であることがわかった。墳丘の上に円環状に並べられた巨石がなぜ、いつ置かれたのかなど謎は多いが、出土した特殊器台・特殊壺が埴輪になっていくほか、この墳形が後の前方後円墳となるとも考えられている墳墓である。弥生後期のものとしては最大級であり、3世紀頃の岡山・吉備の様子や大和と吉備の関係などを知るうえで重要な遺跡である。つまり、歴史的遺産である。

　一方、図2は、現代のお墓である。皆さんもおそらくお彼岸の時などにはお参りをしているものであろう。その際には、お墓を掃除し、花を添え、あるいは故人が好きだった食べ物などもお供えして、ろうそくや線香を焚いて、そして墓前で手を合わせてお祈りをするであろう。これが「お墓参り」という風習、民俗である。このお墓参りの"作法"が、上掲の文化財保護法第2条第3項にいう「信仰に関する風俗習慣」でありユネスコの条約の「(c)社会的慣習、儀式及び祭礼行事」にあたり、写真に見える石のお墓や墓苑が、文化財保護法の「これらに用いられる器具、家屋その他の物件」やユネスコの条約の「それらに

図1　楯築遺跡

図2　現代のお墓

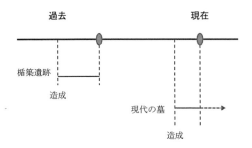

図3　歴史遺産と無形遺産

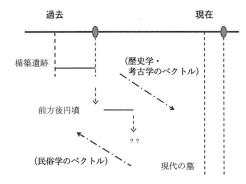

図4　民俗学と歴史学・考古学

関連する器具、物品、加工品及び文化的空間」にあたるわけである。つまり、無形遺産である。

この関係を図示すると図3のようになるであろう。そしておおまかにいえば、前者・歴史的遺産を研究対象とするのが考古学であり、歴史学で、後者・無形遺産を研究するのが民俗学である。

民俗学はもともとヨーロッパで興った学問である。ヨーロッパでは19世紀に近代国民国家が形成される過程で、誰をドイツ国民というのか、何がドイツ人であるのかということが大問題となり、民族学が生まれた。そこで民族を決める要素として、風習やおとぎ話など、すなわち民俗が注目されたのであった。ところが近代化する明治日本では、民族のことはあまり重要な問題とはされなかった。日本の民俗学は、柳田國男が完成させたが、もともと農商務省官僚であった柳田は、特に日露戦争後に荒廃した地方社会と市町村の改良・再建を目指す地方改良運動において、農村を立て直すには庶民の生活の歴史的変遷と現在の生活文化との関係を考察することが必要であると考えた。ところが当時にあって歴史学は、貴族など支配者層を研究することのみに主眼が置かれ、庶民の歴史、ましてやその生活の歴史が顧みられることがなかった。これに対して、資料が残されることがほとんどない庶民の歴史を再現するために、現在の様相から遡ろうとする手法として日本独自の民俗学が確立されていったのである。とはいえ、ヨーロッパの民俗学も現在の姿から古代の原初的姿を推定しようとすると

ころもあり、したがって民俗学は、現在から過去を知ろうとする学問であるということができるであろう（図4）。

（3）なぜ文化遺産は保護されなければならないのか

　さて、次に「形のないものを保存・展示できるのか」という疑問を考える前に、もう一つ、根本的な問題について考えてもらいたい。それは、なぜ文化遺産を保存しなければならないのか、という問題である。これはおそらく、なぜ歴史を学ばなければならないのか、という問題とつながっているように思われる。皆さんは、こうしたことを「問題」として考えたことがあるだろうか。

　動・植物などの自然科学系ではなく、歴史・民俗系からの興味で博物館学を学ぼうとしている人にとって、古いモノは保護・保存するべきものなのだ、とある意味無条件に考えていることはないだろうか。もしそうであるとするならば、古いモノならば何でも保存しなければならないのであろうか。あるいは、「古く」なければ保存の対象にはならないのであろうか。たとえば、60歳の人が40年前に使っていたモノを「古い」というのであれば、今現在20歳の人が使っている「新しい」モノも40年後には「古く」なるのであるが、ではそれを「今」「新しい」うちに保存する必要はないのであろうか。というように考えてみると、古いモノは保存すべきなのだ、と単純にいうのには"待った"がかかるのではないだろうか。それに、何でもかんでも保存するということも不可能である。では、どれを保存しどれは保存しない、という選択の基準は何であろう。このように考えてくると、「なぜ保存するのか」という問題意識がはっきりしていなければ、文化遺産を保存していくという博物館の仕事に向き合っていききれないのではないだろうか。

　また、「遺産」というのであるから、過去から遺されたものであり、これを保存し、そこから何事かを学び取る、というのであればこれは歴史学であろう。この問題は、歴史をなぜ学ぶのか、という問題でもある。しかし、多くの人にとって「歴史」の教科は「暗記モノ」ではなかっただろうか。過去の出来事はすでに起こった出来事であるから「確定」したものである。だから数学などのように「解く」教科ではなく、答えを暗記する教科だというわけである。しかし、この教科、日本では必修である。なぜ必ず学ばなければならない必修

教科なのか。暗記するだけのものであるならば、忘れたとしてもスマホでちょこっと調べれば、すぐに答えは得ることができる。そのようなものをわざわざ時間をかけて学ぶ必要があるのだろうか。

　そもそも、歴史や民俗の博物館など、必要なのであろうか。

　皆さんは、どう考えるだろうか。

　たとえば、歴史遺産の展示会などを見た多くの人が、「古代の人々の生活に触れて、ロマンを感じた」などという。人がロマンを感じるようにするために、莫大な費用をつぎ込んで建物を建て人を雇い、モノを管理維持していく必要があるのであろうか。筆者は、おそらく、ある、と考える。展示を見た人はなぜロマンを感じたのであろうか。それはおそらく、考えたこともなかった遠い昔の時代の人々の生活を垣間見ることができて、時空を越えられた感覚を覚えたからではないだろうか。そして、そうなるのはおそらく、今現在の自分とそれがつながっていると無意識にでも思っているからではないだろうか。そしてさらに、そうしたロマンを覚えたという新たな経験が、今これからの自分に何かしらの影響を与えるであろうという感慨も、そこにはあるのではないだろうか。切り取られた過去のある時期の断片が、その後さまざまな変遷や展開を経て今につながっている。ということは、今現在のこの断片も、これからさまざまな未来につながっていくはずである。過去を学ぶことは、これからの未来をどう生きるかという思慮を生み出すであろう。荒廃した農村を立て直すために、農村の過去を知るべきだと考えた柳田國男も同じ思いであったのではないだろうか。

　あるいは、上掲のユネスコの条約の第2条第1項で（下略）とした部分に、次のような文章がある。「この無形文化遺産は、世代から世代へと伝承され、社会及び集団が自己の環境、自然との相互作用及び歴史に対応して絶えず再現し、かつ、当該社会及び集団に同一性及び継続性の認識を与えることにより、文化の多様性及び人類の創造性に対する尊重を助長するものである」。

　一読しただけではすぐに理解しにくいかもしれないが、最初の「世代から世代へと伝承され、社会及び集団が自己の環境、自然との相互作用及び歴史に対応して絶えず再現し」の部分はつまり、過去の人々がどのように生活してきたかを常に思い出す、といった内容であろう。そして「当該社会及び集団に同一

性及び継続性の認識を与える」という部分が、上述の過去と現在の自分がつながっているという感覚、ということと重なる。条約の文章はそこから一気に「文化の多様性及び人類の創造性に対する尊重を助長する」と高尚な話へと昇っていくが、歴史・民俗を学ぶことには、そうした側面もあるであろう。

　この本を教科書として使用している人も多いであろう。そして、教科書であるならば、何かしら「答え」が載っているものだ、と期待されているかもしれない。しかし、この「問い」に対する明確な、一つの答えというものは、実はない。上に、ロマンの話とユネスコの条約の話を例として出したが、歴史をなぜ学ぶのか、あるいは、文化遺産をなぜ保存するのか、という問いについては、皆さんそれぞれに深く考えてもらいたいのである。

（4）無形遺産は保存・展示できるか

　では最後に、「無形遺産は保存・展示できるか」という問題について考えてみたい。

　まず簡単には、「形がない」のであるから、保存も展示もできない、と思える。しかし、関連する器具など有形の物も含まれるのであるから、少なくとも、これらは保存・展示できるであろう。また祭りなど映像で記録することも可能である。例えば、「だんじり」と呼ばれる山車を曳き回すだんじり祭りが各地にあるが、大阪府岸和田市の「岸和田だんじり会館」や三重県伊賀市の「だんじり会館」などでは、実際に使用するだんじり（山車）を展示したり、祭りの様子を映像で見せたり、あるは岸和田のだんじり祭りの名物であるだんじりの屋根に乗るという体験をさせて祭りを実感できるなどの工夫をしているところもある。これからはそうした映像が立体化され、さらにはロボットによって再現されるようなこともできるようになるであろう。ヴァーチャルの技術を駆使した展示は、今後多くの可能性を持っている。無形である祭りの作法やお囃子なども、保存・展示することができる、ということになろう。

　ところが、無形遺産・民俗の保存・展示には、まだ問題がある。具体的に考えるために、ユネスコの無形文化遺産にも、日本の重要無形民俗文化財にも指定されている京都祇園祭の山鉾巡行行事について見てみたい。[5]

　その問題とは、一つは「変化」であり、もう一つは「空気感」あるいは「臨

図5　山を招く保昌山籤改め役

図6　保昌山のチマキ

図7　絵馬に五円玉

場感」である。

　京都祇園祭の山鉾巡行は、私たちが見ると古式ゆかしいものと見える。しかし、今見る姿は、千年前ともいわれるその始まりの時からのものではない。いつの時か車の上にお囃子の人々が乗り込むようになり、さらにいつからか人形が飾られ、また懸飾が山車の周りにかけられるようになった。あるいは、いつからの時か山鉾が祇園社（八坂神社）の境内に入る際にその結界を開くために注連縄切りが行われるようになり、いつからか数ある山鉾が巡行する順番を籤（くじ）で決めるようになり、またその籤の番号を奉行が改めるという儀式（籤改め）が付け加わった時があり、巡行を前祭（さきのまつり）と後祭（あとのまつり）の2日に分けるようになった時があったりして、今に至っているのである。こうした変化はずっと続いてきたのであって、それは今も同じである。たとえば、以前には大人の役員が行っていた注連縄切りを稚児が切るようになったのは1956年からである。前祭・後祭も、1966年から2014年までの間は同日に合同で行われていた。そしてその時に花笠巡行が、もとの後祭の日に行われるようになるのである。見えないような変化もある。保昌（ほうしょう）山では籤改めの役を小学生が行うのであるが（図5）、それには奉行役の市長の前で慣れない紋付き袴に足袋と雪駄という姿で後ずさりするという所作があり、その雪駄

が脱げてしまったこともある。そこで翌年から足袋と雪駄を縫い合わせるようにしたのである。ほほえましい工夫といえるのだが、場合によっては今後こうしたことが一つの様式として受け継がれていくかもしれない。さらに注目されるのは、保昌山の宵山での変化である。保昌山は、縁結びのご利益があるという藤原保昌をご神体とする山であるが(6)、他の 32 基の山鉾のある所からは少し南に離れた所にある（燈籠町にある）山のため、訪れる観客の数が他よりは少なかったそうである。ところが女性を中心に「パワースポット」めぐりが流行りだすと急に観客が増え、筆者が参加するようになった 2011 年頃からは販売するチマキ(7)が足らなくなるほどだった（図 6）。そしてそれに合わせるようにして、誰が始めたのかは不明であるが、2012 年から突然、会所の前に据えられた保昌山の骨組みに「五円玉」を結びつける人が現れ、それが今に至っている（図 7）。

　先述のさまざまな変化は、祭りを行う町衆（今は各山鉾の保存会の人たち）によって行われてきた変化であったが、これは、祭りを外から見に来た人々が起こしたものであるという点で注目されるべき変化だといえよう。このように毎年＝毎回何かしらの変化があるものを、どう保存することができるであろうか。

　そして、どのように技術が進んでも保存が難しいと思われるのが、「空気感」「臨場感」であろう。筆者は山のお供として袴を着けてただ練り歩くだけなのであるが、それでもやはり普段は大量の自動車が行き交う京都のメインストリートである四条通を通行止めにして、沿道に大観衆が埋めて見守るなかを行くというのはたいへんに名誉に思え、伝統の一端を担っているという誇りを感じ、高揚するのである。加えてテレビカメラがと

図 8　前方の四条河原町で辻回しをする函谷鉾を待つ保昌山と担ぎ手

図9　京町家の2階から声が掛かる

らえていると思えば、自然と背筋も伸びる。観客もそうした姿に千年の歴史と伝統を見るのであろう。これら両者の気分があいまって祭りができあがっていく。これはまさに無形の遺産であると実感するところである。とはいえ、夏の炎天下を数時間も歩いているとやはり疲れてだれてくる（図8）。まして観覧席が、団体が移動したのかぽっかりと空いていたりすると、緊張感はまったく切れてしまう。おそらく外から見れば、だらだらとして映っているのかもしれない。ところが、巡行の最後、御池通りから京町家が両側から迫る細い路（新町通）を南下しはじめると雰囲気が一変する。そこには観客が間近にいて、縁結びのチマキを貰おうと女性たちからリクエストがあったり、京町家の2階からも声がかかってチマキを投げ上げたりするのである（図9）。山鉾の我々も張り切るし、観客たちも盛り上がる。こうした場面場面3様の空気感は、すべて同じ祭りのものである。しかも、この雰囲気はその時々の天候でも違ってくるし、走って追いかけてきてまでチマキを望む観客がいるといないとでもまったく違ってくる。これはまさにその時、その場所にいる山鉾の私たちや観客すべての人々で作り出しているものであろう。一度として同じ状態を作り出すことはできないのである。やはり、無形遺産は保存も展示もできない、ということであろう。しかし、だからこそ、無形文化遺産などとして指定する意味があるのではないだろうか。祭りというものは、それを行い集う人々が、その時々の時代、社会に合わせて行い続けてこそ存在するものである。変化はしても、それが行われ続けることにより、「我が国民の生活の推移の理解のため欠くことのできないもの」となり、「当該社会及び集団に同一性及び継続性の認識を与えることにより、文化の多様性及び人類の創造性に対する尊重を助長する」ものとなりえるのである。

註

(1) 外務省ホームページ（http://www.mofa.go.jp/mofaj/gaiko/treaty/pdfs/treaty159_5a.pdf　2017年7月16日アクセス）。

(2) 総務省行政管理局「電子政府の総合窓口（e-Gov）」（http://law.e-gov.go.jp/htmldata/S25/S25HO214.html　2017年7月16日アクセス）。

(3) 楯築遺跡に関しては近藤義郎に多くの著作がある。『前方後円墳と吉備・大和』吉備人出版（2001年）、『楯築弥生墳丘墓』吉備人出版（2002年）など参照。

(4) 福田アジオ・宮田登編『日本民俗学概論』吉川弘文館（1983年）など。

(5) 筆者は2011年から2013年、及び2016年に祇園祭の33基ある山鉾の一つである保昌山に参加させていただいた。詳細は、志野敏夫「祇園祭山鉾巡行参加記～保昌山2011年～」（『社会情報研究』第9号、2011年）、「京都祇園祭山鉾巡行参加記（2）～保昌山2012年～」（『社会情報研究』第10号、2012年）、「京都祇園祭山鉾巡行参加記（3）～保昌山2013年～」（『社会情報研究』第12号、2014年）参照。

(6) 保昌山は、丹後守平井保昌（藤原保昌、天徳2年（958）～長元9年（1036））と和泉式部（天元元年（978）頃～没年不詳）の恋愛物語に取材した山である。式部に恋した平井保昌は、北面の武士に射掛けられながらも内裏の梅をとって式部にあげ、めでたく結婚したというものである。このため保昌山はかつては「花盗人（はなぬすびと）山」といわれていた。

(7) 京都祇園祭の山鉾巡行では、厄除けのお守りとしてチマキを知人や関係者に配ったり観客に撒いたりする。これは、食べるものではなく、穢れを祓う「茅の輪（ちのわ）くぐり」と同じく、蘇民将来とスサノオノミコトとの故事にちなんだ、茅萱（ちがや）で作った祓具である。蘇民将来の説話は全国に伝わるが、鎌倉時代中期の卜部兼方『釈日本紀』に引用された『備後国風土記』の疫隈国社（えのくまのくにつやしろ）の縁起が最も古いものとされている。内容は、旅の途中で宿を乞うた武塔神（むとうのかみ、むとうしん）を裕福な弟の巨旦将来は断り、それを恨んだ武塔神は、のちに戻って皆殺しにすると決める。しかし、貧しい兄の蘇民将来は粗末ながらも武塔神をもてなしたので、蘇民の娘に茅の輪を付けていれば殺さないことを教え、言葉通りに大勢の家来を率いて戻ってきた武塔神は娘を除いて皆殺しにして滅ぼした。武塔神は自ら速須佐雄能神（はやすさのおのかみ）と正体を名乗り、以後、茅の輪を付けていれば疫病を避けることができると言って去った、というものである。祇園社（八坂神社）の主祭神はスサノオノミコトであることから、祇園祭でチマキを撒くようになったのである。

（志野敏夫）

5　伝統的建造物群保存地区制度とその特徴

　日本には、単体としての歴史的建造物を文化財として保存する制度と並んで、群としての歴史的な建造物を保存する伝統的建造物群保存地区の制度がある。この制度は、1975年の文化財保護法の改正によって創設され、歴史的な景観を形成している集落や町並みなどの歴史的な建造物群及びこれと一体をなして価値を形成している環境を、市町村自らが伝統的建造物群保存地区を定めて保存しようとする制度で、40年以上にわたり、文化財保護制度の一つとして着実にその社会的役割を果たしてきた。現在では全国で100地区以上が伝統的構造物群保存地区に選定されている。

　地区の保存は市町村やその住民を主体として運営され、住民の生活を尊重するなど、保護法のなかでも特に特色ある制度として、また、歴史的価値を活かしたまちづくりの実効力のある制度として、これまでに常にその中心的な役割を果たし、今日では社会的に高い評価を得ている制度である。

　以下には、この伝統的建造物群保存地区の制度について、その成立過程や制度の概要、事業、特徴等を説明し、その本来の役割について考えてみたい。

（1）伝統的建造物群保存地区制度の成立経過

　日本の伝統的な集落や町並みが大きく変貌したのは第二次世界大戦後のことである。戦後の日本経済の高度成長によって、都市への極端な人口集中が進み、急速な都市化や工業地の拡大によって、大気や海、川などが著しく汚染され、1960年頃からの公害問題の多発により環境の問題はさらに深刻化していった。人々は空気や水といった生命維持のための基本的な基盤を失う深刻な問題として受け止めていった。

　また、市街地や工業地などの郊外への無秩序な拡張や木材需要の増加によって森林の伐採が進み、特に森林のなかでも原生林のような再生の不可能な天然

資源の消費などによって、急速な自然破壊が進んだ。

　明治期以降、人々は近代的な都市像や都市的な生活を新たな豊かさの象徴として追い求めてきたが、経済の高度成長期にはそれらは十分な思慮のないまま、あまりにも性急に追求された。経済を中心とする価値観によって、新たな開発と生産が優先され、多くの生活空間は類型化され、画一化されたものとなり、それによって失うことになる再生不可能な自然や歴史的な価値を十分に意識できなかった。その結果、大きな犠牲を強いられ、多くの自然や歴史を失うこととなった。無秩序な都市開発や自然破壊の将来への問題を意識した人々は、それによって失い、または失いつつあるものを見直そうとした。人々の心は、やがて自然や歴史的なものの見直しと再発見という意識を生み、歴史的環境の破壊と衰退に対しては「保存」を手法とした運動によって対抗しようとした。歴史的環境を守ろうとさまざまな市民運動や住民運動が展開され、地方の都市や町において先駆的な町並み保存運動が開始され、次々に保存団体が結成された。人々の危機感を反映してか、活動は精力的に展開され、最終的には行政による町並み保存の法的な整備という確かな成果として結実していった。

　町並みを保存する団体の組織化と運動の強化が図られるなか、文化庁は住民運動に後押しされるように、集落や町並みを文化財として保護するための法制化を進め、1975年、文化財保護法の一部を改正して伝統的建造物群保存地区制度を創設した。

（2）伝統的建造物群保存地区制度の概要

　伝統的建造物群保存地区の制度は「周囲の環境と一体をなして歴史的風致を形成している伝統的な建造物群で価値の高いもの」を「伝統的建造物群」として文化財の一つに定め、これと一体をなしてその価値を形成している環境と共に、市町村が「伝統的建造物群保存地区」（以後、「伝建地区」と呼ぶ）を定めて保存を図る制度である。

　市町村は、条例で保存地区内の歴史的建造物等の現状を変更しようとする行為の規制について定めるほか、保存のための必要な事項について定める。また、条例または都市計画によって保存地区の範囲を決定し、保存地区の整備のための保存計画を策定する。この計画には修理事業等を行う場合の所有者に市

町村が助成するための規則である補助金要項が含まれる。国（文化庁）は伝建地区の保存に関し、必要な指導、助言を市町村に対してすることができる。

　文部科学大臣は、市町村の申し出に基づき、我が国にとって価値が特に高い伝建地区を「重要伝統的建造物群保存地区」（以後、「重伝建地区」と呼ぶ）に選定することができる。伝建地区が重伝建地区になると、国は当該市町村に対して修理費等の経費の一部を補助することができる。国からの補助金は修理をする所有者に直接支払われるのではなく、当該市町村に支払われるため、「間接補助」と呼ばれている。

　伝建地区の制度は、文化財としての地区保存と住民生活の維持を両立して行おうとする制度であり、伝建地区における現状変更の規制は、建物等の外観に限られ、住民の希望する生活を保障するため、基本的には建物内部の規制は行わない。規制は歴史的な建築物及びそれと一体となる樹木や庭や川などの環境についても行われ、また、新築や改築等の建物についても、歴史的な景観と調和したデザインが求められ、規制の対象となる。

　保存計画には、保存地区と保存建築物等の歴史的特徴、保存すべき物件のリスト、保存すべき物件の修理整備計画、地区内管理施設や設備ならびに環境の整備等、また、先に記した整備に対する助成措置などが定められる。

　制度創設の翌年、1976年9月には第1回の重伝建地区に、計7地区が選定された。その後、重伝建地区は順調に増加し、毎年平均2地区が新たに加わり、2019年1月現在では、98市町村118地区になっている。

　市町村に対する国の補助事業は、保存対策事業、修理修景事業、防災事業、買い上げ事業などが行われる。1976年度は地区選定後直ちに修理事業が行われ、消火設備設置等の防災事業も行われた。選定地区の増加に伴って事業に要する国庫補助金の額も増加し、2018年度予算では、国庫補助金額は約17億5000万円となっている。また、1991年度からは一般の防災事業とは別に地区全体の防災施設を完備する総合防災事業が開始され、これにより多くの地区で総合防災設備が完成している。

（3）国の補助事業等

a. 保存対策事業

保存対策事業は、選定前に行われる保存対策調査とその後の地区の変化に伴って行われる見直し調査、地区の総合的な防災施設を整備するための防災計画策定調査がある。

2019年度までに、全国約200地区で実施され、保存地区の増大と地区内の整備の進展に伴って調査の希望は近年著しく増加している。

保存対策調査は、保存予定地区の文化財としての価値について学術的に明らかにすることを目的に行われ、報告書に調査後に必要となる保存計画等のための提案を含み、調査結果の活用の充実を図っている。また、社会状況の変化に伴って地区の状況は変化し、地区保存を計画的に行うために、見直し調査が行われる。1995年より、総合防災事業のための防災計画策定調査が行われるようになった。調査の結果はすみやかに防災事業に反映され、基本的には地区全体の防災対策となる総合防災事業が立ち上げられる。

b. 修理・修景事業

日本の家屋等の建物はほとんどが木造であり、周期的な修理が必要である。歴史的な保存建物についてなされる修理事業は、伝建事業のなかで中心的な事業であり、事業の進め方によっては地区の景観をまったく別のものにしてしまう危険性を持つ。したがって、保存計画のなかに修理の基本的な方針及び修理基準を定め、その基準に則って修理が行われる。

歴史的建造物群は文化財であり、外観について文化財としての修理が求められる。伝建地区の制度は住民の生活を保証し、住みながら保存する制度であり、また、市町村による限られた予算によって補助が行われ、一般の建築物と同じ建築基準法による規制もあり、純粋に文化財的価値だけを追求できるわけではないが、これまで各地区及び各戸の生活の実情を考慮して修理が進められている。

また、新築物件や歴史的な風致に合わない物件について行われる改築などの事業についても、補助事業の対象とされ、修景事業と呼ばれている。伝建の制度が文化財以外の物件についても補助の対象としているのはきわめてユニークであるといえるが、その新築の計画や改築については修景基準で細かく定めら

c. 防災事業と買い上げ事業

　歴史的建築物のほとんどが木造であり、防災事業は地区の保存になくてはならないものである。地区内に茅葺きの民家が多く存在する保存地区もあるため、建築物群の火災に対する総合的な防災設備の設置が積極的に進められている。貯水槽や配管はもちろんのこと、地区内の各戸に放水銃を設置し、自動火災報知器などが取り付けられ、火災に対する早期発見による初期消火の仕組みが作られ、安全性の確保が図られている。その他、防災センターの建設や、急傾斜地の崩落防止のため石垣の修理や補強が防災事業で行われる。また、保存地区の説明に必要な説明板の設置がほとんどの地区で完了している。

　買い上げ事業については、保存地区内で公開物件や保存センターの建設に要する土地や建物の買い上げについて国が市町村に補助している。

（4）伝統的建造物群保存地区制度の特質

　伝建地区の制度は、それまでの単体の保存から群の保存へと文化財保護の範囲を拡大したという意味で注目されその他にもユニークな点がいくつかある。

　第一に注目されるのは、この制度が市町村と住民の主体性を維持運営されることである。先に記したように、市町村は自らが保存条例を制定し、保存地区の範囲及び保存計画を決定する。また、修理等に必要な所有者に対する財政的援助等を市町村が行い、そのための補助要項も市町村自らが決定する。したがって、事業に対する補助率や額の上限は各地区で異なる。保存地区の建造物や土地の形状等の現状変更に関する許可も市町村の長及び教育委員会が行う。

　歴史的建造物は住民が日々の居住等に使用するものであり、保存リストに載せるには住民の同意が必要である。修理や管理は住民が主体的に行うものであり、伝建制度の運営には住民の保存への主体的な意志と行動が不可欠である。

　この制度は、重伝建地区の選定を、市町村自らの意志において国に申し出る制度であり、保存地区の範囲や運営方法を市町村自らが決定し、市町村と住民が自主性と主体性を持って地区の保存を図る制度である。現在では地方分権という考え方が一般的になり決して珍しい考え方ではないが、創設当時としては画期的な制度であったといえる。

第二には、この制度が住民の日常の生活を認め、尊重していることである。伝建地区における現状変更によって規制される範囲は建造物等の外観であって、内部の改変については規制されていない。住居などの伝統的建造物は使われつつ保存されることが想定されており、したがって、制度上は内部のいかなる改変をも規制するものではない。内部の改変は外部に影響を及ぼすこともあり、窓の付設など内部の生活を優先させるために外部の一部の改変が許可されることもある。文化財としての保存と生活の保障という課題の間で柔軟な対応がされているのが現状である。

　また、制度が保存のためだけではなく、これからのまちづくりを進めるための都市計画と結びつき、かつまた、先に記した修景事業のように歴史的景観との調和を図る新築などの事業が補助事業の一つとして認められていることも画期的であるといえる。文化財保護の制度が都市計画というまちづくりの計画と連動して効力を発する構造になっている点が注目できる。これらにより、伝建制度が過去の景観をとどめる制度というよりも、地区の歴史を生かした新しいまちづくりを支援する制度として考えられることは、今後の伝建地区の発展と役割を考えるうえで注目される。

（5）伝統的建造物群保存地区制度の支援体制

　制度が創設されて以来、制度の支援体制も徐々に整えられてきた。1978年には、第1回「全国町並みゼミ」が開催され、住民を中心とする全国レベルでの協議の場が作られ、以後毎年開かれて来た。1979年には、全国の重伝建地区の所在する市町村が中心になって構成する「全国伝統的建造物群保存地区協議会」が発足し、保存地区内の運営のための貴重な存在となっている。1990年からは国の芸術文化振興基金によって歴史的集落・町並み保存活用の活動に助成されるようになり、重伝建地区を目指す地区にも助成されている。

　また、伝建地区の建物について建築基準法の緩和措置が用意され、1989年以降、伝建地区の建物や土地について固定資産税の優遇措置もとられるようになった。1987年からは文化庁によって地方公共団体の職員を主な対象として、伝建の保護行政研修会が開催され、1994年からは、基礎と実践コースの二つに分けて研修会が実施され充実された。1999年には住宅金融公庫が伝建地区

内で「歴史・文化継承住宅制度」による割増融資が行われたこともあり、伝建地区を持つ市町村の住宅施策を支援する体制がとられた。近年では、全国で個性ある地域づくりが進められ、国土交通省や農林水省などの他省庁による歴史的建造物等の保存に関係する助成事業が増加し、2008年には国土交通省、農林水産省、文化庁によって「地域における歴史的風致の維持及び向上に関する法律」（愛称：「歴史まちづくり法」）が作られている。

（6）伝統的建造物群保存地区の保存体制

　上記のように伝建の制度はまちづくりにも深く関係し、伝建地区を保存するためには、関係者の知恵を結集できる連携体制の確立が望まれる。そのためには以下の4つの柱が重要であると考えられる。

　第一には市町村行政の保存体制と文化財に関する明確な価値観の確立である。伝建制度の運営は主として教育委員会によって進められているが、他省庁の事業が増加するなど伝建地区内の事業が多様化している現在、市町村関係部局によるしっかりとした横の連携体制を確立することが望まれる。また、各事業の選択は市町村が自己の責任において行うものであり、地方分権の進む現在、ますますその主体性が問われる時代となっている。市町村行政が確固たる哲学を持ち、これに裏付けられた保存のための技術や手法を開拓できるか否かが、伝建地区の未来にとってきわめて重要である。

　第二に、住民の理解と結束及び後継者の育成である。保存は市町村行政だけが進めるものではない。市町村行政は住民と協力し、補助事業等を効率よく進める必要があるが、文化財保護法の趣旨からしても保存の主体者はあくまでも住民（国民）でなくてはならない。そのためには、住民一人ひとりが制度についてよく理解し、意見の調整やまとめができることが必要で、住民によって組織される主体的な保存会の存立が望まれる。特に、保存は永続的なものであり、主体者となる継続的な後継者の育成は不可欠である。

　第三に、文化財の保存修理は専門的な知識や経験を要するもので、行政や住民は常に専門的な助言を得る必要がある。そのためには、地域の実情を踏まえつつ専門的助言ができる学識経験者の応援体制も不可欠である。

　第四に、文化財としての伝統的建造物等の修理には、文化財修理の経験と知

識のある技術者や技能者が必要である。行政の担当者は四六時中修理を監督することはできないし、そのための十分な知識もないのが一般的である。したがって、修理をする技術者等が文化財の価値を理解し、十分な修理経験を持ち、高い精神力を持って本物を残すための修理にあたれる体制が必要である。そのためには、彼らの恒常的な育成が望まれる。

　以上のような、学識経験者、技術者等の協力を得て、行政と地区住民が一体となって、保存を進める体制の確立が強く望まれる。

(7) 文化財としての地区保存 (制度の目指すもの)

　伝建地区の制度は文化財保護法の中の一つであり、先に記したように伝統的建造物群は文化財の一つであって、伝建地区は文化財として保護されることになる。文化財としての保護は、文化財保護法の目的に「この法律は、文化財を保存し、且つ、その活用を図り」と書かれているように、保存と活用によって行われる。

　伝建地区の保存は主として保存管理計画に保存すべきと定められた伝統的建造物等の修理や整備などによって行われ、修理は文化財としての価値である歴史的部材や形式を残す修理が必要となる。単なる修理ではなく、伝統的建造物の持つ文化財としての価値を継承し、高めていくことが望まれる。修理後に、伝統的建造物の形式や特徴が失われてしまっては意味がない。文化財としての保存を進めるには、文化財修理の経験のある専門家や学識経験者の協力が不可欠で、先に記した四本柱の確立が必要である。文化財として保存を進めるうえでその基礎となる住民の理解をさらに進める体制と共に、文化財としての修理や整備の質的向上を図り、修理において文化財としての本物をどう残すことができるかを追求することのできる体制づくりが必要である。

　また、活用においては、伝統的建造物を住民が住むなどによって使うことはもちろんであるが、文化財としての集落・町並みの価値を住民及び国民が十分享受できることが重要である。そのためには、住民自らが地区保存の価値について学ぶことができ、またそれを発信できる体制も必要である。

　先にあげた文化財保護法の目的の一文の後に「もって国民の文化的向上に資する」とある。この「国民の文化的向上」とは、文化財に接することによる国

民(住民)の精神的な向上を意味し、日本人としてのアイデンティティの確立や日本や地域の文化に誇りを持てるような精神構造の確立などが含まれる。各伝建地区の保存条例にも住民の「文化的向上」が目的として掲げられている。文化財として集落や町並みを保存し、制度の目的を実現するには、伝建地区の保存を通して住民が地域文化の価値を学び、理解し、これを享受し、自負をもって継承することが望まれる。そのためには、住民の文化的向上に必要な情報の提供や教育は欠くことができない。伝建地区は、どこでも製作が可能な画一的な偽物を残すのではなく、この世に二つとない本物が残る地区として、それを護る価値意識の育成や、保存する意義の思索を通して、誇りを持って地区保存を進めることのできる住民と後継者の育成が必要で、それを可能にする体制づくりが望まれる。そのため、文化財としての保存を進めるためには、選定後の住民の育成体制が不可欠となることを忘れてはならない。

　文化財としての地区保存を進めるためには、以上のような文化財としての修理ができる体制を整えること、そして、住民の自発的学習や教育を中心とした文化的な向上の図れる体制を作ることが必要で、特にこれからの伝建地区に望まれると考える。

(江面嗣人)

第Ⅳ部
現代社会と博物館

1　学校教育と博物館

　博物館法の第3条第2項には、「博物館は、その事業を行うに当つては、土地の事情を考慮し、国民の実生活の向上に資し、更に学校教育を援助し得るようにも留意しなければならない」と明記されている。これは、博物館が学校教育に働きかけるだけでなく、博物館が担う「社会教育」と学校が担う「学校教育」との連携・協働の推進をも求めているといえる。

　これまでにも、学校が教育活動の一環として、博物館等の社会教育施設を活用する取り組みは行われてきているが、そこにはいくつかの課題も指摘されている。たとえば、学校側が学習内容を一方的に決めていたり、子どもたちへの指導を博物館側にすべて委ねていたりといった課題である。また、博物館側にも、学校教育の目標や内容、子どもたちの実態等を十分に踏まえないままで教育実践を進めているなどの課題もある。

　そこで本章では、博物館が有する機能や博物館が担う教育を、学校教育と社会教育との連携、つまり「学社連携」の視点から整理したうえで、教育実践の推進に資することを目的に、学校教育における博物館の役割について考察を深めることとする。

（1）学社連携における学校と博物館

a. 学社連携についての基本的な考え方

　ここでは、学校教育と社会教育との連携、学校と博物館との連携に関する基本的な考え方について、各種審議会答申での提言等を通して整理する。

　学社連携に関する提言としてまずあげられるのは、1971（昭和46）年の社会教育審議会の『急激な社会構造の変化に対処する社会教育の在り方について（答申）』である。この答申では、家庭教育・学校教育・社会教育の有機的役割分担の確立や、生涯教育の観点からの社会教育の体系化などが提言された。ま

た、同審議会は、1974（昭和49）年に『在学青少年に対する社会教育の在り方について』の建議を行い、青少年期における豊かな人間形成のためには家庭教育・学校教育・社会教育の協力が重要であること、特に学校教育と社会教育の連携（学社連携）が必要であることを強調した。

1981（昭和56）年の中央教育審議会の『生涯教育について（答申）』では、学校教育における生涯教育の観点から、学校教育と社会教育との連携・協力等に関して、「学校教育関係者は、社会教育の機能について理解を深め、社会教育の各種の施設や機会を子どもの発達段階や地域、学校の実情に即しつつ、より積極的に活用すべきである」との提言がなされた。なお、1984～87（昭和59～62）年の臨時教育審議会では、「生涯教育」に対して「生涯学習」という言葉が用いられるようになり、学習者の立場を尊重する生涯学習社会を実現することが提唱された。

その後に設置された生涯学習審議会は、1992（平成4）年の『今後の社会の動向に対応した生涯学習の振興方策について（答申）』において、生涯学習の必要性をさらに強調するとともに、1996（平成8）年の『地域における生涯学習機会の充実方策について（答申）』において、「地域社会の教育力の活用」についての提言がなされた。そこでは、地域社会のさまざまな人々の専門的な知識や技能などを学校の教育活動で活用することにより、教育活動の多様化とその質の向上が期待できることや、学校が地域社会からのさまざまな支援を受け入れることにより、閉鎖的になりがちな学校の慣行や雰囲気の見直し、すなわち「開かれた学校づくり」が期待できることが述べられた。また、この答申では、「学社連携」という言葉に対して、その最も進んだ形態として「学社融合」の理念が提唱された。

そして、2006（平成18）年に改正された教育基本法においては、第3条（生涯学習の理念）「国民一人ひとりが、自己の人格を磨き、豊かな人生を送ることができるよう、その生涯にわたって、あらゆる機会に、あらゆる場所において学習することができ、その成果を適切に活かすことのできる社会の実現が図られなければならない」及び第13条（学校、家庭及び地域住民等の相互の連携協力）「学校、家庭及び地域住民その他の関係者は、教育におけるそれぞれの役割と責任を自覚するとともに、相互の連携及び協力に努めるものとする」

に、前述した内容の根本に関わる理念が述べられることとなった。

b. 学校教育における学社連携

ここからは、学校教育の立場から学社連携について示された提言や規定等を整理する。

1996（平成8）年の中央教育審議会の『21世紀を展望した我が国の教育の在り方について（第一次答申）』では、学校がその教育活動を展開するにあたっては、地域の教育力をいっそう活かし、家庭や地域社会の支援を受けることの必要性が指摘され、そのための方策として、地域の人々や保護者による学校ボランティアの活用が提案された。そして、1998（平成10）年に文部省から公表された『教育改革プログラム』では、「学校支援ボランティア」という言葉が用いられるようになった。また、1998年に告示された小学校学習指導要領では、理科の指導にあたって、「博物館や科学学習センターなどを積極的に活用するよう配慮すること」が明記された。すなわち、学校の教育活動における学芸員の役割が「学校支援ボランティア」の一つの形態としてとらえられるようになった。

2008（平成20）年の中央教育審議会の『幼稚園、小学校、中学校、高等学校及び特別支援学校の学習指導要領の改善について（答申）』では、豊かな心や健やかな体の育成には、学校、家庭及び地域の役割分担と連携が重要であることや、学校教育の改善向上を支える生涯学習施策や社会教育の充実が重要であることが改めて提言された。また、子どもたちの関心や意欲を高めるうえでは、博物館等との連携による体験的な学習が効果的であることが例示された。この答申を受けて告示された小・中学校学習指導要領（2008（平成20）年）及び高等学校学習指導要領（2009（平成21）年）では、たとえば、社会科の指導にあたっては、「博物館や郷土資料館等の施設の活用を図る」など、博物館の活用が改めて明記されたり、理科の指導にあたっては、「博物館や科学学習センターなどと積極的に連携、協力を図るよう配慮すること」など、従前の学習指導要領にはなかった「連携」「協力」の言葉が付加されたりした。

そして、2016（平成28）年12月の中央教育審議会の『幼稚園、小学校、中学校、高等学校及び特別支援学校の学習指導要領等の改善及び必要な方策等について（答申）』では、2030年の社会のあり方も見据えながら、「主体的・対話的

で深い学び」の実現に向けて、いわゆる「アクティブ・ラーニング」の視点から学習のあり方の問い直しが求められた。そのなかでは、「主体的・対話的な学び」の充実に向けて、資料調査等の学習活動を充実させる観点から、学校が博物館等との連携を積極的に図っていくことの重要性が提言されており、たとえば、地理歴史科での教育環境を充実させるために博物館等を引き続き積極的に活用することや、家庭科や技術・家庭科の指導の充実のために博物館等との連携について検討することが求められている。

このように、学校教育においては、学習指導要領の改訂のたびに、学社連携や学社融合の一つの形態として、博物館と学校との連携・協力、つまり「博学連携」が重視されてきているのである。

(2) 博学連携の推進
a. 学社連携の機能から見た博物館

学社連携とは、山本ほか (2007) によると、学校と社会の教育機関等がそれぞれに有する資源を必要に応じて貸し借りすることであり、学社融合とは、学校教育と社会の教育・学習活動を、資源を共有して一緒に行うことであると定義されている。また、佐藤 (2002) は、学社融合を含む広義の学社連携には、①情報交換・連携調整機能、②相互補完機能、③協働機能の3つの機能があるとしている。①情報交換・連携調整機能とは、学校と社会教育機関等が互いの情報を交換・共有するとともに、それぞれの教育活動が合理的に進むように連絡・調整する機能である。②相互補完機能とは、施設・設備・人材などの不足を他の機関に求めて補おうとする機能である。また、③協働機能とは、それぞれの目的・目標を実現するために、協調・協力して働く機能である。そこでは、①情報交換・連携調整機能と②相互補完機能が、狭義の学社連携としての機能であり、③協働機能 (学社融合) とは区別されている。

このように学社連携の機能を整理すると、学芸員の専門性や博物館の教育資材・機能等を学校が活用することは、学社連携 (狭義) における相互補完機能の一つととらえることができる。学芸員が学校に出向く「出前授業」、学校が博物館を訪問する「見学活動」、博物館の展示物の一部を学校に貸し出す「出張展示」などが、一般的によく行われている取り組みである。たとえば、博物館

の恐竜骨格標本の全身骨格を自分と比べることで恐竜の大きさを実感したり、恐竜の歯の形、目の位置などを哺乳類（肉食、草食）と比べることで恐竜の食性や体のつくりを類推したりする学習や、博物館から大きさや種類の異なる数種類の貝殻標本を借り受け、貝殻の形や構造の比較を通して、生物の形が生態に関係していること見いだす学習（神奈川県立生命の星・地球博物館の例）、博物館周辺の森林（二次林、人工林、自然林）のなかを歩いて観察し、それぞれの違いを見いだし、森と人間との関わりを理解する学習（岐阜県立博物館の例）など（下野 2013）、全国の博物館において、それぞれの特色を活かした取り組みが展開されている。

b. 学校支援ボランティアとしての学芸員の役割

ここでは、上記の相互補完機能のなかから、学芸員を学校支援ボランティアに位置づけ、学校教育への導入のポイントについて考察する。

1998（平成10）年の『教育改革プログラム』では、「学校支援ボランティア」を「学校の教育活動について地域の教育力を活かすため、保護者、地域人材や団体、企業等がボランティアとして学校をサポートする活動」と定義している。

佐藤（2002）は、学校支援ボランティアのタイプを、①ゲストティーチャー型、②学習アシスタント型、③施設メンテナー型、④環境サポーター型の4種類に分類している。①ゲストティーチャー型とは、学習支援を目的として子どもたちの学習活動を直接指導するものである。たとえば、教科等や部活動における自然観察、英会話、楽器演奏、伝統工芸、パソコンの指導などである。②学習アシスタント型とは、教員の指導を側面援助するものである。たとえば、子どもたちとの交流、通学安全指導、校外学習時の引率補助などである。③施設メンテナー型とは、学校の施設・設備の維持・管理に関わる専門的な支援である。たとえば、校舎や飼育小屋の補修、植木の剪定、パソコン室の維持などである。④環境サポーター型とは、学校環境の一般的な支援である。たとえば、図書室の整理、花壇の草取り、校内清掃、学校行事でのビデオ撮影などである。

学社連携における学芸員の役割をこの分類に当てはめると、①ゲストティーチャー型の学校支援ボランティアの一つとしてとらえることができる。地域の

自然・歴史・文化などに精通した学芸員が学校教育に参画することにより、専門性の高い学習内容、フィールドワークやものづくり等を取り入れた体験的な授業を展開することが期待できる。

ただし、こうした取り組みを充実させるには、実践と評価における PDCA サイクル（Plan→Do→Check→Act→Plan→…）を確立させることが大切である。そこで、学芸員をゲストティーチャーとして学校教育に導入するうえでのポイントを、PDCA サイクルに基づいて整理すると、次のようになる。

①**必要性・計画性の明確化（Plan）**　学校が学芸員をゲストティーチャーとして導入するにあたっては、その意義や必要性を明確にすることが大切である。学校側は、これまでに実施してきた学習の目標や内容、指導計画等を点検・評価し、教員の指導だけでは十分でなかった点などを把握すべきである。そして、その課題の分析を通して、どのような学芸員を、どのように導入するべきなのかを検討することが大切である。学芸員を単にゲストティーチャーとして導入すればよいという短絡的な計画ではなく、その学習を通して子どもたちに身に付けさせたい資質・能力を明確化し、学芸員の指導内容や活動場面などを十分に検討したうえで、指導計画を立案することが大切である。

一方、博物館側も、たとえば、博物館で作成したプログラムや学習用資料等をそのまま実践に使用するのではなく、学校側が求める学習の目標や内容等を十分に理解したうえで、プログラム等を改編・再編成するなどの工夫が必要である。また、逆に、学校からのいわゆる「丸投げ」は引き受けないことも肝要である。ゲストティーチャーが必要な理由、授業での位置づけなど、学芸員が授業に参加することに対しての明確な意義や計画性を学校に求めるべきである。

②**実践における共通理解と役割分担（Do）**　授業の準備段階では、学習目標、授業展開、評価方法等について、教員が学芸員に説明したり、相互に意見を交換したりして、指導に対する共通理解を図っておくことが大切である。また、たとえば、フィールドワークを取り入れる場合には、活動場所の下見を一緒に行い、学習の時期や時間帯、移動時間、学習場所の広さや危険性、緊急連絡網などについて検討や打ち合わせをしておくことも必要である。さらに、可能であれば、学芸員が事前に当該クラスの授業参観を行うなどして、子どもたちの実

態を把握したり、子どもたちとふれあう機会を設定したりしておくことも大切である。

　授業の実施段階では、教員は学芸員に指導を任せっきりにするようなことは避けなければならない。学芸員と教員の役割分担を明確にし、学芸員が指導している間も、教員はその補助や安全面での配慮をするなどの連携が大切である。授業は、学校の責任で実施されるものであり、子どもたちの学習指導・学習評価を行うのは教員であることを、教員・学芸員がともに認識しておくことが重要である。

　③**実践の評価と工夫・改善（Check、Act）**　学芸員の専門性を活かした授業では多様な成果が期待できるが、特に地域の自然・歴史・文化など取り上げた授業では、子どもたちによる観察・実験・調査など、体験的な学習活動が展開されること多い。しかし、体験活動さえすればよいのではなく、体験活動が地域の特性に関する知識・技能の確実な習得や、地域に対する多面的・総合的な見方・考え方の育成に結びついたり、得た知識・概念がさらに体験活動に活かされたりするような学習活動にしていくことが大切である。学芸員は体験活動等における専門的な内容や方法を提供し、教員はその体験を学習に結びつける、といった連携を進めていくことが大切である。

　そのためには、学芸員を交えた指導により子どもたちにどのような変容が見られたのか、どのような資質・能力が身に付いたのかなどの評価をする必要がある。ここでの評価（教育評価）とは、教育目標を達成するために、トータルに教育活動をモニターして、活動を自己調整する一連の活動である（梶田 2003）。単に成績を付けるということではない。そのため、学習目標に照らし合わせて、多様な評価方法を駆使して評価することが求められる。この時、教員と学芸員の自己評価を比較したり、相互評価を取り入れたりすることにより、評価結果の客観性を高めることも大切である。そして、こうした評価結果を教員と学芸員とが共有し、それぞれが学習活動の工夫・改善を図ろうと努めることが大切である。

　以上のような PDCA サイクルに基づいた教育活動を展開することにより、学校と博物館は強く結びつき、博物館は学校の活動や教員の情報を把握でき、学校に対する理解を深めることにもつながる。また、学芸員自身が研究成果を

活かす機会にもなり、教育の質を高めることにもなる。つまり、学校支援ボランティアとしての学芸員の役割は、博物館が学校教育をサポートするといった一方向的なものでなく、博物館が担う社会教育の質の向上にもつながり、学校と博物館との双方向的な連携・協働の推進にも位置づけられるのである。

c. 博物館による教員研修

学校教育では、それぞれの地域の実態を踏まえ、地域に相応しい取り組みを進めることが求められる。そのため、学習指導を進めるにあたっては、地域の特色に応じた課題を取り上げることが大切である。こうした教育実践を実現・充実するための方策の一つとして、学校と博物館が連携・協力して、地域の多様な教育資源を活用することがあげられる。

博学連携では、前項で述べたように、ゲストティーチャーとして学芸員を学校に招いたり、子どもたちが博物館を見学したりすることが一般的である。しかし、学芸員が1回授業をするよりも、教員が知識や技能を身に付ければ、多くの子どもたちにそれを活かした指導をすることができるため、教育効果は大きくなる。

ここでは、博物館が企画・実施した教員研修プログラムを通して、参加者である教員が地域教材やその活用方法について理解を深め、それらを日々の授業で活用した事例を紹介する。

学習指導において地域教材を活用することは、子どもたちの学習意欲を高めたり、自然への親しみを増したりするうえで有効である。これは教員研修においても同様であり、指導者である教員が学習指導で扱う教材に精通するうえにおいても、また、教員自身が自然に対する理解を深めるうえにおいても重要なことである。ここで紹介する研修プログラムは、実施の舞台となった神奈川県相模原市の自然を代表する「相模川」と「関東ローム層」を取り上げ、小学校理科の単元「流れる水の働き（第5学年）」「土地のつくりと変化（第6学年）」の教材として活用した地学的領域の研修である。研修プログラムの概要を、表1に示す。地学的領域の基本は、野外に出かけて対象物を実際に観察することである。そのため、室内での実習だけでなく、野外実習も取り入れている。

主な研修内容は、「博物館の展示を通した地域教材の理解」「相模川や段丘崖における野外実習」「地域教材を多面的に活用した授業設計」などである。第5

表1　博物館が開発した教員研修プログラムの概要

1　目　的
　　地域の教育資源（自然・人材・施設）を活用した教員研修を通して、理科好きな教員を育成するとともに、その実践的指導力の向上を図り、もって科学好きな子供を増やすことに資する。

2　研修対象者
　　小学校の教員（主に第5・6学年担任）

3　研修の目標・内容・形態等

第1回　7月24日　10：00〜16：00

目　標	内　容	時　間	形　態
教員研修の意義、理科教育の現状と課題及びそれに対応できる理科教育の理念を理解するとともに、地域の地学教材に対する関心を高める。	研修プログラムの趣旨及び概要	10：00〜10：20	説明
	子供が生き生きと学ぶ授業の創造	10：20〜12：20	講義
	自然の多面的な見方・考え方　地域の地学教材	13：20〜16：00	講義・見学

第2回　7月31日　9：00〜17：00

目　標	内　容	時　間	形　態
地層や火山灰の観察などを通して、土地のつくりと変化に関する多面的な見方・考え方を習得する。	河岸段丘と関東ローム層	9：00〜12：20	野外観察
	土地のつくりと変化、火山灰の観察	13：20〜15：50	講義・実習
	実践事例「土地のつくりと変化」	16：00〜17：00	事例紹介

第3回　8月2日　9：00〜17：00

目　標	内　容	時　間	形　態
河川の観察や河床礫の標本作成などを通して、流水の働きに関する多面的な見方・考え方を習得する。	相模川と川原の礫	9：00〜12：20	野外観察
	流れる水の働き、岩石標本の作成	13：20〜15：50	講義・実習
	実践事例「流れる水の働き」	16：00〜17：00	事例紹介

第4回　10月12日　15：30〜17：00

目　標	内　容	時　間	形　態
これまでの研修の成果を多面的に整理・分析し、各校での授業実践に結び付ける。	研修内容を活かした授業実践	15：30〜16：20	事例紹介
	第5・6学年理科C区分の授業設計	16：20〜17：00	協議

＜研修参加教員による各校での授業実践＞

第5回　1月22日　15：30〜17：00

目　標	内　容	時　間	形　態
授業実践の内容についての報告・情報交換を通して、研修の成果と課題を共有する。	参加者による授業実践の成果と課題	15：30〜16：30	報告・協議
	研修プログラムの評価	16：30〜17：00	協議

学年の「流れる水の働き」を
テーマにした内容では、相模川
の川原に出かけ、礫の大きさ、
礫種、インブリケーション（川
原の礫が川の流れに沿って瓦を
積み重ねたように配列する構
造）などを観察している。図１
に川原での研修の様子を示す。
相模川の川原で見られる礫は、
富士山・関東山地・丹沢山地か
ら運搬されたものであり、これ
らは少し慣れれば専門知識がな
くても見分けられるようにな
る。岩石名ではなく、産地別で
分類できるため、河川の運搬作
用の教材として扱うことができ
る。図２は、教員が研修中に作
成した岩石標本である。第６学
年の「土地のつくりと変化」を
テーマにした内容では、関東
ローム層を教材化している。関
東ローム層は、富士山や箱根山
からの火山灰が堆積してできた
地層であり、遠く九州からの火
山灰（始良火山の火山灰）も含
まれている。図３に段丘崖での
研修の様子を示す。採集した火
山灰を博物館に持ち帰り、鉱物
の洗い出しを行い、顕微鏡で観
察することにより、それぞれの

図１　川原での野外観察の様子

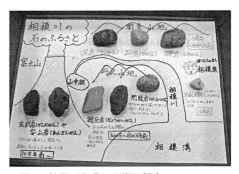

図２　教員が作成した岩石標本

図３　段丘崖での野外観察の様子

火山灰の特徴を把握することができる。火山灰は顕微鏡で見ると、その違いがはっきりわかり、とても美しいので、子どもたちの関心を高めるのにも適した教材になる。

　本研修プログラムでは、理科があまり得意でない、もしくは初めてこの2つの単元を指導する教員を主に対象としたが、研修終了後は地層や岩石に興味を持てるようになったという教員がほとんどであった。そして、研修に参加した教員は、第4回研修と第5回研修との間に授業実践を行ったが、それらの授業では、これまでの自分の授業を見直し工夫・改善を図ることができ、地域素材（相模川や相模野台地）を取り入れた授業が展開できていた。このような授業実践ができたのは、地学的領域の指導が苦手と感じている教員が実際の自然に触れることにより、地域の自然に興味を持って関わることができたためである。

　こうした取り組みから、博学連携の推進に対して見えてくることは、①教員と学芸員が交流できる場を設定し、連携に対する学校と博物館の共通理解を図り、人間関係づくりを進めることが大切であること、②連携における両者の役割分担は大切であるが、教員は地域の自然を探究しようとする意欲を、学芸員は学校教育について理解しようとする意識を持って、相互に関わることが必要であること、③そのうえでさらに教科書の内容から発展してより専門的な内容を授業で扱いたい場合に、博物館の出張授業や見学などが有効であること、の3点である（岡本ほか 2010）。

　2016（平成28）年12月の中央教育審議会の『幼稚園、小学校、中学校、高等学校及び特別支援学校の学習指導要領等の改善及び必要な方策等について（答申）』では、学校を変化する社会のなかに位置づけ、「社会に開かれた教育課程」を目指すべき理念として位置づけている。そして、よりよい学校教育を通じてよりよい社会を創るという目標を社会と共有することや、地域の人的・物的資源の活用、放課後や土曜日等を活用した社会教育との連携など、学校教育を学校内に閉じずに、その目指すところを社会と共有・連携しながら教育課程を実施することを求めており、これまで以上に学校と社会との間の相互連携を促している。この答申を受けて改訂された学習指導要領による教育課程は、小

学校では2020年度から、中学校では2021年度から全面実施される予定であり、高等学校では2022年度から年次進行で実施される予定である。

　学校と博物館との連携・協働の視点から次世代の教育を考えた時、学芸員の役割を単に学校教育を支援するものとしてとらえるのではなく、博物館が行う社会教育活動に学校教育が相乗りをしたり、教員と学芸員とが協働して新しい教育活動を企画・実践したりすることなどを視野に入れることが必要である。こうした真の学社融合を通して、博学連携がさらにいっそう効果的・持続的に機能していくことを期待したい。

参考文献

岡本弥彦・河尻清和・清田英孝　2010「地域教材・地域人材を活用した授業づくり」『理科の教育』vol. 59、No. 692。

梶田正巳　2003『新版学校教育辞典』教育出版。

佐藤晴雄　2002『学校を変える　地域が変わる―相互参画による学校・家庭・地域連携の進め方―』教育出版。

下野　洋　2013「身近な自然を生かした理科授業」東洋館出版社。

長沼　豊　2009『学校ボランティアコーディネーション』筒井書房。

山本恒夫・蛭田道春・浅井経子・山本和人　2007『社会教育計画』文憲堂。

（岡本弥彦）

2　観光振興と博物館

　我が国では2017年の年間の外国人の訪日観光客数が2869万人となり、1964年以来、過去最高を記録した。国が進める観光立国基本計画に基づくさまざまな活動の成果であろう。一方、国内に目を向ければ、国内旅行者数はここ数年ほぼ横ばいという状況が続いている。旅行業界では若者の旅行離れがたびたび問題提起され、高齢化に伴い旅行市場から退場してゆく人々の増加による市場の縮小も懸念されはじめている。海外からの観光客（以下、インバウンド観光客またはインバウンド観光と表記）が注目されているものの、先行きが見えない国内旅行市場を抱え、日本の観光は決してバラ色の未来だけではない状況といえよう。

　一方、我が国では将来の急速な高齢化を伴う人口減少、あるいは都市部への人口の集中などによる地方の疲弊に対する問題が顕在化しつつあり、国内外からの交流人口の拡大による地域経済の活性化は、特に地方において避けられない課題と言われ続けている。そしてこの問題の処方箋の一つとして「観光」が脚光を浴びている。

　博物館は「資料の収集・保管・展示による教育、調査研究」を一体に行う機関であり、人々が、モノ（博物館資料等）を通じて文化・歴史・自然を考え学ぶ場だが、これらの役割に加えて地域の資源を再認識し、地域に活力を与えるなど地域活性化における役割も求められつつある。本章では博物館が置かれている社会環境を概観したのち、「観光」という側面から博物館が果たしうる役割について解説するとともに、博物館の新たな可能性について述べる。読者には博物館が観光という切り口で地域に対して果たしうる役割について、考えるきっかけを提供したい。

（1）観光の定義、旅することの効果・効用

　観光とはどのような行為なのか。2013（平成25）年の国土交通省観光庁の定義は「余暇、ビジネス、その他の目的のため、日常生活を離れ、継続して一年を超えない期間の旅行をし、また滞在する人々の諸活動」であり、本章でもこの定義により進める。

　また、「旅をすること『旅の力の効果・効用について』」について日本旅行業協会のまとめがあり、以下に要約して紹介する。

　　地域の歴史・自然・芸能・生活などに触れること、またそれらの発掘・育成・保存・振興に寄与できる『文化の力』、国際・地域間の相互理解、友好促進などを通じ安全で平和な社会の実現に寄与できる『交流の力』、観光に関わる産業の発展による雇用・地域振興・環境整備などの幅広い『経済の力』、日常からの離脱による感動や刺激等を通じ、活力を得てエネルギーを満たす『健康の力』、自然や人とのふれあいを通じ異文化理解、やさしさ・絆を深めるなど人間形成の機会を広げる『教育の力』。

（2）なぜ観光が注目されているのか

a．我が国の将来人口の推計

　我が国の人口の推移は、2010年には1億2806万人（国勢調査）であったものが、2048年には9913万人、2060年には8674万人と推計されている（図1）。また、2015年から2020年の5年間で沖縄を除く46都道府県で人口が減少し、2050年には全市町村の60％が現在の半分以下の人口となり、さらに全市町村の20％が無居住化となることが推計されている。この傾向は大都市よりも地方都市、地方都市よりも過疎化の進む市町村に顕著に現れ、地域の存続そのものに大きな脅威となっている。さらに、地域での人口の減少は働く人々の減少と消費市場の縮小につながり、地域経済の弱体化に直結する。学校、病院や日常の買い物など地域に必要不可欠で重要な住民サービスも提供困難となり、地域の存続に大きな脅威となることも想定されている。岡山県の人口推計（表1）においても、2040年には総人口で2010年比約83％、そのうち15～64歳の人口は2010年の約73％と推計されており、総人口の減少に加え、労働力として期待されている人口が4分の3程度となることで、地域の生産活動・消費行動

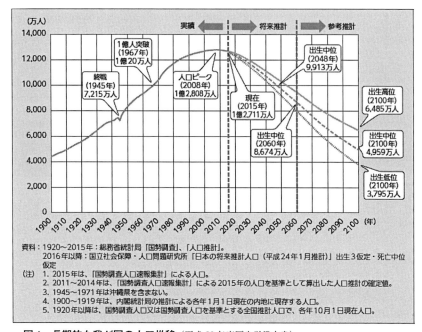

図1 長期的な我が国の人口推移（平成28年度厚生労働白書）

表1 全国・岡山県の将来人口推計値

		2010年	2020年	2030年	2040年	指数
全国	0～14歳	16,839	14,568	12,039	10,732	63.7
	15～64歳	81,735	73,408	67,730	57,866	70.8
	65歳以上	29,484	36,124	36,849	38,678	131.2
	合計	128,058	124,100	116,618	107,276	83.8
岡山県	0～14歳	265	230	195	176	66.4
	15～64歳	1,191	1,068	999	874	73.4
	65歳以上	489	569	556	560	114.5
	合計	1,945	1,867	1,750	1,610	82.8

単位は千人。指数は2040年数値の2010年比。
国立社会保障・人口問題研究所「日本の地域別将来推計人口」（平成25年3月）より筆者加工。

などの経済活動にマイナスの影響が出ることが危惧される状況といえる。

b. 昨今注目を集めている観光振興とは

　人口の減少に伴う地方経済の縮小に歯止めをかけるためには、雇用を生み出し消費活動を活発にする、地域に根ざした産業の創出・育成が一つの解決策となる。

　観光は前述の観光庁の定義にもある通り、日常生活を離れた旅を行うことであり、国内旅行ではある地域の人々（お金）が違う地域に移動することになる。また、インバウンド観光では国外のお人々（お金）が日本国内に移動するということである。JATAのいう「経済の力」である。観光庁統計によれば2014年における旅行消費額は22.6兆円、生産波及効果は47兆円（全産業の5.0％）、雇用誘発効果397万人（全産業の6.1％）であり（図2）、観光は国内産業に大きな割合を占めている。また、観光による消費やその効果は都市部に限定されることはなく、日本国内各地にその成果が分配されることが観光という産業の特徴であり、地方にとってその重要性は疑う余地がない。

　また、観光産業の多くは労働集約型産業であり、事業規模に対する雇用の発生が大きいことがその特徴としてあげられる。宿泊業・飲食業など旅行に深く

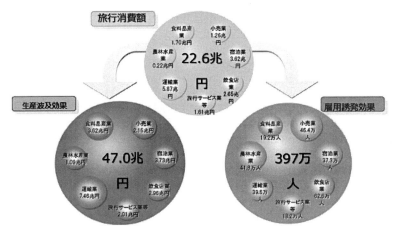

資料：観光庁「旅行・観光産業の経済効果に関する調査研究」
注1：生産波及効果とは、新たな需要が生じた際に、結果として産業全体に生じた効果を示したもの（例えば、旅行・観光消費が発生し、これらに原材料（中間財）を納めた業者の売上や当該業者に勤務する従業者の給与の増加によりもたらされた産業全体の新たな生産を反映したもの）

図2　旅行消費がもたらす産業別経済効果（平成28年度観光白書）

関わる業種では、人のサービスが必須であることや「おもてなし」という言葉で表現される旅行者と彼らを迎える人々の快適なコミュニケーションが旅行には必須であることからも理解できよう。さらに、観光はサービスの購入と消費が同時進行し、その多くが無形のサービス消費であるため、繰り返し消費される。自動車や家電製品あるいは不動産のように一度購入したら数年からあるいは生涯を通じ、購入しないというものではない。観光は人と人との関わりが重要な要素であり、地域の産業として成長する可能性と、地域経済の活性化に資する産業であるといえる。

　また、地域の歴史・自然・芸能・生活に触れることは旅行者にとって日常を離れることに他ならず、新たな知識や体験などを得ることにもつながる。「文化の力」である。近年、修学旅行で農家民泊を取り入れる学校が増加傾向にあるが、都市で生活している生徒たちが農山漁村の人々の暮らしを体験するといった、非日常の文化交流の好事例である。また、地域の資源を観光のために適切に活用すれば、保存・保全に好影響があり、加えて保存保全活動のための原資等についても好影響があることは容易に想像できる。「交流の力」「教育の力」では、観光の発展によりモノの観光が、コト・ヒトの観光に変化してゆくことを示唆していると考えられる。つまり、見物を目的としたモノの観光からその地域でしか得ることができない体験や新たな経験を得るコト・ヒトの観光に深化するということである。具体例を奈良の東大寺で考えてみよう。初めて小学校の修学旅行で東大寺を訪問し、教科書の小さな写真で見た大仏様を目の当たりにし、多くの子どもたちはその大きさに圧倒される。事前学習で得た内容を確認し、強く印象に残すことになる。次に社会人となって東大寺を訪れた際、大仏殿以外の諸堂をめぐり、あるいは東大寺僧侶のお話を聞き、写経などの仏教寺院でしかできない体験にめぐりあうかもしれない。小学生の感動はモノの観光であり、僧侶との接点や写経体験はコト・ヒトの観光といえよう。

　地方都市や農山漁村の日常は大都市圏や他の地域の人々にとっての非日常であり、観光という人々の活動が秘める可能性は高く、今後の地域経済の拡大・活性化につながるものであるといえ、地域社会やコミュニティ活性化の切り札として注目されている所以である。

（3）旅行市場の変遷と動向について

a. 旅行市場の変遷

　本項では地域振興、観光振興と密接なつながりがある旅行市場の発展と観光の現状について検討する。まず旅行市場の発展の過程について解説しよう。

　国や地域が経済的・文化的に豊かになり政治的に安定すると、旅行の市場が発生する。(5)この流れを我が国の海外旅行の歴史を振り返りながら、市場の成長について確認してゆく。

　我が国では、戦後の混乱が収まり高度成長期を迎えた時期から海外旅行市場が発生・成長したが、最初は団体旅行による海外旅行がその大半であった。団体の海外旅行を経験した人々は、団体では訪問しにくい目的地へとそのニーズが多様化し、個人旅行へとシフトしていった。一例をあげると、最初はロンドン・パリ・ローマ10日間という団体ツアーであったものが、パリ10日間の個人旅行に変化し、その先にはブルゴーニュのワインセラーを訪ねる旅へと変化してゆく。団体から個人へ、より深い興味に基づいた旅へと変化してゆくわけである。また、個人旅行では体験できない場所やイベント等、または特別な興味に基づいた団体ツアー（SIT）(6)も発生してくる。ブルゴーニュの有名ワインセラーをワインソムリエが案内するツアーなどが例となるであろう。MICE市場も余暇旅行以外の市場として形成され、さまざまなニーズや目的を持った市場が形成されてきた。現在の我が国の旅行市場は十分に成熟した市場であり多様なニーズにどのように応えてゆくかが地域への誘客に欠かせない。視点を変えれば、世界遺産や国宝、大型の観光施設などの目立つ資源がなくても、観光客を誘致できる可能性があるということである。

b. インバウンド市場の変化

　次にインバウンド市場について検討する。海外の国や地域においても、市場の発達段階は日本での過程を踏襲することができるであろう。

　中国では1999年に中国政府が海外旅行を解禁し、2000年には日本政府から団体ビザの発給が開始された。2009年には個人ビザが解禁され、翌年には発給要件が緩和されるなど日本訪問の障壁は下がり続けている。そして、「ゴールデンルート」や「爆買い」といった流行語まで作り出す派手な動きがマスメディアを通じて知られているが、最近では一時の爆買いも一段落し、中国の旅

表2 中国人への観光目的ビザ発給件数推移

	2011年	2012年	2013年	2014年	2015年
個人ビザ	85,071	125,559	177,334	437,389	1,198,761
団体ビザ	297,140	555,841	366,987	1,100,495	1,957,498
合計	382,211	681,400	544,321	1,537,884	3,156,259
個人ビザ比率	22%	18%	33%	28%	38%

単位は千人。
外務省「平成27年ビザ発給件数統計」より筆者加工。

行者は東京・関西・富士山・温泉をめぐるゴールデンルートの団体旅行から個人旅行にシフトしはじめている。ビザの発給件数も2011年以来大きく伸長しているが、2015年現在、個人ビザの発給比率は全発給数の22％から38％に拡大し、実数では2011年比較で14倍に及んでいる。中国市場は急速に成熟しつつあるといえる（表2）。

欧米豪の市場はすでに成熟が進み、個人旅行が大半を占めている。東南アジア諸国などはシンガポールなどの例外もあるが、多くは未成熟の市場であり団体旅行が主流の国や地域が多いことが特徴である。このようにインバウンド市場は観光客の出発地である国や地域の市場の成熟度によりさまざまな旅行の形が存在することを理解しておく必要がある。

c. 国内における宿泊旅行の概況

次に宿泊旅行者数の動きを確認する。我が国の国内宿泊旅行者数は、2015年の延宿泊数で4億3千9百万人泊であった（図3）。ここ数年ほぼ横ばいでの推移である。国内旅行による消費額は、2014年宿泊旅行で14.3兆円、日帰り旅行で4.5兆円、海外旅行の国内消費分で1.4兆円であり、その合計は20兆円を超える。前述の通り急成長を期待できる市場ではないが、インバウンドを含んだ全旅行消費額の約9割を占めており、国内旅行市場の重要性は当面揺るがない。

一方、インバウンド観光は拡大を続けている。2015（平成27）年には年間の訪日旅行者数が約1974万人となり、2016年1月から10月の間に2千万人を超えたことは前述の通りであり、国内市場の大きな成長が望めないなかでインバウンド観光は、旅行市場の成長に貢献している。延宿泊数でも2015年には

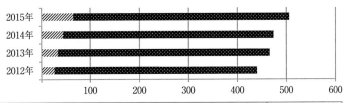

図3　2012年から2015年の宿泊者数推移　単位は百万人。（国土交通省観光庁「宿泊統計調査」より筆者加工）

6千6百万人泊となり前年の1.5倍近い成長を達成すると同時に、全宿泊者数5億6百万人に対し初めて1割を超えた。

d. 着型旅行商品と発型旅行商品

　旅行商品にはさまざまな商品区分があるが、大手旅行会社などが企画販売する募集型企画旅行商品を主力とした"発型"旅行商品と旅行目的地である地域の団体や個人が企画販売する"着型"旅行商品の視点から検討する。

　まず、発型旅行商品であるが、この商品は都市圏を中心に旅行会社が特定の地域の特定の施設（旅館ホテルや観光施設）へ観光客を大量に送り込み、それによって販売にかかるコストを吸収し収益につなぐ商品モデルである。鉄道や航空などの運輸事業者も特定の路線に集中販売が可能であり、旅行会社に値引きした素材を提供することにより、旅行会社は観光客に受け入れられる商品価格を提供することができたわけである。しかしながら、地域全体への効果というよりも旅行会社や関係する施設・事業者等と取引を集中することになり、旅行目的地である地域への経済的な効果も限定されたものとなる。また、一定の販売数量が期待できる市場規模での商品販売が前提であり、現時点では地域の活性化を目的とした旅行商品とは性格を異にする。発型旅行商品は価格面など商品としての魅力もあり、これからも存続してゆくと考えられるが、今一歩先には着地の新しい魅力や価値を商品購入者に強く訴えかけることにより、地域にも顧客にも受け入れられる商品に変革することが求められていよう。

　一方、近年注目されている旅行商品が、着型旅行商品である。着型とは①観

光客の出発地からの旅行商品ではなく、目的地である地域のなかだけで商品が完結する、②旅行会社だけが商品を企画販売するのではなく、地域の観光協会や商工会議所、あるいは観光客をターゲットとしている事業者（体験、見学、食事など）や仏教寺院・神社または社寺が運営する組織がその主体になることもある。旅行商品の企画販売には旅行業としての免許が必要であるが、旅行業としての免許が必要ではない商品形態も多く流通している。たとえば、奈良の春日大社が2016（平成28）年秋の国宝殿のオープンに際し、神職による講演会と春日大社境内のウォーキングツアーを実施した場合など、旅行業免許は不要である。

　こういった着型企画は、今まで見過ごされてきた地域の魅力や伝統行事なども市場に提案できるチャンスがある。免許や規制のハードルも低く、地域の知恵を観光に役立て観光振興につなげることができる。旅行業の免許も従来の旅行業免許に加え、該当の市町村とその隣接する市町村だけを事業の範囲とする地域限定旅行業[9]という種別が新設され、着型旅行商品を販売流通できる体制を後押ししている。

　ここまでの内容であれば着型商品はバラ色の旅行商品のように思えるが、実際には1日以内で完結する商品が主力で、単価が低いため事業者の収益額も小さいものが大多数である。多品種であり少量販売かつ低価格という商品特性のため、着型企画だけで事業として成立している事業者はまだわずかであろう。しかしながら、着型企画を取り扱う事業者の数は増加しており、顧客と地域を結びつける仕組みも徐々にできあがりつつある。また、事業者のなかには、富裕層または富裕層に準ずるインバウンド市場をターゲットとするなど、市場を絞り込むことで事業の成立を考えている事業者も現れている。今後、細分化した観光客のニーズに対応できる着地型商品を企画販売する事業の重要性は増してゆくであろう。

（4）地域と博物館の観光での関わり

a. 博物館と博物館を取り巻く人々

　上記で、地域の未来に対する解決策の一つが観光であることを理解していただけたであろう。では、地域の博物館はどのように振る舞うことが求められて

いるのであろうか。

　博物館法による博物館の位置づけに加え、これからの博物館は「社会教育と学習の場」であり、参加体験型の博物館として地域とともに、地域活性化に資することが求められている。本項では地域の継続的維持発展という観点から、博物館が果たす役割に地域経済への寄与やコミュニティの活性化への貢献が今後重視されてゆくことについて述べてゆく。

　まず、博物館と関わる人々を、「博物館が立地する地域の人々」、「博物館を観光の対象として訪問する地域外の人々」、「博物館の経営・運営を直接的・間接的に担う人々」3種類の人々に分類し、それぞれの役割を「地域経済への寄与、コミュニティ活性化」の視点から検討する。

　「博物館が立地する地域の人々」は、従来、博物館が提供する展示やイベント等を通じて教育的な経験や体験を得ることがその役割であり、これらの延長線上に博物館のボランティア組織などへの参画があったものと考えられる。しかしながら、従来の役割に付加される今後の役割を筆者は以下のように考えている。①地域経済にプラスの効果を促すような博物館へ変化してゆくための提案者、②観光やマーケティングの専門的視点に基づく博物館事業への連携や参画の2点である。①は博物館のヨソ者として、新鮮な視点から博物館を見直してゆくことであり、②は博物館にはない専門的な機能を提供協業してゆくための視点と考えている。博物館を取り巻く団体には市町村・都道府県など自治体の観光・文化教育関連部署、商工会議所等の組織、青年会議所のような地域の次世代を担う人々の組織、地域に立地する大学等の教育機関、観光協会等の観光関連団体などが考えられる。また、旅館ホテルなどの事業者もしくはその同業者組合、あるいは地域に根ざす着地型旅行会社など数多くの組織団体が存在している。

　次に、「博物館を観光の対象として訪問する地域外の人々」の役割を検討する。観光目的での博物館の訪問増は入館料収入やミュージアムショップやカフェでの消費行動による博物館の収入増をもたらすが、加えて観光目的で博物館を訪問した人々には地域での二次的な効果を期待できる。二次的効果とは地域に到着した後の公共交通等の利用であり、街中でのショッピング・食事等による消費、また、宿泊を伴う旅行を実施する観光客も期待できる。2014年に

岡山県を訪問した観光客の平均的な観光消費額は日帰り観光では一人6120円、宿泊客では21439円であり、日常消費額よりも大きな金額が住居地域以外で消費されているといえよう。昨今の観光振興活動の多くが地域での宿泊誘致を課題としているが、その理由の一つが宿泊旅行者の消費額の大きさである。また、観光客は旅行中または旅行終了後、旅行の思い出をSNSなどにより情報発信することがある。SNSは観光旅行に出かけるための情報収集ツールとして重視されており、博物館の来館者の地域あるいは博物館を対象とした情報発信は訪問者数増につながる重要な行動となる。広島県呉市の大和ミュージアムでは10分の1戦艦「大和」が多くの人々により「つぶやかれた」結果、大きな広報効果となったことが報告されている。

　最後に「博物館の経営・運営を直接的・間接的に担う人々」の役割について検討する。博物館の持つ社会教育・学習という対外的な役割は根幹的な役割であり、博物館が観光客に対応してゆくためには、予備知識がわずかしかないなかで初めて来館する人々にもわかりやすく興味を引く展示・解説を新たに取り入れることが必要であろう。つまり、あらかじめ動機づけられた地域の人々がより深く経験できる博物館に加え、予備知識のわずかな観光客への仕掛けが必要ということである。観光で訪問する人々は一般的に繰り返し何度も博物館を訪問することは難しく、一度の訪問で博物館を担う人々が伝えたい「大切な何か」をわかりやすく、できれば感動を得られるように伝えてゆくことを意識しなくてはならない。展示物の解説の充実や特別展の実施はもちろんのこと、観光客をターゲットとしたイベントや講座の開設、あるいはガイドツアーやバックヤードツアーの実施などさまざまな可能性が考えられる。また、文化の違うインバウンド観光客に対して、彼らの視点に立って日本の文化や自然について伝え、彼らの満足度を高める方策を実行するということでもある。このような博物館の活動は、観光客の地域での滞在時間を延ばす効果があり、消費拡大を促す効果があることも見逃せない。

　また、博物館はその専門分野はもちろんのこと、地域に関わるさまざまな文化・歴史・自然の財産について、地域の「知恵袋」であり「目利き役」になることを提案したい。知恵袋とは地域の財産である素材を観光の資源として活用するために、そのストーリーや背景を解説し、体験的要素を付加するなど資源

としての魅力を高めてゆく活動であり、正しく価値を伝えてゆく役割と考えている。言い換えれば、地域のコンテンツをコンテクストへと変換し、ブラッシュアップしてゆく役割ということである。また、目利き役とは従来観光の資源として考えられていなかった地域のモノやコト・ヒトに意味や価値を付加し、新たに観光の資源として発掘してゆく役割といえる。青森県津軽平野における冬期の「地吹雪」は人々の生命をも脅かすような自然現象であったが、「地吹雪体験ツアー」として商品化することで冬場の津軽観光の着地型商品として成功している。(13)地域の観光とは関わりのなかった何かを資源として見つけ出してゆくことが目利き役の役割である。

　さらに、知恵袋であり目利き役である博物館には、地域の観光資源との関わりや近隣他地域の博物館等との連携など、さまざまな可能性が生まれてくるであろう。観光という産業の裾野の広さが地域や業種を超えたつながりを実現する可能性を秘めているということである。

b.　地域経済への寄与、コミュニティの活性化

　博物館が保存し継承すべき地域の資産は地域の人々にとって誇りや宝物であり、一度失ってしまうと再生が不可能なものが数多く含まれている。筆者はこれらの誇りや宝物を、地域を元気にするための資源として許される範囲で活用してほしいと考えている。地域の宝物を多くの人々に見て・感じあるいは触れてもらい、その成果を博物館だけではなく地域に分配してもらうという考え方である。ここで明確にしたいことは、商業主義・売り上げ主義に基づいて博物館を運営するということではなく、より多くの人々に地域を知ってもらい、実際に訪れてもらうということが重要ということである。地域は観光面でさまざまな課題を持っている。たとえば、観光地域としての認知は高いが有名な観光資源への訪問に限定され、滞在時間が短く観光客の消費行動が高まらないという課題、あるいは宿泊施設の稼働率が低く宿泊の需要を拡大したいといった課題があろう。前者の課題には博物館で体験型のイベントやガイドツアーの企画など、また後者の場合は、ナイトミュージアムなど夜の企画が有効に作用するかもしれない。筆者は旅行会社の社員として、夏休みの夜の鳥羽水族館企画に取り組んだことがある。夏休みで家族旅行が多いが、平日で宿泊施設の稼働率が上がらないといった時期を選定し、鳥羽水族館に自社顧客だけを対象とした

夜の水族館体験を商品化した。鳥羽水族館の決断と協力、地域の契約宿泊施設の協力、自社の商品企画力などが奏功し順調な集客となった。約10年前の商品であるが、旅行会社を他社にも広げ地域の企画として現在も継続されていると聞いている。
　博物館は地域のさまざまな人々が持つ地域振興における課題・戦略を共有し、地域のつながりのなかに博物館が主体的に関わることが求められていよう。すなわち地域の人々と進むべき方向性を共有し、課題解決のための施策をともに立案し、実行し・改善を加えてゆくというPDCAサイクルへの参画であり、これらの活動のため博物館は自身の持つ強みを明確にしてゆかねばならない。一方、博物館という組織のなかで専門家として活動している人々にとって当たり前のことは一般の人々にとって驚きである、ということが数多くあり、博物館にとっての「ヨソ者」の存在が新しい視点を生み出していくことにつながるということもある。地域の人々の知恵や感性と博物館の専門性はともに重要であり、両者の連携は必ずや役に立つはずである。
　また、観光振興の活動は、情報発信、プロモーションなどの広報活動と、着地での連携や着型企画の造成など着地サイドの活動の2つに分けることができる。観光協会や宿泊施設は顧客への情報発信ツールを保有し運営しており、商工会議所などは地域の事業者について詳細な情報を持っている。地元旅行会社は商品企画力と販売経路、立案から実行・精算に至る業務ルーティンも確立しているはずである。地域に大学があれば、学生たちの新鮮な感性から新しいアイディアがきっと生まれてくるであろう。
　一方、博物館で働く人々には研究者としての立場があり、専門研究家としての能力は地域の「知恵袋」「目利き役」としての強みがあることを述べた。地域にはビジネスという面から観光に関わる人々の存在があり、博物館を支えるボランティア組織等地域の人々の集団にも企画立案や現地ガイドなど多様な役割が期待される。地域の人々と博物館の強みの掛け合わせは地域の観光の力を高めてゆく。さまざまな立場や分野の相違する人々の結合こそが地域を元気にしてゆくスタートラインであり、このような地域ぐるみの活動は、役割分担によって地域の経営資源の重複を避けることにもつながり、低コストでの事業を実現する結果にもつながると考えられる。

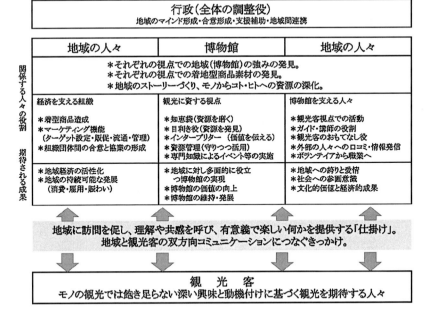

図4 地域の人々・博物館・観光客の役割

　地域がその活力を維持または強化するために博物館が果たす役割は、博物館が元来持っている使命と相反するものではなく、むしろ地域における博物館本来の価値を高めてゆくものであることはここまで述べてきた。博物館に働く人々には、博物館にとどまらず深く地域に根ざした活動にいっそう注力し、地域の価値を顕在化させてゆく使命が新たに付加されてゆくであろう。また、地域の価値を観光客を含めた一般の人々に広く知らしめ、体験できる仕組みを作り、実際にそれらを運営してゆく。地域との連携を高め観光振興の諸活動を担うことで、博物館そのものの価値や働く人々の価値を高めることができるであろう。

　観光客は地域の資源に触れることで、その地域をより深く知り、その地域に好感を持つであろう。そして喜んで消費行動を起こし、思い出を持ち帰ってくれる。

　地域の人々は地元に対する愛情や誇りをより高め、経済的な成果も得て、我

が町の資産を再認識する体験に触れることになるであろう。

　地域の人々、観光客、博物館の「三方よし」であり、地域の継続的な発展を実現することにつながってゆくわけである。

　我が国の旅行市場は、成熟が進んだ国内市場と急速に拡大し進化しているインバウンド市場の両者により成り立っている。情報通信技術の進歩は旅行市場の進化をスピードアップさせており、団体旅行から個人旅行への流れも同様に加速してゆくであろう。地方都市でも小さな町でも、個人旅行化の進展はプラスに作用すると考えられる。また、国内産業のなかでインバウンド観光市場ほどの成長率を遂げている市場を筆者は知らない。

　観光立国という国策に基づく観光振興の活動は、今後も途切れることなく続いてゆくであろう。筆者はそう遠くない未来に観光は日本を代表する産業となるであろうと考えている。

　博物館で働く人々、あるいは働きたいと考えている人々が観光の分野に関わってゆくためには、学芸員としての能力を高めることはもちろんのこと、観光に関わるマーケティングの知識やインバウンド市場や国内旅行市場のあらましを知っておくこと、あるいは旅行ビジネスに関する基礎知識を持っておくことなど、より広い知識や能力が求められていると考える。加えて、観光振興という活動は博物館単体でなし得る活動ではなく、地域・観光関連産業・行政等との連携があって初めて成果を生み出すことができる事業であり、関係する人々や団体との密接な連携を要することはここまで述べてきた通りである。博物館で働く人々には、粘り強く交渉し前進してゆく強い意思と実行力が求められていることは容易に想像できる。

　観光振興は「三方よし」のやりがいのある仕事であり、さまざまな人々から刺激を受けることで自分自身を成長させることもできる仕事と考えている。また、観光の専門家ではなくとも関わることのできる裾野の広い産業であることがその特徴である。筆者は地域と博物館の関わりがより深まり、地域を元気にしてゆくために一生懸命に活動する博物館が数多く出現することに期待している。

註
(1) 平成 30 年 1 月 16 日日本政府観光局報道発表資料。
https://www.jnto.go.jp/jpn/news/press_releases/pdf/180116_monthly.pdf
(2) 平成 26 年 3 月将来的な商品化に向けた観光資源磨きのモデル調査業務。
［報告書］ 観光庁観光経済部 振興地域振興部観光資源課。
(3) 平成 28 年度観光白書。
(4) 日本旅行業協会ホームページ　旅の力について。
https://www.jata-net.or.jp/about/jata/forth.html
(5) 鷲見哲男　2016『社会情報研究』第 16 号。
(6) SIT とは Special Interest Tour の略。特別な興味に基づいたツアーの総称で多くのツアーは団体グループ旅行のケースが多い。MICE とは、Meeting Incentive Congress (Conference) Exhibition (Event) の頭文字をとった略であり、多くの集客を伴うビジネスイベントであることが多い。
(7) 「募集型企画旅行とは当社が旅行者の募集のためあらかじめ、旅行の目的地及び日程、旅行者が提供を受けることができる運送または宿泊のサービスの内容ならびに旅行者が当社に支払うべき旅行代金の額を定めた旅行に関する計画を作成し、これにより実施する旅行をいいます」(標準旅行業約款より抜粋)。
(8) 発型とは観光客が出発する（居住する）地域で企画販売される商品を指し、着型は観光の目的地で目的地内のみを周遊あるいは体験するために企画販売される商品をいう。
(9) 地域限定旅行業とは、従来の旅行業よりも業務範囲が制限され着地型旅行商品を企画販売することを目的とした業種であり、登録のための保証金や制限が緩和され登録しやすい仕組みとなっている。
(10) 文部科学省生涯学習政策局社会教育課「これからの博物館」。
(11) 岡山県産業労働部観光課『平成 27 年岡山県観光客動態調査報告書』2016 年。
(12) 『博物館研究』51-3（No. 573）。
(13) 逆転の発想で「地吹雪」を観光資源に（月刊「事業構想」）2014 年。
https://www.projectdesign.jp/201407/pn-aomori/001486.php

参考文献
アトキンソン、デービッド　2015『新観光立国論』東洋経済新報社。
尾家建生・金井萬造　2008『これでわかる着地型観光』学芸出版社。
大社　充　2013『地域プラットフォームによる観光まちづくり』学芸出版社。
神奈川県博物館協会　2015『博物館の未来を探る』東京堂出版。
国土交通省・観光庁　2016『観光白書』昭和情報プロセス。
コトラー、フィリップ・コトラー、ニール　2006『ミュージアム・マーケティング』第一法規。

玉村雅敏編著　2013『地域を変えるミュージアム』英治出版。
中村浩・青木豊編著　2016『観光資源としての博物館』芙蓉書房出版。
（公財）日本博物館協会　2015「観光と博物館」『博物館研究』9月号。
（公財）日本博物館協会　2015「博物館と異業種連携」『博物館研究』3月号。
福武總一郎・北川フラム　2016『直島から瀬戸内国際芸術祭へ』現代企画室。
横田正弘　2011『ミュージアム革命』宮帯出版社。

　　　　　　　　　　　　　　　　　　　　　　　　　　　（鷲見哲男）

コラム③

環境教育・エコツーリズムとフィールドミュージアム

　博物館・動植物園を論ずる本書に、なぜ環境教育とエコツアーとを盛り込む必要があるのだろうか？　それは博物館・動植物園など世界の姿を紹介する施設は、さまざまな面から否応なく現代の環境問題を取り上げざるを得なくなり、またそのために有効な手段として、館園の機能が建物を飛び出し、「フィールドミュージアム」として展開する事例が増えたからだ。
　「フィールドミュージアム」が成立するために不可欠な要素の一つとなるのがエコツアーガイドである。

（1）博物館・動植物園とエコツーリズム
　我々を取り巻く目に見える世界を構成するのは、生物と地学及びその法則など自然科学分野に属するものと、人類が作り出してきた構造物や歴史、民俗文化など人文科学分野に属するものに大きく分けることができる。さまざまな時代にわたり、知的好奇心と交易の欲望に燃えて果てしない世界へと乗り出した人々が、苦難の果てに異国の地からさまざまな産物や知識とともに、珍しい宝物や工芸品を持ち帰った。また遠い世界から家畜や作物以外の動植物が輸送され、飼育・植栽された。これらのほとんどは権力者のコレクションとされたはずだが、人権の広がりとともに博物館や動植物園として公開されるようになった。さらに知識の集積が博物学として大成されるようになり、生物学や地学、そして世界史や地理学を形作る材料となった。博物館や動植物園はこれらの事物や情報を収集・整理・分類・保存し、その成果を展示する機関としてさまざまな形で発展してきたのである。
　一方で、かつては不可能に近かった未知の世界への旅は、いつの間にか誰にでも手の届きうるものとなってきた。
　世界各地の地質や生態系、そしてそこに根ざした人類の民俗と文化の姿、これらを実際に現地に行ってその本来の姿を改変せず保護することを意識しつつ、実際に体験し理解する。この考え方をエコツーリズムといい、これを具現化した旅をエコツアーという。エコツーリズムやエコツアーは、国内・国外を問わずさまざまな地方をその対象とし、旅行を主体的でおもしろく、内面的に得るものの多い実りあるものへと変容させうるもので、誕生以来強く支持されてきた。

（2）地球環境の危機
　しかし、エコツーリズムの誕生は牧歌的なものではない。

果てしなく広がっていたはずのこの世界は、近代にいたって次第に大きな変化を見せはじめた。産業革命、そして化学肥料の発明のような巨大技術の発達は、目覚ましい成果をあげたが、一方で膨大な量のエネルギーを消費するようになり地球環境そのものを改変した。またそこに生じる廃棄物は、環境に対して次第に大きな負荷をかけるようになった。公害・汚染自然破壊が進んで地球環境は悪化の一途をたどり、ついに世界がこの目的を共有し解決の道を図らねば我々に明日はない、という合意に達したのが、1970年のストックホルム国連人間環境会議である。ここで発信された『人間環境宣言』を下敷きに、さらに具体的な問題解決の必要性とその方向性が示されたのが、IUCN（国際自然保護連合）、UNEP（国連環境計画）、WWF（国際野生生物基金、現在は「国際自然保護基金」と改名）が1980年に発表した「世界環境保全戦略」である。ここで今なお世界を結び続けるキーワードである「持続可能な開発（Sustainable Developement）」が初めて登場した。そのなかで、具体的にこの問題を解決するための手法として、提唱されたのが環境教育、そしてエコツーリズムだったのである。

地球環境の成り立ちとその悪化に関する知識を学び、人類社会が滅亡の危機に瀕しているとの認識を持ち、文明のあり方を持続可能な成長が可能になるよう転換し地球を末永く利用できるようにする、そのための知識や技術を個々人が備えるための教育システム。それが環境教育である。

環境悪化の要因の一つに、経済成長の代償として自然や地方文化が消費され破壊される事態の進行と、マスツーリズムが発展途上国を主とする地域の豊かな自然や地域の文化に対して、元も子もなくしてしまうような、搾取的・不可逆的に行った開発の影響があった。地域がこの問題に気がつき、自然や文化の破壊を食い止めようとしても、経済的な裏付けがなければ抵抗のしようがない。そこで観光資源である自然や文化を持続可能な形で紹介し、これを地域経済の維持や保護のための資金確保に振り向ける方法が考えられた。

「持続可能な開発」の考え方に則って、従来型の観光に、その地域の自然や文化を深く理解させるプログラムをコンテンツとして提供し、観光をただの見物から『理解する旅』へと変容させ旅行の付加価値を高める。この環境教育をコンテンツとする観光のあり方がエコツーリズムなのである。

（3）日本の環境教育

環境教育は、地球環境と人間社会はこうありたいという思考力の養成と、「世直し」のためのプロトコルを用意する実践活動へと踏み込んでいる。

1）地球環境とはどのような要素から構成され、それらが互いにどのような関連性を持っているか、

2）いかなる原因でどのような問題が起き、現在どのような状態にあるのか、
3）この結果予想される人類の損害を回避するためには、どのような方法があり、それを実現するためにどうすればいいのか、

これらすべての問題に解答を用意し実践することを含むのである。この考え方は、1990年代には環境への意識を高めライフスタイルの改善を促し、2000年代にはさらに持続可能な社会構築のための具体的な方策立案能力を求め、いくつもの国際的な会議を経て進化してきた。1991・1992年「環境教育指導資料」文科省、2003年環境教育推進法、2011年改正環境教育推進法などで、国としての方向性が定められている。

2002年のヨハネスブルグサミット「持続可能な開発に関する世界首脳会議」において、環境教育は「持続可能な開発のための教育」と看板が置き換えられ、具体的な活動計画が策定された。これがすなわちESD教育（Education for Sustainable Developement）である。もはや猶予はないぞ、という段階に入ってしまった環境教育といえるだろう。日本の学校教育の現場では環境教育はESD教育へと看板を掛け変えている。具体的に環境/ESD教育の目的に沿おうとすれば、下記のように非常に広い関連分野が含まれてくる。

（4）対象となる環境の分野とテーマ

1）家庭　環境家計簿など
2）生活　省エネ、ごみなど
3）地域　ヒートアイランド問題、有機農法など
4）国土　森林、水辺、災害など
5）地球環境　温暖化、人口爆発など
6）自然　生態系、種の保存と多様性など
7）文化　町並み保存、エコツーリズムなど
8）企業　産業廃棄物、企業倫理など　　※（水山編著 2013）

社会生活のあらゆる分野に改善が必要だということになり、さらには環境だけでなく、主体であるはずの人類の側で子どもの社会適応力、つまり生きる力が低下していることに危機が叫ばれ、ここに加えられることになった。これらに対し、学校、自然学校、行政機関、各種団体、民間企業、博物館や動植物園などの主体によってさまざまな方向性がうたわれ、実践がなされ、またそれらのネットワーク化や体系化、分析評価、普及方法の開発のための活動が行われてきた。

それぞれのテーマごとにさまざまな場で各種の主体により、多様な環境教育のプログラムが考案されてきた。非常におおまかではあるが下記のように仕分けできる。

1）自然体験を重視する主体：小学校、自然学校、野外活動団体など
2）自然学習・自然保護を重視する主体：中学校、高等学校、博物館、自然保護団体など
3）社会改革を重視：NPO など
4）地域振興を重視する主体：ジオパーク、自治体・観光協会、民間会社など

　さらにこれらは対象とする年齢層によって、学校教育と社会教育に分けられる。これらの内容はあまりにも多岐にわたるため、現状では環境教育の全貌を把握することは難しく、環境教育全体の統計的な調査もほとんど行われていないが、国内を概観すれば、最も実践例の多い分野は、おそらく自然学校等により幼児期から学齢期の子どもを対象に実践されているさまざまな自然体験プログラムだろう。この時期の環境教育は直接体験による感性の教育が重視され、自然体験学習が環境教育に不可欠と考えられているためである。自然体験はそれ自体実り多く、主体である人類の子どもたちが「生きる力を身に付ける」ために必要なものではある。しかし当然ながら自然体験プログラムのみで環境教育の目的が達成されるわけではない。

　なお学校現場は環境教育から ESD 教育へ、加えてアクティブラーニングへと対応を迫られ、それらに振り回されているケースが多いようで、全体的にこれらが機能しているとは考えにくい。

　一方、博物館・動植物園の対象は老若男女すべてであり、大人の社会学習は、子どもの自然体験と同等かそれ以上に重要な課題である。本コラムでは、主に大学生や大人を対象とした、社会教育としての環境教育、そして教育ではなく「環境教育をコンテンツとした観光」であるエコツアーを念頭に置いている。

　観光は、遊興やショッピングが目的とされることが多く、そのための移動、滞在、体験などにかかる費用が観光業を成立させていることから、消費行動とされてしまうことが多い。しかし現代の日本社会では、残念ながら教育という語にややもすると消極的な反応が起きやすいのに対して、観光はむしろ積極的な行動である。この点で環境教育をコンテンツとするエコツアー、そしてエコツーリズムは社会教育の役割をすでに担っている。これはさほど注目されているとはいえないが、きわめて重要なポイントである。

（5）エコツーリズムの現状

　環境教育の必要性が明確に示された前述の『世界環境保全戦略』には、エコツーリズムが重要なキーワードとして含まれていた。

　エコツーリズムは、その進展とともに、住民に対し地域の自然・生活環境の価値を再発見させる契機となり、自然保護や地域文化の継承が重要であるという意識を育てた。また『理解する旅』は観光客とその地域との間に精神的な絆を結ばせ、産

業や人的交流などの、さまざまなネットワークの形成を推進するケースさえ見られるようになった。

　この考え方に則って、優れた自然や文化を改変せず、なるべく影響を与えない形で、さまざまな切り口から深く理解させ、同時にそれが安全で楽しい体験、つまりエンターテイメントとして成立した体験型観光、それがエコツアーである。エコツアーの実現には、フィールドを広く深く理解してその自然や歴史が秘めている物語を読み解いて翻訳し、わかりやすく伝える案内役、つまりエコツアーガイドの存在が不可欠になる。

　教育とエンターテイメント（観光）と分野を分けてはいるものの、このエコツアーと環境教育との間には目的といい内容といい、共通する点がきわめて多い。これらは前述したように、『世界環境保全戦略』から同時に生まれ、目標を共有した、双子のアイディアなのである。

　このように始まったエコツーリズムだが、日本国内では取り組む主体や団体によってその考え方が少しずつ異なり、定義にしても主なもので4つ存在するなど、若干混乱している印象もある。「『自然を守りながら、自然とふれあい、遊び、学ぶ』観光のあり方であるという視点」であり、「単純に自然を体験するだけではなく、それぞれの環境を損なうことなく、将来の世代に伝えていくことができるよう、その保全に責任を持ち、地域振興・観光振興をもかなえていこうという考え方がエコツーリズム」（環境省屋久島世界遺産センターwebサイトより）という点で共通している。いうまでもなくエコツーリズムは持続可能な観光であって、その主体は観光客であり、観光業者や地域は脇役ないし黒子である。ところが地域おこしとしての意味が特に強調されていたり、ケースによっては産業ではなく地域の雰囲気づくりとして考えられるなど、主体不在になっている場合もあり、そのあり方は環境教育同様に、きわめて多様化している。

（6）ハコを飛び出した博物館：フィールドミュージアム

　博物館や動植物園の機能として重要なのは、学習・教育のみならず、世界のさまざまな事物に対する科学的好奇心を喚起して、知識を興味深く提供する点であろう。施設の目的、あるいはスタッフの意識に地球環境への危機意識があるとすれば、博物館や動植物園は環境教育をコンテンツとしたエンターテイメントという性格を帯びる。この点で博物館・動植物園とエコツーリズムとの間には、場所が建物の中か外かという点以外、驚くほど考え方に差がない。それどころか、現代における大人のための環境教育は、博物館・動植物園的な内容を主体的に体験することのできるエコツアーの中にこそあるということもできるだろう。

　現代の博物館や動植物園は、施設のなかで実際には現実には見ることの難しい世

界を効率よく見せてくれる、いわばアナログなヴァーチャルリアリティである。

　しかし、可能であるならそれらのストーリーを、リアルで見るにこしたことはない。絵画や工芸品など、館内という環境と相性のいいものはあるが、本来体験すべき生態系は自然のなかにあり、民俗は村にある。現場はまさに本物なのであり、学習効果もエンターテイメント性も、インパクトが強い。このため博物館や動植物園が主催する環境教育や自然観察会、自然体験型イベントなども多く、地域に根ざした施設として活用と一般普及を図るうえでも、これらの企画は効果的である。

　博物館や動植物園の枠にとどまらず、ハコから外へ飛び出す動きが増加している。フィールドミュージアムである。エコミュゼ（仏）、エコミュージアム、野外博物館などもほぼ同じ意味で、主に歴史ある街並みや民俗的に貴重な建築などを実際に使われている状況のまま残して、主にヒトがその地域でどのような文化を作り、仕事や暮らしを続けてきたのかを、屋根のない博物館に見立てて紹介するものである。これらは歴史的に主に人文科学系の発想から企画されてきたものだが、自然の事物や生態系を取り込んだフィールドミュージアムも、事例は少ないながら企画されはじめている。

　また近年活発に動いているものにジオパークがある。重要な地質・地形を中心に構成される野外公園だが、日本では地質・地形の地盤の上に生態系や民俗文化が成立する「大地の公園」と呼ばれるべきだという考え方が主流で、地域おこしを原動力とするものが多い。しかしコンテンツの芯は、地質学的な価値のあるフィールドと、そのうえに展開する民俗文化の織りなす「ジオストーリー」である。その意味でジオパークもフィールドミュージアムの一形態と見て質的な問題はないだろう。

　いずれの形態にせよ、ここではこれらを広義の「フィールドミュージアム」と考える。同様に以下の文中に「エコツアーガイド」とある個所は、ジオガイドやフィールド案内人、インストラクターなどと読み替えていただいて問題はない。

　一般にこれらのフィールドは人間が設計したものではない。博物館や動植物園の場合、上屋も展示もあらかじめ観覧順序まで考慮されたうえで設計されているのが普通だ。しかしフィールドミュージアムは作為的に作れるものではなく、小さなアレンジはあるにしても、はじめにフィールドありきなのである。それは自然にせよ人間の営為にせよ長年の歴史が重層的に作り上げてきたもので、だからこそ唯一無二の価値がある。そこがテーマパークなどと大きく異なる点である。

　エコツーリズムに則ったフィールドツアー、つまりエコツアーは、それまで注目されていなかったところや、新鮮さを失って衰退しかけた地域が新しい観光エリアとして新規開拓されるケースが多く、そこに存在する一群の「資源」が、どのような切り口とすれば賞味に値するのかを明快に見極めなくてはならない。そのうえで

リソースとそれらが織りなすストーリーを抽出し、プログラム化してゆく必要がある。

フィールドミュージアムでは、ボランティアないしプロフェッショナルの、エコツアーガイドが博物館における学芸員と解説員を兼ね、博物館を体現する役割を担う。フィールド開拓は普通エコツアーガイド自身が行うことが多い。これはきわめてオリジナリティのあるおもしろい作業になるが、それにはそのフィールドに存在する数多くのリソースを評価する力量が要求される。担当者が単独であれチームであれ、ガイドはジェネラリストでなくてはならない。

公共施設にせよ民間施設にせよ、博物館や動植物園を新規に立ち上げるには、まとまった予算と各種スタッフ、施設、展示物、そしてノウハウが必要とされる。しかしある程度以上の質を持つフィールドなら、力量のあるジェネラリストガイドが存在すれば、それだけでもフィールドミュージアムは成立可能である。そのため、エコツーリズムを推進しようとする場合、そのフィールド全般に造詣の深いジェネラリストガイドの存在が要であり、その起用ないし養成が必須となる。

はじめに自治体や地域にエコツーリズム推進の企画がある場合、ツアープロデューサーが開拓とプログラム化を行い、これに沿ってガイドが働くケースもある。この場合プログラムガイドとジェネラリストガイドの力量差によって、そのエコツアーの質に幅が生じてしまう問題が起こりやすい。

「フィールドミュージアム」の実例として、世界遺産屋久島を紹介しよう。

屋久島は九州の南、琉球列島の北端に位置する周囲100 kmほどの円形の島である。面積の大半は花崗岩と変成岩からなる山岳で占められ、その中心に宮之浦岳1,936 mがそびえ立つ。南部の荒川・鯛之川流域の降水量は年間9,000〜11,000 mmに達し、世界有数である。海岸から山頂部まで豊かな自然植生の垂直分布が見られ、多様な生態系と峡谷が発達している。標高600〜1400 mのヤクスギを優占種とする温帯針葉樹林は国内では稀なもので、幾度に及ぶ過去の伐採から再生して、極相林を維持している部分も広い。またヤクスギ材には異常なまでの耐腐朽性があり、そのため切り株や倒木など過去数百年に及ぶ伐採の遺跡が森林のなかにそのまま現存しているのも屋久島のきわめて特異な点である。

この島でYNAC（㈲屋久島野外活動総合センター）によってエコツアーが開始されたのは1993年。世界遺産に登録される直前であった。

1990年代初頭まで屋久島で観光資源として知られていたのは、宮之浦岳・花之江河・黒味岳などの登山、縄文杉・ヤクスギランドなどのヤクスギ巨木、ガジュマルなど奇異な亜熱帯植物、ウミガメの産卵、サルの群れなどに過ぎなかった。

YNACはまず屋久島の自然資源を山、森、川、海に分け、登山、フォレスト・

ウォーク、キャニオニング、カヤック、スノーケリング、ダイビングなど、それぞれのフィールドで自然に負荷をかけずに行動することの可能なアクティビティを選び出した。さらにそれぞれのフィールドとルートについて、生物・地学・歴史などの切り口から調査を進め、地球科学、生態学、生物地理学、日本史と東洋史などに基づいたストーリーの抽出を行い、エコツアーとしてのストーリーを練り上げた。そのうえでこれらを大テーマ別に編集し、エンターテイメントとして成立するよう、コースに相応しいインタープリテーションの洗練に努めた。屋久島の優れた自然と多様な環境は、ツアーにさまざまなバリエーションを作り出すこととなり、結果としてYNACは実に30に及ぶエコツアーコースの開発に成功したのである。

【屋久島のエコツアーコース例①　白谷雲水峡フォレストウォーク】

　1980年代までの白谷は、ヤクスギ見物エリアとして屋久杉ランドよりも劣り、島内でも2流の観光ポイントと思われていた。当初はYNACも白谷を、冗長な縄文杉往復ルートに変化を持たせるためのサブルートとして使っていた。しかし白谷部分へのゲストの評価がよかったため、短いルートに一日かけて優れた森をじっくり賞味するツアーのアイディアが生まれ、調査が行われた。その結果、屋久島花崗岩の誕生、照葉樹林と落葉樹林、シカの生態、遷移とパイオニア植物、コケと着生植物、ヤクスギの生態、屋久杉材生産の歴史と薩摩藩、国有林と自然破壊の歴史、など、非常に多様な大テーマを含む実におもしろい森であることが明らかになった。さらにそれぞれに含まれる中小のテーマ、植物リストなどを詰め、どのようなルートでどのように解説を展開するかが練られ、同時に山岳地のハイキングであるため、安全性の管理、快適性のケア、衣服など装備のチェックなどの体制が整えられ、エコツアーとして実践されていった。現在白谷雲水峡は、年間利用者が数万人に及び、今や屋久島を代表するエコツアー・エリアに成長している。

【屋久島のエコツアーコース例②　安房川リバーカヤック】

　古来外洋航海船の湊として使われていた安房川渓谷の下流域は、島という印象からは想像もできないような規模を持つ。ほとんど活用されていなかったこの汽水面に、当時まだごくわずかしかなかったカヤックを導入することで、驚くほど魅力的なエリアになることがわかったのがやはり1990年代初頭である。カヤックの操縦法のレッスンから始まって、無理なく川の遡行へと移行し水中に遊ぶ魚を覗き、岸辺に現れるサルの群れを観察する。非日常的な環境での楽しい水遊び。澄んだ水面に浮かび、空を見上げると、照葉樹林に覆われた峡谷には、森とはまた異なったストーリーがいくつも見いだされた。汽水の魚類と甲殻類、潮の干満、変成岩（ホルンフェルス）の浸食とV字谷地形、雨と増水・湧水、渡り鳥、照葉樹林とサル。カヤックならではのキャンプ料理なども魅力的で、非常に満足度の高いツアーになっ

ている。これによって無人の川が、年間1万人程度のエコツアーエリアに変貌した。1万人といっても年間利用が可能な屋久島では、1日あたりの利用は30人程度に過ぎず、利用過多の印象はない。

「フィールドミュージアム」として屋久島がエコツアーを成立させることができたのは、1984年に出版された『原生自然環境保全地域調査報告書』の存在、そして屋久島を訪れる幅広い分野の研究者との関わりが大きい。

YNACの場合、国立環境研究所の主任研究員であった故佐竹研一博士の酸性雨調査チームとの業務提携が事実上のエコツアーガイド養成期間となった。地質学、化学分析、コケ分類、森林生態など学際的な研究者集団とともにフィールドを回り、さまざまな現場でディスカッションを行うというものであった。また屋久島で長い研究の歴史を持つ京都大学の研究者陣が断続的に屋久島でのフィールドワークを行い、しばしばその指導を仰ぐこともできた。研究機関のない屋久島で、ある程度自然科学に関する知識を集積できたのはこれらの機会のおかげである。つまり専門的な研究機関がなく、学芸員の着任も想定されていない「フィールドミュージアム」の弱点は、専門性の確保と発展なのである。エコツアーガイドにたとえば国家資格や養成機関はなく、したがってエコツアーガイドがいかに自主的に専門性を身に付けることができるかが、「フィールドミュージアム」の質的な鍵となるだろう。

屋久島でも世界遺産登録の効果が現れはじめた2000年頃から、ガイド業に転職するものが増加したが、その際の職業訓練が用意されていなかったこともあり、全般的にガイドの自然科学や人文科学に関する知識が十分とはいえなくなり、エコツアーの科学的な側面がややもすると軽んじられる状況になってきた。その反省を踏まえ、2019年、屋久島エコツーリズム推進協議会は屋久島公認ガイド読本『屋久島学』を作成し、これをテキストとしてガイドを対象に「屋久島学試験」を行った。屋久島町はこの試験の合格を、町の公認ガイド認定要件の一つとしている。

もちろんこのような受け身の試験勉強から新規に「フィールドミュージアム」を構築することのできるジェネラリスト型のエコツアーガイドが生まれてくることは、あまり期待できない。これはあくまでもすでに成立しているエコツアーサイトの品質改善のための政策的な処置に過ぎない。

旅に出た観光客が目にするのは、樹木や森林などの生態景観、山や川などの地質地理景観、歴史的建造物、などである。これらを単なる眺めに終わらせず、その興味深い意味を知り、そこに生ずるさまざまな疑問や問題点を切り口に、現代の環境問題や、持続可能な成長を考えるきっかけとする。そのための仕掛けとして施設を整備し、効率よく質の高い情報を提供してゆくのが博物館・動植物園であり、一方

で実際のフィールドを体験しながらさまざまな情報を読み解き賞味してゆくのがフィールドミュージアムであり、そこで行われるエコツアーである。そこに現代社会が抱える環境問題を解決するための問題意識や問題提起があればそれはおのずから環境教育として目的を共有するものになる。

　どのようなプログラムを用意するにせよ、そこで不可欠なのがフィールドの学芸員たるエコツアーガイドであり、その養成には、一般的な学芸員の養成とはまた違うシステムが必要となる。

　2008年に施行された「エコツーリズム推進法」は、エコツーリズムの成立にエコツアーガイドの存在を不可欠なものとして位置づけている。エコツーリズム推進の要となるガイドの養成カリキュラムは各地で行われており、環境省でも養成事業を行っているものの、いまだにそのシステムは技術的に確立されているとは言い難く、現状では自主的なトレーニングによって実績を積んだエコツアーガイドによって各「フィールドミュージアム」が何とか成立している状況といえるだろう。

　なおエコツーリズムをうたい、十分に時間をかけて準備したとしても、当然のことながら商業的に成功するとは限らない。ジオパークも産業としてはほとんど成立していないのが実情である。観光業に限定せず、社会サービスや教育分野など非営利分野を含めて「フィールドミュージアム」を考える必要が生じている。

参考文献
(財)日本自然保護協会　1994『NACS-Jエコツーリズム・ガイドライン』。
降旗信一ほか　2009「総説 環境教育としての自然体験学習の課題と展望」『環境教育』19-1。
日本環境教育学会編　2012『環境教育』教育出版。
水山光春編著　2013『よくわかる環境教育』ミネルヴァ書房。

　　　　　　　　　　　　　　　　　　　　　　　　　　　　（小原比呂志）

3 地方行政と博物館

(1) 地方行政の動向と博物館

　地方行政を行うのは地方自治体である。地方自治法によれば、地方公共団体（地方自治体とほぼ同義の法律用語）は「住民の福祉の増進を図ることを基本として、地域における行政を自主的かつ総合的に実施する役割を広く担う」とあり、地域ごとの独自性・自立性・自主性が尊重されていて、その限りでは日本全体を巨視的・統一的に見る国政とは対峙される。

　地方自治体（以下、自治体とする）を取り巻く現状と課題は、今日の博物館を取り巻く現状と課題と根本的にはイコールの部分が多い。そもそも博物館の多くは公立、つまり自治体が設置したものである。2015年10月現在の国の社会教育調査（文部科学省HP）では、博物館法に基づく全国の登録博物館・博物館相当施設1256館のうち都道府県、市・特別区、町、村による設置は763館で全体の60.7％を占めるし、同じく博物館類似施設は4434館のうち自治体が設置したものは3528館で79.6％を占める。公立館のうち、博物館法の規定によって一定の条件を満たして手続きを経た教育員会所管の館が登録博物館となり、一定の条件を満たしていても教育委員会以外の部局が所管するものは自動的に博物館相当施設となる。また博物館類似施設とは、博物館法を根拠としない施設である。こうした公立博物館（以下、本章では類似施設も含めて博物館とする）は、当然に開設・運営そして廃止も含めてが全面的に自治体の政策・施策・方針によること

図1　岡山シティミュージアム　放送局と同じ建物に入る岡山市立の博物館相当施設。

になる。また、私立博物館でも、所在地の自治体と、文化・教育政策や観光政策を通じて、あるいは設立主体となる財団法人への出資といった資金面などを通じて深く関わっている場合がある。

a. 財政難と行財政改革

　自治体は慢性的な財政難にあえいでいる。収入を増やし、支出をどう抑えるかが最大の命題である。1990年代初めのバブル経済崩壊、2008年のリーマンショックを経験して経済が沈滞化し税入が伸び悩んでいる。また同じく財政難に陥った国からの、自治体事業に対する補助金が削減される事態もある。さらに少子高齢化社会を迎え、人口とりわけ労働力人口の減少によって税収減に拍車がかかっているだけでなく、児童手当や生活保護費など社会保障の一環で行われる扶助費の支出が増大している。人件費や既存施設の維持管理経費などが占める割合が増大し、政策的経費の割合が低下し財政の硬直化が進んでいる。行財政改革、民間活力導入が叫ばれる所以である。

　人件費削減の動きが強まり、自治体に属する公務員数の削減が求められ、新規採用を抑制したり、複数の組織や施設の仕事をかけもつ兼務職員が増えたり、任期付き職員あるいは嘱託などの非正規職員の比率が高まっている。医師、建築技師、司書・学芸員など専門職が担っている業務も、「人事異動面などで融通性が乏しい公務員としての専門職が直接執行するより、専門性が高いノウハウを持った業者などに外部委託するほうが効率的」とする考えも広まっている。庁舎、市民会館、音楽ホール、図書館、博物館などのいわゆる「ハコモノ」、あるいは道路や公園なども含めての諸施設の維持管理経費の見直しも大きな課題である。施設運営や日常管理には相当な人件費がかかるし、施設の老朽化も進んでくる。地方自治体の施設は1960年代から1990年代初頭の高度経済成長期からバブル期にかけて建てられたものが多く、耐用年数の限界が近づいて更新の時期を迎えているし、阪神淡路大震災や東日本大震災を契機に施設の耐震化や避難所確保、また新たな防災施設の建設が急務となっており、そうした工事費も増大している。

　年度ごとの各部局が求める予算案は、議会に上程して審議される前に、庁内の財政部局の厳しく徹底した査定を受けなければならない。その事業が必要との理由説明が重要となり、圧縮傾向の全体枠が先に決められ、そのうちでの優

先順位の設定も求められる。不要と判断されたものはもちろん、不急とされるものも予算が付かない。

運営面では、2003（平成15）年の地方自治法の改正を受け、自治体の条例によって設置されたすべての公の施設（庁舎や道路など公の施設は含まない）について、直営による運営か、民間の指定管理者への運営かの仕分けを義務づけられ、施設の種類によって幅があるが指定管理者による運営の道を選ぶ施設が増えている。こうしたことは「効率性を高める」という目的で行われ、それには当然に経費削減や公務員数の削減が念頭にあるし、「ノウハウの蓄積があり競争原理が働きやすい民間に委ねたほうが住民サービスの向上に寄与できる」との思惑がある。行政全体にまたがる官から民への流れの一環としての位置づけもある。この場合の民間は、自治体が主体とって出資した財団法人もあれば、純然たる私企業の場合もあるし、市民団体といったものもありうる。いずれにせよ、民間にも任せられるものは行政は直接には手掛けない、現状よりスリムな自治体を目指すという考えが徹底してきた。官でも民でも実は同じであるが、最低のコストで最良のサービスを生み出すのは、どこかに無理がかかって容易なことではない。指定管理者に関わる議論は、地方自治体が直営で果たすべき事業とはどういうものか、個別の施設や個別の事業の存在意義、目的・機能・あるべき姿を改めて吟味する契機にもなっている。

図2　高知県立高知城歴史博物館　高知県と高知市が出資した財団法人が指定管理者。

公の施設にとどまらず、何事も選択と集中が叫ばれ、既存事業をゼロベースで検討して存続か廃止を決定したり、事業のあり方や予算を見直す「行政棚卸し」や「事業仕分け」の作業も国策が後押しして盛んに行われている。

また、施設の更新とも絡めながら、分散してあった施設の機能を1か所に集めて複合化する動きも強まっている。つまり、統廃合によって施設の数を減らすことで、維持管理費（ランニングコスト）、人件費ないし公務員数、さら

には事業費の削減を目指そうというのであるが、住民サービスの低下を招かないようにというジレンマがある。

b. 経営概念の導入

　従来は、施設の建設については着目されても、維持管理や運営への配慮が十分でなく、「ハコモノ行政」と揶揄された姿勢への反省が求められている。施設を作るには持続可能（サスティナブル）な運営形態を考えよということである。関連して、経営やマネージメントという概念が取り入れられるようになってきた。2004（平成16）年の博物館法施行規則改正で学芸員資格の取得に必要な科目に、新たに博物館経営論が加えられたのもこの流れである。

　経営とは金銭的利潤を追求する企業活動に関わる用語としてのイメージがあるが、要は人・物・金・時間の使い方で、今日では広く用いられ、特定の施設だけでなく役所内でも「○○課経営計画」、「○○戦略会議」という言葉が飛び交うし、教育現場でも「学校経営」や「当校の経営理念（ミッション）」といった語が当たり前になっている。「費用対効果」という語もよく耳にし、事業ごとに「インプット（費用）→アウトプット（結果）→アウトカム（効果）」をめぐる議論や指標づくりも定番である。事業のやりっぱなしや前例踏襲では支障があるということで、PDCAサイクル、すなわち計画（Plan）→実行（Do）→評価（Check）→改善（Action）の徹底も叫ばれ、職場や施設ごと、さらには職員個人レベルでも、評価・改善計画欄が設けられた年度ごとの「事業計画書（アクションプラン）」・「経営計画シート」・「目標シート」などの作成を義務づける自治体が増えている。改善のための評価は特に重要で、自治体自身や担当職員による自己評価も必要であるが、独立性を持った有識者による外部評価委員会もよく設けられる。住民や利用者による評価は大きなウエイトを占め、随所で実にさまざまなアンケートがとられている。危機管理も経営のうえでの重大な要素で、施設や器物の災害対策といったハード面はもとより、組織運営や会計上のマネージメントリスクの回避なども含まれる。

　博物館でも当然に、事業計画や収支は重大事で、長期・中期・短期それぞれの経営計画が求められる。また展示のマンネリ化を避けて展示更新を行ったり、事業改善を図るうえでも、アンケートによる評価は重要となっているし、展示・収蔵品の保全も含めて高度な危機管理マニュアルの作成を求められる。

事務や作業の効率化、情報共有の利便性、迅速性などの面ではITC（情報通信技術）活用推進が求められ、自治体内LANの設置は当然になっている。

c. 地方分権と住民サービス

今日の自治体では地方分権も重要なキーワードである。市町村合併の動きもこの流れのうちにあり、1995年の合併特例法の改正に始まった平成の大合併で1999（平成11）年3月に3232あった市町村は、2010（平成22）年3月には1727と半数あまりに激減した（総務省HP）。合併は、住民生活の広域化にもマッチしたものであるが、自治体の財政基盤の強化という狙いがあるし、政令市・中核市・特例市になれば一定の権限が国や県から移譲され、自主性を持った強い地方自治の実現につながってくる。合併は先に見た施設の複合化と共通する側面があって、旧自治体ごとに分散していた行政機能や施設などが一つの自治体のもとで再編されるわけであるから、「効率性」の追求のなかで統廃合が行われると、施設数・経費・人員の削減にもつながってくる。合併の最大の狙いは経費と公務員数の削減にあるといわれている。しかし、市域の広域化は行政上非効率な側面もあり、地方自治の本旨である地域の特性や実情に応じた細やかな住民サービスの維持さらにはその拡大が大きな課題となってくる。合併によって自治体の経済力や存在感が増す一方、「役所が遠くなった」、「すみずみまで行政の目が届かなくなった」、「身近にあった歴史民俗資料館が統廃合により閉鎖された」という声も全国各地でよく耳にする。

また、地方分権の進行は、規制緩和の流れともあいまって、国あるいは都道府県による拘束や設定基準を離れるわけであるから、自主性を発揮して地域に根ざした個性ある地方自治を行いやすくなる一方、負の意味では自治体間の格差が広がりかねない。都市間競争という語もよく使われる。勝ち組の自治体はよいが、負け組の自治体も出てくるのである。地域的格差の拡大は広域合併した自治体内の地域間で見られることもあり、住民はサービスを平等に受けられるという原則と矛盾する事態にもなっている。

博物館を例にとれば、自治体の重要政策に位置づけられ、大規模な最新施設を備え、学芸員数も豊富、展示内容や運営形態も理想的で、社会的にも教育面でも大きな役割を果たしている県立博物館もあれば、その真逆でお粗末な施設で学芸員も人員削減のあおりをうけたジリ貧の県立博物館もあって、格差が広

図3　島根県立古代出雲歴史博物館　さまざまな役割を果たす大規模館。経営・学芸部門と交流普及の企画や学校連携以外の管理運営は指定管理者に委ねる。

がっているのである。前者と後者の違いは、設立主体である自治体の人口や財政規模と必ずしも相関関係がなく、今日に至る経緯や政策の違いの反映であることも多い。文化政策の必要性が叫ばれる所以ではあるが、一般論としての博物館間の格差は、財政規模が弱い市立・町立・村立の博物館と財政基盤の大きな都道府県立の博物館との間にも広がっているし、博物館法による学芸員の配置など一応の法的な裏付けがある登録博物館・博物館相当施設と、それがない博物館類似施設の間にも広まっていて、特に後者は廃館の危機にあるものも少なくない。

　国による縛りを緩めて自治体による自由で個性にあふれ地域に根ざした博物館を創る道筋はよい部分もあるが、反面では全国の博物館の水準を下げてしまう危険性がある。たとえば、1973（昭和48）年の文部省告示「公立博物館の設置及び運営に関する基準」では「都道府県は……博物館を設置する」「市町村は、その規模と能力に応じて……博物館を設置する」としたうえで博物館の面積や学芸員数、必要な施設や設備の具体項目などが明記されていたが、その改訂版である2003（平成15）年の文部科学省告示「公立博物館の設置及び運営上の望ましい基準」では、「点検評価」に関わる条項などが新たに盛り込まれた一方で、「都道府県は、博物館を設置し、……多様な分野にわたる資料を扱うように努める」、「市町村は、その規模能力に応じて、博物館の設置に努める」と必置というより努力義務的なトーンに変更され、面積・学芸員数、施設・設備の具体項目の明記がなくなった。これを逆手にとって博物館の廃止や規模・学芸員数の削減に拍車がかかるかもしれないのである。

　ちなみに、国による2015（平成27）年10月現在での社会教育調査では公立の登録博物館と相当施設のうち建物面積が3000 m^2 以上ものは、都道府県立では87.6％を占めるのに、市区立では38.3％、町立では2.7％に過ぎない。また

同じく、専任学芸員が2名以上いる館は、都道府県立では72.0%を占めるのに、市区立では45.2%、町立では29.7%となっている。

なお、地方への権限移譲の流れのなかで、都道府県教育委員会が行っていた博物館法に基づく博物館の登録・指定に関わる事務は、2015（平成27）年から政令指定都市に立地するものは市教育委員会が行うこととなった。

d. 住民ニーズの増大・多様化

地方自治は住民の福祉のために行われるものであるから、住民が求めているものは何か、つまり住民ニーズを適格に把握・分析し、政策に反映させる必要がある。過去の行政は、「役所が上から目線で決めたことだけを役所がやる」という色彩が強く、この手順が十分でなかった反省がある。行政と住民とのキャッチボール＝双方向性を持った関わりが乏しかったのである。博物館でいえば、展示品を媒介とした学芸員と来館者の双方向性を持った（インタラクティブな）コミュニケーションが求められるのと同じである。いずれにせよ、住民ニーズは、少子高齢化、価値観の多様化、高度情報化、国際化、生活圏の広域化、安心安全への意識の高まり、地域における人間関係の希薄化とそれへの危機感の増大、地域間格差の拡大、自然環境・地域の歴史・芸術文化への関心の高まり、などといった近年の社会状況の急激な変化に応じて増大し、多様化、複合化の一途をたどっている。たとえば、働きに出るために子どもを預ける保育園の数を増やして入園待機児童をゼロにしてほしい、住民票の交付を支所だけでなく身近なショッピングセンターでも受けられるようにしてほしい、これまで町内で請け負っていた公園の掃除は高齢化が進んで人が出せないので役所に手配を任せたい、公民館・図書館・博物館は休館日を減らし夜間にも開館してほしい、地元にある中世山城を歴史を活かしたまちづくりのシンボルとしたいので遊歩道を整備してほしい、といった住民ニーズもある。

住民からのすべてのニーズに対応するのはとうてい困難であるし、相反する住民からの要求が同時に出されて、担当者が板挟みになる事態もある。個別の要求と客観性を持った真の住民ニーズの弁別、またニーズとしては正当でも行政として対応可能かどうかの吟味が重要である。

これまでの公民館・図書館・博物館は、設置根拠法令にしたがって社会教育施設、つまり成人を主眼にした「学び（生涯学習）の場」としての位置づけで、

図4 岡山空襲展示室での特別展示 同展示室は岡山シティミュージアム内にあり、戦争・戦災に関する資料の収集・展示に加え、体験者の聞き取り調査も行っている。

そうした役割のなかでのニーズに答えていればよかったが、近年は学校教育や幼児教育での活用はもとより、住民が集い地域を考え発進する「まちづくりの拠点」としても期待されているし、特に博物館は観光施設や遊興施設としてのニーズもある。さらに、先述の施設の複合化の考えともあいまって、行政事務の支所的窓口機能や災害時の避難所としての役割も期待され、現にそうした施設も次々と登場しはじめている。社会教育主事の資格を持った教育委員会所属の公民館の専門職員が、住民票の交付など他部局の行政事務吏員としての職を兼務することもある。学芸員には、一般事務処理能力はもとより、学校教員と共通する教育者的な資質や高いプレゼンテーション能力も求められるのである。

　博物館固有のニーズも多様化していて、展覧会や関連行事に限っても、たとえば、体験者の高齢化とともに風化が危ぶまれる戦災資料など明治〜昭和の記録を扱ったもの、映像や音響を駆使したもの、体験的展示やワークショップ、学術というより娯楽性、子ども向け企画なども求められている。収蔵品についても多様化が求められ、実物系資料・作品に加えて、レプリカなどの複製品も含めたモノだけでなく、近現代の写真、映像フィルムや音声テープ、デジタルデータなども含まれるようになってきた。2011（平成23）年に改正された「博物館の設置及び運営上の望ましい基準」では、博物館資料として新たに「電磁的記録」「フイルム、レコード等」が明記されるに至っている。また同改正基準には、指定管理者制度も含めた博物館経営に関わる条項や、高齢者、障碍者、乳幼児の保護者、外国人などに配慮を求める条項や危機管理に関する条項などが付加されたほか、博物館の目的として教育・学術・文化の発展だけでなく「地域の活性化」への貢献が明記された。

各自治体内での博物館の位置づけも多様化したり変動している。たとえば、近世城郭跡にある再建天守閣などは歴史資料を展示するが観光施設としての位置づけが重視されたり、植物園などは公園施設として位置づけて、教育委員会以外の部局が所管するものも多い。加えて、近年は文化振興やまちづくりの一環としての位置づけで各担当部局が所管することにより博物館法のうえでは博物館相当施設となる本格的博物館（特に美術館）が増えている。日本博物館協会の調査（日本博物館協会 2017）では回答のあった公立博物館のうち、教育委員会のみが所管する館の割合は1997（平成9）年には76.9％であったが、2015（平成25）年には67.2％と低下している。施設の充実度、規模・職員数などを念頭に登録博物館と博物館相当施設を区別する意味が薄くなってきている。

e. 市民協働＝住民が参加し主役となる行政

いま各地の自治体では、市民協働が盛んに叫ばれ、各地で「市民協働」を名に冠した部署も次々と出現している。ここでいう市民はその市に住む住民だけを指すのではなく、県民、町民・村民それぞれを含めたり、当該自治体外に住む施設利用者を含めて広義に用いている。一般市民、あるいは町内会・自治会・ボランティアグループ、NPO法人（特定非営利活動団体）・医療法人・福祉法人・宗教法人、商店街や工業団地など各種組合、学校法人、そして企業など、市民や市民によって構成されるさまざまな団体と自治体が協働（コラボレーション）して相乗効果を生み出すなかで、住民本位の自治や市民主体のまちづくりを進めていこうということである。いわば行政への市民参加で、住民ニーズを直接的に反映しやすい仕組みであるし、民間活力導入の具体策の一つでもあり、自治体だけでは対応しきれない事業や課題についての役割分担としての意味も含めうるし、地域の懸案事項の円滑な解決も図りやすい。たとえば、市政広報紙の各戸配布を町内会に委ねたり、区域単位で自治体に対する住民ニーズを取りまとめてもらうといったこともあるし、NPO法人と協働して市民会館で演劇会を開催したり、大学の先生・学生あるいは企業と協働して池・用水路・海岸などの水質悪化の原因を調査研究したり、清掃活動を行うといったこともある。

市民協働は学校現場にも取り入れられている。登下校時の子どもたちの交通安全のためPTAだけでなく学区の住民が旗を持って道端に立つ姿は全国各地

で見かけるようになった。岡山市立の小中学校では「地域協働学校」の制度が取り入れられ、学区の農家が無償で畑を提供し、その農家の方の話を聞いたり実技指導を受けながら作物を育てる体験学習が行われている。

　博物館では、館で編集・出版し館内だけで限定販売していた図録を、地元の出版社と協働して刊行し、一般書店でも販売するといったことも行われている。ボランティアグループによる案内解説や市民によって企画された展示や催し物の開催なども定番で、「ボランティアガイド」、「市民学芸員」・「市民がつくる企画展」といった言葉もよく耳にする。今や博物館は自治体における市民協働の旗印としての役割を期待されている。

　市民協働は自治体にとって経費や労力削減の効果もあるが、自治体側が単なる経費削減の手段と見たり、ボランティア活動を労働力の無償提供としか見ていないと間違いなく破綻する。自治体と市民の双方にとっての利益＝ウィンウィンの関係でなくてはならない。人づくり、まちづくりに自分が貢献しているという達成感や、参画者に動機づけとなる一定の恩恵（インセンティブ）を提供する仕組みづくりなども含めて、参画団体や住民の負担感より満足感が勝っているかどうかが最大の鍵となり、自治体職員にとって手間や工夫を要するのも事実である。市民協働は、自治体職員と市民・団体、博物館に即していえば学芸員をはじめとする館職員と、来館者、またボランティアスタッフやサポートクラブのメンバー、企業も含めた関係する団体・個人との双方個性を持った緊密なコミュニケーションと信頼関係の構築があって初めて実現する。

　市民協働を進めていくうえでは、自治体と住民、自治体職員と住民や施設来場者の関係も対等でなくてはならない。過去の行政は、ややもすれば住民に対して高圧的で上位下達的な接し方や言葉使いをしたり、住民からの働きかけをたらい回しにして「お役所仕事」と揶揄されたものである。公務員の資質として挨拶励行、丁寧な言葉使いや応対が当然に求められる。住民は税金を納めてくれたり、施設に足を運んでくれたり、料金を払ってくれるお客さんという位置づけである。さらにいえば、住民が役所に出向くだけでなく、職員が地域に出かけて住民と会合する機会が増えている。博物館でも館外に出かけての展示制作が行われる場面が増えたし、学芸員による出前の市民講座や市民グループとの共同研究なども当たり前になってきた。

博物館では来館者は名実ともにお客様であり、学芸員は質問に対して教えてやるという姿勢ではなく、誠意を持って的確に回答し、時にはともに考えるという姿勢が求められる。過去の博物館では普段は学芸員室に籠りっきり、来館者に接する時は高飛車な学芸員もけっこういたものである。

f. 情報公開と説明責任

　市民協働を進めるためには、自治体による住民への情報公開は必須である。それ以前に、自治体は納税者に税金の使い方についての説明責任がある。説明責任は近年の行政では重要なキーワードとなっている。説明そのものも公開が必要であるが、説明のための素材となる基礎情報や結論に至った過程の公開も求められる。

　近年では、自治体の地勢的な概要や人口動態などから始まって、首長の政策方針、条例規則、会計収支、各種統計情報、議会議事録、行政組織の業務内容や連絡先、施設の概要や利用状況、発注した工事の入札結果情報など、実にさまざまな情報がホームページに掲載されているし、重要施策や施設についての冊子やその概要を示したパンフレットなども作成されている。インターネット上での市民から問合せシステムや、行政情報の開示請求手続きの窓口も充実してきたし、そのことについての住民への周知も広く行われるようになってきた。新年度予算案の方針や具体的な内訳、財政部局による査定の方針や結果などの過程を含めた「予算の見える化」に力を入れる自治体もある。

　博物館も同様で、たとえば、年報やパンレットを刊行したり、その内容をホームページに掲載し、館の設立目的や使命を示したり、年ごとの館事業の内容や来館者数実績や収支決算、博物館評価の実施項目や評価結果、外部評価委員のコメントや改善策の提示など、細やかな情報が公開されている。神戸市立博物館はそうした情報開示の代表的な事例である。説明責任という点では、なぜこの展覧会を開催するのか、観覧料はどうやって決めたのかといったことも理論化されて説明できなければならない。むろん狭義の学芸面では、巡回展でやってきた一時的な展示品であっても、その概要や学術的な意味について、説明できなければならない。また、館内で飲食をする来館者を発見して注意する時にも、「止めてほしい」「規則で決まっているから」だけでは不十分で、時には展示品の保存問題などにも言及しながら丁寧な理由説明が求められる。

情報公開、市民協働に関わっては、自治体にとって重要な施策や計画を策定する時には、行政内で検討したり、特定の有識者の意見を求めたり、議会で議論するだけなく、事前に原案を公開し、広く一般市民から参考意見を集めるパブリックコメントを求める手法もとられることが多くなってきた。博物館でも来館者だけでなく、館に足を運んだことのない住民にも情報を公開し意見を出してもらう姿勢が必要な時代になってきた。

g. バリアフリー・ユニバーサルデザイン

行政の立場として、あまねく市民への対応を行うという意味で、行政事務、情報、施設など、またハードとソフトを合わせて、さまざまな意味での境界や障害物の除去が盛んに叫ばれている。

行政事務では、課などの単位組織ごとに事務分掌が決められているが、その枠に収まらない住民ニーズが出てきた時に、対応を拒絶するのではなく、いかに柔軟に対応するかという問題もある。これは「縦割り行政の弊害」と批判されてきたことに通じるが、法や権限に照らして自治体やその部署としてできることできないことは厳然とあるし、経費や人的な限界もあって簡単にはいかない。しかし、課題の周辺にある異なる部局間の連携で、それぞれが知恵と力を出し合って解決を探る途もありうる。たとえば、自然史系学芸員のいない博物館に、自然史系の課題が持ち込まれた時に、対応できる学芸員のいる館との連携を図って解決の糸口を探るのも一案である。

情報関係では、外国人向けの多言語表記や視覚障碍者に備えた点字表記・音声機器・振動発生装置なども普及しつつあり、博物館の展示解説も同じである。大人用とは別に子ども用の解説シートを作ることもあるし、ハンズオンの手法も援用できる。スマホやインターネットをはじめとした情報機器の普及などによって情報は大量・迅速・正確に伝えられるようになり、自治体も盛んに活用するが、逆に利用可能な環境にない人たちへのケアが大きな課題となりつつある。博物館においてもアナログとデジタルの使い分けが重要となる。

教育現場では、普通の公立小学校でも、知的障害、自閉症・情緒障害などの子どもたちに対応するため、特別支援学級や教室を設けて専任の教員を配して特定カリキュラムを組むことも行われている。

施設面では、庁舎や各種の公の施設、学校などでも多目的トイレを設けた

り、床の段差をなくしたり、車いす専用の通路やエレベータを設けるなどの改修が積極的に行われている。ハード面での整備が遅れている場合も、職員による手作業的な補助などソフト、アナログで対応できる場合もある。たとえば展示品を見るのに背が低い子どもには位置が高すぎる場合、大金をかけた展示ケースの改造は難しいので、手作りの踏み台を床に配置する館が

図5 大阪城天守閣（博物館相当施設）の壁外に取り付けられたエレベーター

ある。これは「見るために台に上る」という参加形・体験形展示の効果も期待できる。

　公立博物館は自治体に対峙してあるのではなく、自治体による行政の内部にある。自治体の政策があって、住民ニーズがあって、博物館の経営が成り立っているのである。PDCAサイクルやユニバーサルデザインなど、前項では博物館学でよく耳にする用語を登場させたが、それらは博物館学が独自に生み出したものではなく、今日の地方行政の場で頻繁に用いられる語であることにも基づいている。公立博物館は、行政による一定の政策と経費負担によって営まれている公共福祉のための場であり、住民や利用者に対しての普遍性・多面性、公平性・平等性が求められ、学芸的な展示をはじめとする事業・経理についても正当性・客観性・公開性が強く求められるのである。全国の公立の博物館で働く学芸員のほとんどは、学芸員資格や教員免許を持っていたり、学術研究を行っているとしても、大学教員のような研究職でも、学校の先生のような教員職でもなく、行政職として位置づけられていることが多いこととも無関係ではない。

（2）岐路に立つ地方自治体の博物館

a. 財政難と多様化するニーズへの対応

いま公立博物館が岐路に立っていることは、増え続けてきた博物館数がわずかながらも減少に転じてきたことにも象徴される。2015（平成 27）年度社会教育調査によると、公立の登録博物館・博物館相当施設は 2011（平成 23）年度は 1262 館であったのに対して 2015（平成 27）年度は 1256 館となった。博物館法上の裏付けがない博物館類似施設は減少傾向が強く、2008（平成 20）年度の 4527 館をピークに 2015（平成 27）年度は 4434 館となっている。

自治体全体枠のなかで博物館に割り振られる予算の削減はきわめて深刻である。国による地方教育費調査によれば、教育委員会所管施設の博物館費（債務償還費を除く事業費＝消費的支出・資本的支出）の全国の自治体総額を見ると、1998（平成 10）年度には 2200 億円程度あったものが、2010（平成 22）年度には 1293 億円に激減し、2014（平成 26）年度には 1124 億円になって減少傾向が続いている。同じ社会教育費のうちでは、2010（平成 22）年度から 2014（26）年度に限った推移を見ても体育施設費は 15％ほど増えているし、図書館費、公民館は横ばい〜微増であるのに対し、博物館費の減少は目立っている。全国の平均的な趨勢とすれば、社会教育枠のなかでも、博物館事業は残念ながら相対的に低い位置づけで、不急性がない、あるいは経費削減の余地がまだまだあるという考え方が支配的ということであろう。

図 6　自治体に蓄積された考古資料の展示活用　岡山シティミュージアムで岡山市埋蔵文化財センター所蔵の埴輪を一堂に展示した。

博物館費のなかで資本的支出に含まれる資料購入費の不足は憂うべき事態である。資料購入費はここ数年は横ばいで、館によってはやや増えたところもあるが 1998（平成 10）年度あたりに比べると激減している。日本博物館協会の調査に答えた博物館（私立館も含む）の 2013（平成 25）年度の資料購入費（日本

博物館協会 2017）は、予算ゼロの館が 52.7％、100 万円未満が 28.9％を占めるに至っている。資料購入費の必要性は、たとえば美術館と民俗資料館といった博物館の種類に応じての違いもあり、深刻度は個々様々であるが、全体とすれば館蔵品が増やせず、モノに語らせて魅力ある展示を行っていくうえでは大きな痛手である。寄贈資料を模索したり、市民協働での展示制作でいくらかカバーする途もある。また、多くの自治体では、博物館とは異なる部署で美術品を保管していたり、土器・石器など遺跡から発掘された膨大な遺物を抱えていたり、学校などにはかつて住民から集められた民俗資料などが保管されていて、そうした自治体内に埋もれている資料の有効活用を探る途もある。館蔵品が購入で増やせないなら、既存の館蔵品や自治体内に蓄積された資料を再発見し活用しようということであるが、いっけん新鮮さに欠けたり、ややもすれば「ガラクタ」と揶揄される資料がどうしても多くなるので、いかに来館者に興味を持ってもらえるストーリーを組み立てて、来館者が満足する展示に仕上げるかという学芸員の腕がいっそう大きな鍵になってくる。

　博物館費が削減されると、ランニングコスト的な経費では、展示室の施設の補修や更新、それに常設展のリニューアルも思うように進まない。たとえば、エレベータの改修、照明の LED 化や免震展示台の導入、レプリカの補修や映像ソフト・館内サインの更新といったことである。ましてや館そのものの建て替えなどは相当にハードルが高くなる。しかし開館から長年を経た博物館では、多くが収蔵庫問題を抱えている。空調機器などの老朽化が進んだり、収蔵品で満杯になり、学芸員数が不足して手が回らないこととともあいまって、博物館の重大な機能である重要資料の保管保存が危ぶまれる事態に陥っている館もある。来館者の目に触れる公開スペースよりも、本来的には博物館の心臓といえるバックヤードの整備が、後回しになってしまう傾向が強い。

　事業会計では、特別展や企画展の開催経費も削減の動きが強まっている。巡回展などは、自治体と地元の新聞社・放送局などと経費分担して開催する場合も多いが、自治体だけでなくそうしたマスコミも経費削減にあえいでいて、思うように開催経費が捻出できないのである。一方で展覧会事業としての収入を少しでも高めることも求められる。近年では、「〇〇プレゼンツ」とか「〇〇スペシャル」というように展覧会タイトルに協賛企業名を冠して支援を求めた

り、普及活動も兼ねながら出前講座を行って前売券の販売促進を行うといった学芸員による営業活動も日常茶飯事となっている。

そもそも博物館法では「公立博物館は入館料その他博物館資料の利用に対する対価を徴収してはならない。ただし、博物館の維持運営のためにやむを得ない事情がある場合は、必要な対価を徴収することができる」とあり、確かに常設展は入館無料にしている館もある。しかし、高額で特別な経費がかかる特別展・企画展は当たり前の様に有料となっていて、収入に供している。

東京などの大都市にある大規模博物館では、経費がかかってもエリア人口が多くて入館者数も延びて収入も上がり、会計的な意味での費用対効果率も高く、記録的な入場者数を得るなど儲かる展覧会もけっこうあるが、地方都市の博物館では必ずしもそうはいかない。むろん展覧会の内容面での魅力や広報効果による要因も大きく、地方博物館でも黒字となる展覧会もあるが、お金をかけられないから、人が来る展覧会が開催できずに収入が減り、その実績に応じて予算がまた削られるという悪循環に陥っているケースが多い。博物館は人が入る展覧会を開催できる館とできない館、展覧会は人が入るものと入らないものへの二極化が進んでいる。

また収益性を高めるために、学びよりも、娯楽性や話題性にシフトした展覧会、また地域や館の独自性を持たない展覧会を求める潮流も生まれている。そうした展覧会を求める市民ニーズも確かにあり、時にはラインナップに入れるのもよいだろう。しかし、公立博物館は私企業が造ったテーマパークではない。そうした方向だけに走るのは本末転倒である。

つまり、公立博物館は自治体の使命に関わって地域に根ざし、地域の個性を活かすために設けられた学びの場であり、市民文化の醸成や発信に寄与する役割があり、会計上の収支という見かけの経済性だけで存在価値を決められるものではない。博物館費は社会的・教育的な市民への投資としての意味を持ち、だからこそ行政が担うという筋論もあるはずである。

b. 指定管理者制度の導入

公立の登録博物館・博物館相当施設は、2005（平成27）年10月現在の社会教育調査では23.9％、同じく博物館類似施設では31.1％が指定管理者制度を導入している。この数字は劇場・音楽施設等の57.7％、体育施設の39.0％より低

く、公民館の 8.6％、図書館の 15.6％ より高い。教育施設や文化施設は公共性を最大限に担保できる自治体が直接に運営を担わなければならないとの考えが根強いが、社会教育施設のうちでも導入状況は大きな振幅がある。住民の日常生活に直結した公民館や図書館は直営、貸館使用が多く娯楽性の高い催し物会場などとなる劇場・音楽施設は指定管理者制度導入といった一般論的な位置づけの違いもあるが、収益性が高いとか、施設規模・指定管理料（スケールメリット）が一定度以上あるとか、すでに蓄積しているノウハウが発揮できるなどの指定管理者にとって旨味のある施設は指定管理者制度を導入しやすいが、そうでない施設は逆に直営でいかざるを得ないといった事情も絡んでくる。端的にいえば民間は儲からない施設を引き受けず、指定管理者に支払う管理料を引き上げると、結局直営のほうが安く運営できたり、指定管理者制度を導入しても、本来的に利用者のサービス向上につながりにくい施設もある。

　博物館で指定管理者制度を導入したものは、運営面では大枠として二つの類型がある。一つは学芸業務も含めて館運営全体を指定管理者に委ねるもので、統括責任者である館長も管理者側が出すことになる。もう一つは、館長は自治体側が出し、学芸業務も直営で行って、清掃・警備・受付業務、施設の日常メンテナンスやショップ・レストランの運営などの業務に限って指定管理者に委ねるという方式である。施設や設備の管理業務は従来からの直営方式でも個別に外部委託していることが多く、民間にそのノウハウの蓄積がすでにある状況下で、それらをまとめて指定管理者に委ねることで、効率化を図ろうというものである。博物館に限定した話ではないが、2015（平成 27）年の総務省通知の「地方行政サービス改革の推進に関する留意事項について」でも、「その施策目的等から直営を選択している場合であっても、窓口業務や貸室、施設・設備管理といった業務について部分的に指定管理者制度を導入する」ことを進めるべく、検討を求められているところである。

　また、指定管理者の類型では、自治体主体で設立した財団法人、企業などがメセナ活動の一環などで設立した財団法人、企業もしくは企業グループ、NPO、町内会などが指定管理者になるために設立した民間組織などさまざまである。

　学芸を含む館運営全体の指定管理者に、民間が主体となって設立した財団法

図7　長崎歴史文化博物館　長崎県と長崎市が共同で設置。学芸部門も含めて指定管理を行っている。

人もしくは企業がなっている人文科学系の博物館としては長崎歴史文化博物館が代表的事例であるが、そうしたものは、神戸市立須磨海浜水族園や島根県立宍道湖自然館など、人文科学系より自然科学系で目立っている。大形で集客性の高い水族館は私立が多いことに象徴されるように、民間にとって旨味のある博物館類型で、学芸面も含めたノウハウの蓄積があることの反映であろう。中規模の市立館などで館運営全体を指定管理者に委ねるものは、学芸業務も含めて自治体設立の財団法人に従来から委託で委ねていたものを、一定の手続きを経るものの、結果としては、引き続きその財団に委ねているパターンのものが多い。また2017（平成29）年に開館した高知県立高知城歴史博物館は高知県と高知市が出資して設立した財団法人が学芸業務も担っている。先の長崎歴史文化博物館も長崎県と長崎市が共同で開設した。県・市が同じ都市で博物館をはじめとする同種の公の施設をそれぞれ別に持つのではなく、共同で出資して開設し、いわゆる「二重行政」を解消しようとする潮流がある。町内会などの団体が指定管理者になるものは、文化財施設での歴史民俗資料の展示などを行う小規模な博物館類似施設などにあるパターンで、従来から日常的な管理や展示解説を地元の方々に委ねていたものを制度に従わせたもので、形式上の運営は指定管理者に委ねたとしても、学芸的なフォローや展示更新などは事実上は役所の担当部局に所属する学芸員が行っているというケースも多い。

　学芸業務を直営とし、他を民間企業の指定管理者に委ねる方式の典型で、かつ成功度の高い事例とされるものに、島根県立美術館や島根県立古代出雲歴史博物館がある。館長は自治体職員が務めて統括的な運営は自治体の意志を直に反映させ、専門性を持った学芸員も県が責任を持って確保して実務を行い、一

方で施設・設備の日常管理のほか、来館者受付やショップ運営、広報や催し物開催などは民間のノウハウをフルに活かそうという考えである。県職員と民間職員がともに全体の運営や企画を考えていく仕組みも配慮されている。

　指定管理者制度の導入から十数年が経ち、博物館での導入についてさまざまなメリット、デメリットについて議論されている。最大の論点は行政としての責任と博物館運営の根幹となる学芸業務の取り扱いである。

　指定管理者制度は、管理委託期間が3〜5年が基本で、次の期間に同じ指定管理者が管理を行うという保証はない。しかしそれでは、専門性の高い学芸員を確保して館運営や学芸業務を長期にわたって計画的・継続的に行うのが難しい。ややもすれば雇用される学芸員は委託期間に規定された期限付き契約社員となり、給与水準も低く抑えられ身分も不安定で、優れた人材を確保しにくく、モチベーションも低下する。若手の学芸員を育成するという体制も組みにくい。館蔵品・寄託資料の保存や活用についての責任を誰が持つのかといったように、自治体と指定管理者またその担当者の間で、責任関係があいまいになりやすいということもある。民間に委ねて展示や学芸活動の公平性・公共性・客観性そして教育性を担保できるのかといった根本的な命題もある。収益性・入館者数が重視されるあまり、娯楽性や奇抜度の高い展覧会に偏ったり、資料整理や調査研究事業が軽視されたり、資料の保存がおざなりになる危険性もはらんでいる。

　自治体の側も指定管理者制度を導入する場合は、その博物館の個々が持つ特性や使命などを十分に踏まえた丹念な仕様書を作り、細部にわたる説明・協議を重ねることが求められるし、指定管理者に委ねた後の事業実践についても、決して任せっぱなしにするのではなく、モニタリングを徹底し、管理に対する監理に力を入れ適切に行っていく必要がある。

　なお、博物館における指定管理者制度の導入に関わるデメリットを克服できるものの一つとして、自治体からの一定の独立性・自主性を確保しつつ、長期継続的に博物館運営を行うための組織を作り運営にあたる地方独立法人化の途も開けてきた（高井 2014）。国立博物館はすでに2001（平成13）年から国による直営から独立行政法人に移行しており、いわばその自治体版である。制度改革に大阪市が熱心に取り組んできたが、2005（平成25）年の地方独立行政法人

法施行令の改正で博物館についても導入可能となり、今後の動向が注目される。

（3）公立博物館の将来と学芸員

　公立博物館は市民ニーズの多様化やエリアの広域化も手伝って、求められる業務が増えているのに、予算難と人手不足の状態にあって、職員待遇が悪化している館も多い。地方公務員であっても指定管理者の職員であっても、学芸員は当然にその渦中にあり、矢面に立って悪戦苦闘している現実がある。お金を使わずに人が来る展覧会を企画し実行すること、展示制作や図録原稿の執筆で忙しいのに展覧会とは関連のない市民協働事業も担当したり、予算要求資料や収支決算報告書の作成など経理事務に関わったり、市民からの事務的な問い合わせや苦情へ対応することも求められるのである。

　公立博物館は教育的・文化的・社会的にきわめて重大な役割を担っているが、その潜在力が十分に発揮できていなかったり、市民に認知されていない現実がある。学芸員はそのことにこそ危機感を持って対処しなければ博物館の明るい未来は見えてこない。予算と人を確保する意味でも、学芸員は牙城に籠るのではなく、来館者や市民の立場で物事を考え、彼らに応援団になってもらう必要がある。学芸員は展示や学芸事業を通じて、それを行っていく責務がある。誰しもが手軽に接することができない展示品・収蔵品をじかに扱って価値を見極めたり、地域の宝を発見し調査研究を行って成果を発信することは学芸員ならではの喜びであり、そのことで豊かな市民生活に貢献できることは素晴らしいことである。

　一方で学芸員は、住民ニーズや館運営を取り巻く状況に翻弄されがちであるが、専門職として確固たる信念と自負を持つ必要がある。たとえば、資料の保存は絶対で、いくらニーズがあるからといって、資料に過大な負荷をかけたり消費するような展示活用は絶対に慎むべきである。また資料・作品の評価や展示活用の仕方はさまざまなものがあってよいが、この土器は〇〇時代のもの、この絵は〇〇が描いた、この種の花崗岩は〇〇地方でしかとれない、などといった意味での事実は一つである。学芸員は研究者としてこの事実をまず見極め、それを起点に物事を考え、ストーリーを組み立てなければならない。

学芸の名の通り、高い学術性と技術を備えて日々研鑽することは学芸員の根幹である。どんなに忙しく、理想と現実の板挟みになっても、研究者・技術者・教育者として、専門職としての魂を持ち続けて、学芸員職を楽しんでほしい。学芸員が職務に責任と誇りを持ちながら一番に自らが楽しむ博物館であってこそ、来館者や市民が楽しめる博物館に違いない。

参考文献
これからの博物館の在り方に関する協力者会議　2007『新しい時代の博物館制度の在り方について』。
佐々木　亨　2011「自治体博物館の運営」『都市問題』102。
高井健司　2014「博物館等施設への地方行政法人制度の導入」『季刊文化経済学会』87。
辻　秀人編　2012『博物館危機の時代』雄山閣。
日本学術会議　2007『博物館の危機をのりこえるために』。
日本学術会議　2011『提言　地域主権改革と博物館』。
日本博物館協会　2017『日本の博物館総合調査報告書』。

（乗岡　実）

あとがき

　本書は、『新博物館園論』と題するとおり、資料論、資料保存論、情報メディア論、経営論、展示論、教育論といった「博物館学芸員に関する科目」を項目とするものでなく、自然史博物館、科学博物館、歴史博物館、動物園、水族館などの館種を見出しとして、第Ⅰ部と第Ⅱ部を構成していることに特徴があります。また、自然史博物館と歴史博物館に関しては、動物や植物、あるいは、考古や人類といった分野ごとに区分し、詳述することにしました。

　博物館学芸員養成課程における学びは、学生が目指す専門分野での学びと異なり、教育普及活動などの活用に力点が置かれ、学生の専門的な興味関心からやや外れるところがあります。そのため、博物館学芸員資格を取得して就職を目指す館種を前面に出すことで、学生が博物館学に入りやすい工夫をしました。

　第Ⅲ部は、「文化財保護法」の枠組みを念頭に置いて、「文化財」、「遺産」などの地域の博物館資源の活用事例を解説しています。これも学生にとっての調査研究のフィールドを意識させる内容になっています。そして、第Ⅳ部は、学芸員として、社会人として、社会に貢献できる人材を養成することを目的として、教育、観光、環境、地域振興などの現代社会における博物館の位置付けやかかわり方を多様な視点で論じています。

　本書では、数多くの館園から許諾を得て、施設や展示、資料や標本などの写真を掲載しております。貴重な資料をご提供いただいた諸氏、諸機関に厚くお礼申し上げます。

　なお、株式会社同成社さまには、本書の趣旨にご賛同いただき、出版の機会を与えていただきました。また、編集には、株式会社同成社佐藤涼子さん、三浦彩子さんのご尽力をいただきました。末尾ながら、深くお礼申し上げます。

小林秀司・星野卓二・德澤啓一

執筆者一覧 （五十音順、◎は編者）

江面嗣人（えづら・つぐと）
　岡山理科大学工学部教授

岡本弥彦（おかもと・やすひこ）
　岡山理科大学理学部教授

小原比呂志（おばら・ひろし）
　屋久島野外活動総合センター

加藤賢一（かとう・けんいち）
　岡山理科大学生物地球学部教授

亀崎直樹（かめざき・なおき）
　岡山理科大学生物地球学部教授

喜田和孝（きだ・やすなり）
　丸瀬布昆虫生態館

◎小林秀司（こばやし・しゅうじ）
　岡山理科大学理学部准教授

實吉玄貴（さねよし・もとたか）
　岡山理科大学生物地球学部講師

志野敏夫（しの・としお）
　岡山理科大学経営学部教授

清水慶子（しみず・けいこ）
　岡山理科大学理学部教授

高木久史（たかぎ・ひさし）
　安田女子大学文学部准教授

辻　貴志（つじ・たかし）
　佐賀大学大学院農学研究科・
　特定研究員

◎徳澤啓一（とくさわ・けいいち）
　岡山理科大学総合情報学部教授

富岡直人（とみおか・なおと）
　岡山理科大学生物地球学部教授

中村圭司（なかむら・けいじ）
　岡山理科大学生物地球学部教授

能美洋介（のうみ・ようすけ）
　岡山理科大学生物地球学部教授

乗岡　実（のりおか・みのる）
　岡山市教育委員会

波田善夫（はだ・よしお）
　岡山理科大学生物地球学部特担教授

平井仁智（ひらい・みさと）
　岡山理科大学理学部動物学科・
　研究補佐

平野裕子（ひらの・ゆうこ）
　上智大学アジア文化研究所

福田尚也（ふくだ・なおや）
　岡山理科大学生物地球学部准教授

◎星野卓二（ほしの・たくじ）
　岡山理科大学生物地球学部特担教授

宮本真二（みやもと・しんじ）
　岡山理科大学生物地球学部准教授

山形眞理子（やまがた・まりこ）
　岡山理科大学経営学部教授

鷲見哲男（わしみ・てつお）
　岡山理科大学経営学部教授

新博物館園論
しんはくぶつかんえんろん

2019年3月15日発行
2024年3月31日第2刷

編 者　小 林 秀 司
　　　　星 野 卓 二
　　　　徳 澤 啓 一
発行者　山 脇 由紀子
印　刷　三報社印刷㈱
製　本　協栄製本㈱

　　　　東京都千代田区飯田橋4-4-8
発行所　（〒102-0072）東京中央ビル　㈱同成社
　　　　TEL 03-3239-1467　振替 00140-0-20618

Ⓒ Okayama University of Science 2019. Printed in Japan
ISBN978-4-88621-817-9 C3030